Über dieses Buch

Das Bemühen um die Entwicklung eines eigenständigen, auf die heutige Realität der bundesrepublikanischen Gesellschaft bezogenen »neuen deutschen Films« hat das Interesse an den vom Nationalsozialismus zerschlagenen deutschen Filmtraditionen wiedergeweckt. Wie haben die Filmemacher der zwanziger Jahre politisches Engagement ästhetisch zum Ausdruck zu bringen versucht, was für filmische Mittel verwandten sie dazu, welche filmspezifische »Sprache« entstand dabei? Die Autoren des Bandes gehen diesen Fragen nach. Dabei setzen sie sich mit der Entwicklung des Films als Mittel nationaler Propaganda auseinander, weisen hin auf die anfängliche Verachtung des Films durch bürgerliche Kreise wie auf die weit verbreitete Fehleinschätzung des Films als Massenmedium.
In diesem Rahmen werden die Ansätze zu einer proletarischen Filmproduktion in der Weimarer Republik – die im Gegensatz zum »offiziellen« bürgerlichen Kino stand – dargestellt. Exemplarisch geschieht dies an den beiden bedeutendsten und bekanntesten politisch und sozial engagierten Filmen jenes Zeitraums: an »Mutter Krausens Fahrt ins Glück« (1929) und »Kuhle Wampe oder Wem gehört die Welt?« (1932).

Die Autoren

Helmut Korte, geboren 1942. Von 1962 bis 1968 Studium der Kunst- und Werkpädagogik, Philosophie und Kunstgeschichte in Berlin. Bis 1974 Studienrat in Bremen. Ab 1974 Dozent für Kunstpädagogik (Schwerpunkt: Filmtheorie, Filmgeschichte, Medienpädagogik) an der Staatlichen Hochschule für Bildende Künste, Braunschweig. Aufsätze in Fachzeitschriften.

Reinhold Happel, geboren 1952. Von 1971 bis 1977 Studium der Kunst- und Werkpädagogik in Hannover, Düsseldorf, Braunschweig. 1977 1. Staatsexamen für das Höhere Lehramt an der Staatlichen Hochschule für Bildende Künste, Braunschweig.

Margot Michaelis, geboren 1952. Von 1970 bis 1978 Studium der Publizistik, Germanistik, Kunst- und Werkpädagogik in München, Hannover, Braunschweig. 1978 1. Staatsexamen für das Höhere Lehramt an der Staatlichen Hochschule für Bildende Künste, Braunschweig.

Film und Realität in der Weimarer Republik

Herausgegeben von Helmut Korte

Mit Analysen der Filme »Kuhle Wampe« und »Mutter Krausens Fahrt ins Glück«

Fischer
Taschenbuch
Verlag

Die Taschenbuchausgabe
wurde durch einen wissenschaftlichen Anhang ergänzt.

Fischer Taschenbuch Verlag
Juli 1980
Umschlagentwurf: Jan Buchholz / Reni Hinsch
Fischer Taschenbuch Verlag GmbH, Frankfurt am Main
Lizenzausgabe mit freundlicher Genehmigung des
Carl Hanser Verlags München Wien

Druck und Bindung: Clausen & Bosse, Leck
Printed in Germany
880-ISBN-3-596-23661-4

Inhaltsverzeichnis

In den Filmprotokollen benutzte Abkürzungen:

T	= Totale
HT	= Halbnahaufnahme
N	= Nahaufnahme
G	= Großaufnahme
Ksp	= Kamerastandpunkt
O-Ton	= Originalton
[]	verweisen auf die numerierten Einstellungen im Filmprotokoll

Vorwort

Trotz einer Fülle von Veröffentlichungen zum Thema Film kann von einer Filmwissenschaft in der Bundesrepublik, vergleichbar z. B. mit dem Stand der Kunst- und Literaturwissenschaft oder verwandter Disziplinen, nur in Ansätzen gesprochen werden. Kennzeichnend für das weitgehende Fehlen einer notwendigerweise interdisziplinär betriebenen systematischen Forschung ist z. B. die Tatsache, daß die vorhandenen Arbeiten entweder primär filmhistorisch, inhaltlich beschreibend, oder vorwiegend filmsoziologisch orientiert sind. Eine durchgängige, beide Fragestellungen vereinigende Filmästhetik fehlt noch immer (ansatzweise bei Toeplitz). Weiter ist festzustellen, daß die aus dem Grundwiderspruch der bürgerlichen Gesellschaft resultierenden unterschiedlichen Interessen am Film und seinen historisch nachweisbaren Konsequenzen – kapitalistische Filmproduktion einerseits und proletarisch-realistische andererseits – in der Geschichtsschreibung des Films zumindest unterrepräsentiert sind.

Insofern versuchen wir, mit den Beiträgen dieses Buches an den Defiziten anzusetzen und diesen nachzugehen, um so weiterführende Fragestellungen zu erarbeiten. Unsere Beiträge sind somit als (notwendiges) Komplement zu den vorliegenden Darstellungen aufzufassen, da hier Gesichtspunkte stärker hervorgehoben und differenziert werden, die dort entweder kaum berücksichtigt oder in der Fülle der Informationen nur schwer in ihrer Systematik erkennbar sind.

Das Buch ist – dieser Problemstellung folgend – bewußt nicht als kontinuierliche Filmgeschichte aufgebaut. Wir versuchen vielmehr in einzelnen, eng aufeinander bezogenen Beiträgen, jeweils die grundlegenden Entwicklungslinien des »offiziellen«, bürgerlichen Films (Teil I) und die des Films der Arbeiterbewegung (Teil II) aufzuzeigen.

Teil I (»Vom Kinematographen zur Nationalen Propaganda«) hat zunächst programmatischen Charakter, indem die unterschiedlichen gesellschaftlichen Interessen am Film in ihren dialektischen Bezügen entfaltet werden, darüber hinaus aber thematisiert er schwerpunktmäßig die ökonomische und ideologische Entwicklung des bürgerlichen Films. Nach einer knappen Skizzierung der kulturtheoretischen Grundlagen des Films als »Massenkultur« (Kap. 1) wird die Abhängigkeit der historisch entwickelten *Formen* einer Filmsprache von den jeweiligen *Inhalten* und der gesellschaftlichen *Funktion* der Filme untersucht (Kapitel 2). Um die Systematik der Ableitung nicht zu beeinträchtigen wird hier besonders von der Möglichkeit Gebrauch gemacht, weiterführende Informationen im Anhang anzugeben. Das Kapitel 3 beschäftigt sich vorrangig mit der inhaltlich-ideologischen und der ökonomischen Seite des Aufbaus der bürgerlichen Filmindustrie. Abschließend wird ein knapper Überblick über die Entwicklung des Films in der Endphase der Weimarer Republik gegeben.

Teil II (»Wem gehört die Welt?«) steht in enger Verbindung mit dem ersten und ergänzt ihn insofern, als er – ausgehend von der Gesamtargumentation – die Grundlagen und Ansätze einer proletarischen Filmproduktion in der Weimarer Republik (Kapitel 1) entwickelt und an zwei exemplarischen Filmen konkretisiert. Die Einzeldarstellungen (Kapitel 2 und 3) der bedeutendsten proletarischen Filme dieser Phase, *Mutter Krausens Fahrt ins Glück* (1929) und *Kuhle Wampe oder Wem gehört die Welt?* (1932), sollen, neben einer genauen Darstellung und Analyse der Filme selbst, die beiden durchaus unterschiedlichen Ansätze im realistischen Film verdeutlichen. Damit wird der Versuch unternommen, diese bisher in der Filmgeschichtsschreibung sehr pauschal und häufig undifferenziert behandelten Filme in ihrer Vielfalt als künstlerische Werke zu würdigen. Wir verwenden dazu ein didaktisches Modell der Filmanalyse, das sowohl über eine primär quantitative Feststellung der Strukturmerkmale eines Films hinausgeht als auch, neben der Einbeziehung von soziologischen und ästhetischen Fragestellungen, das dialektische Verhältnis von Form und Inhalt berücksichtigt.

Wir hoffen damit, außer einem Beitrag zur filmtheoretischen Arbeit auch Anregungen und Impulse für den filmbezogenen Unterricht in Schulen (Deutsch, Kunstpädagogik, Sozialkunde etc.) und für Veranstaltungen in der Erwachsenenbildung (z. B. Kommunale Kinos) zu geben.

Braunschweig, den 10. 10. 1977
Helmut Korte

Teil I

Helmut Korte

Vom Kinematographen zur Nationalen Propaganda
Zur Entwicklung des frühen deutschen Films

1.
Film als Massenmedium

1.1.

Im folgenden wird von der Tatsache ausgegangen, daß der Film (als künstlerische Gattung) wie alle künstlerischen Produkte, bezogen auf Form, Inhalt und Funktion, immer in einem konkret zu bestimmenden Verhältnis zur gesellschaftlichen Realität steht, aus der er hervorgeht und in welche er zurückwirkt. Dieses Verhältnis realisiert sich über den Akt der *Widerspiegelung* von Wirklichkeit im Bewußtsein des Künstlers. Dabei handelt es sich nicht um eine passive »Verdoppelung der Welt«, sondern um einen in höchstem Maße aktiven und komplizierten, historisch-gesellschaftlich vermittelten Vorgang. Die künstlerische Tätigkeit ist ein *aktiver Prozeß* der Auseinandersetzung des Subjektes mit der Natur, der Gesellschaft oder kurz, der objektiven, unabhängig vom Bewußtsein existierenden Realität, eine – neben der wissenschaftlichen und alltagspraktischen – besondere Form der *(künstlerischen) Aneignung von Wirklichkeit* durch den Menschen.[1] Das Kunstwerk, als Produkt des menschlichen Bewußtseins und als materielles Produkt, umfaßt immer – trotz aller denkbaren Verzerrungen – Erkenntnis der objektiven Realität und subjektive Wertung oder Stellungnahme des Künstlers als *dialektische Einheit*.[2] So verdinglicht der Künstler in seinem Werk stets »seine Gedanken und Gefühle, seine Eindrücke und Überlegungen, seine Empfindungen und Wertungen« [3]. Was allerdings seine »Gedanken und Gefühle ...« etc. letztlich ausmacht, wird bestimmt durch den sehr wesentlichen Faktor der Parteilichkeit bzw. der Parteinahme des Künstlers für die gesellschaftlich wirkenden Kräfte, vom Entwicklungsstand der künstlerischen Techniken und nicht zuletzt von den objektiven gesellschaftlichen Bedingungen, unter denen er produziert. Diese gesellschaftlichen Bedingungen, also die politische und ökonomische Situation, die jeweiligen Besitz- und Machtverhältnisse etc., können in unterschiedlichem Grade, direkt über das spezifische Produktionsverhältnis (Auftraggeber, Mäzen, Kunstmarkt etc.) oder indirekt durch Erziehung, Sozialisation, Aufnahme und Verarbeitung des kulturellen Entwicklungsstandes, über die Person des Künstlers das Werk in Form und Inhalt bestimmen. So wird die objektive gesellschaftliche Funktion des Kunstwerks, neben der Fähigkeit des Künstlers, Inhalte ästhetisch-künstlerisch umzusetzen, bereits während der Herstellung wesentlich durch die gesellschaftlichen Faktoren selbst bedingt. Sind also die im bürgerlichen Kunstbetrieb immer wieder beschworenen absoluten Freiheiten des (traditionellen) Künstlers bereits als determinierte zu begreifen, so wird die Problematik beim »Filmkünstler« grundlegend: Seine Tätigkeit ist an den Besitz bzw. die Besitzer der technischen Apparate gebunden und die Produktion – gerade in der Phase der entwickelten Filmindustrie – setzt z. T. erhebliche finanzielle Aufwendungen voraus, die er in der Regel selbst nicht aufzubringen vermag. Kann man sich in bezug auf den »traditionellen« Künstler noch der trügerischen Illusion einer freien Entscheidung hingeben, die »nur« durch die Warenfunktion, die sein Werk im bürgerlichen Kunstmarkt erhält, eingeschränkt wird, so ist der direkte Einfluß des Kapitals auf die Filmproduktion unumstritten.[4] »Darin, daß der Film, auch der künstlerischste, eine Ware ist, stimmen alle überein... Andere sagen, der Film unterscheide sich dadurch von einem Kunstwerk, daß er mehr als ein solches sein dürfe, eine Ware sei, das heißt, daß sein Wesen durch seinen Warencharakter ausgemacht würde... Es bleiben ja noch die Kunstwerke anderer Gattungen, die keine Ware sind, oder doch nur in geringerem Maße, so daß ihr Warencharakter sie sozusagen kaum berührt. Aber nur wer die Augen schließt vor der ungeheuren Gewalt jenes revolutionären Prozesses, der alle Dinge dieser Welt in die Warenzirkulation reißt, ohne jede Ausnahme und ohne jede Verzögerung, kann annehmen, daß Kunstwerke irgendeiner Gattung sich hier ausschließen könnten.«[5] Der Unterschied zwischen dem »traditionellen« Kunstwerk und dem Film liegt also nicht darin, daß nur letzterer Warencharakter besitzt, denn »ihn teilt er mit allen anderen Produkten der Kunst«, sondern in der besonderen Kapitalform, in dem »besonders hohe(n) Grad der Verschränkung mit den im engeren Sinne politischen Formen, mit der politischen ›Praxis‹ der bürgerlichen Gesellschaft«[6]. Es handelt sich nicht um eine absolute Unterschiedlichkeit, sondern um eine – wenn auch bedeutsame – graduelle. Der »Filmkünstler« ist aufgrund der für dieses Medium spezifischen Produktions- und Distributionsbedingungen immer ein abhängig arbeitender. Der Film kann im Vergleich zu den »traditionellen« Künsten deutlicher und direkter als Träger von Herrschaftsideologie fungieren.

1.2.

»In *jeder* nationalen Kultur gibt es – seien es auch unentwickelte – Elemente einer demokratischen und sozialistischen Kultur, denn in *jeder* Nation gibt es eine werktätige und ausgebeutete Masse, deren Lebensbedingungen unvermeidlich eine demokratische und sozialistische Ideologie erzeugen. In *jeder* Nation gibt es aber auch eine bürgerliche (und in der Mehrzahl der Fälle noch dazu erzreaktionäre und klerikale) Kultur, und zwar nicht nur in der Form von ›Elementen‹, sondern als *herrschende* Kultur.«[7]

In dieser Aussage Lenins, hier bezogen auf den Charakter der Kultur in der bürgerlichen Gesellschaftsformation, kommt zweierlei zum Ausdruck: einmal, daß es eine herrschende Kunst und Kultur in jeder (nationalen) Kultur gibt, die vom Entwicklungsstand des Verhältnisses von Produktivkräften und Produktionsverhältnissen abhängig ist, zum anderen, daß die konkreten gesellschaftlichen Bedingungen bereits die Voraussetzungen, das Potential für eine fortschrittliche und – bezogen auf das 19. und 20. Jahrhundert – demokratische und sozialistische Kultur entwickeln.

Darüber hinaus läßt sich feststellen, daß ein Kunstwerk auch als Teil der herrschenden Kultur zwar die objektive Funktion hat, die gesellschaftlichen Widersprüche im Sinne der Herrschenden zu harmonisieren, einen gesellschaftlich notwendigen Schein zu produzieren, daß es aber – graduell unterschiedlich – seiner historischen »Bedingtheit zum Trotz ein objektiv Richtiges festhält«. Die Kunst »ist gesellschaftlich notwendiger Schein, aber zugleich ist sie, was der Begriff des gesellschaftlich notwendigen Scheins nur ungenügend festhält, eine Gestalt relativer Wahrheit«[8]. Der Begriff der »relativen Wahrheit« meint hier, »daß die Grenzen der Annäherung unserer Kenntnisse an die objektive, absolute Wahrheit geschichtlich bedingt« sind; »unbedingt ist aber die Existenz dieser Wahrheit selbst, unbedingt ist, daß wir uns ihr nähern«[9].

Das heißt also, daß bereits innerhalb der jeweils herrschenden Kultur sich fortschrittliche und aufklärerische Momente und Tendenzen unterschiedlich stark ausprägen können, die dann, z. B. wie in den letzten Jahrhunderten, in den Emanzipationskämpfen des Bürgertums gegen den Feudalismus – trotz der zahlreichen Unterdrückungsversuche der Herrschenden – zu einer relativ eigenständigen bürgerlich-humanistischen und demokratischen Kultur schrittweise weiterentwikkelt werden. Dafür liefert die Geschichte der Philosophie, Kunst und

Literatur seit der Renaissance, vor allem aber des 18. und 19. Jahrhundert, überzeugende Belege.[10]

In dem Maße allerdings, indem das Bürgertum (in Deutschland zunächst *nur*) seine ökonomische Macht durch Ausbeutung und Unterdrückung des entstehenden Proletariats im 19. Jahrhundert festigen und ausbauen kann, geraten die eigenen humanistischen, demokratischen Ideale des aufgeklärten Bürgertums zunehmend in Widerspruch zur gesellschaftlichen Entwicklung.

1.3.

Mit der beginnenden Industrialisierung in der ersten Hälfte des 19. Jahrhunderts setzt ein Prozeß grundlegender gesellschaftlicher Veränderungen ein, mit erheblichen Konsequenzen für alle Bereiche des menschlichen Lebens. »Unter den Bedingungen der kapitalistischen Produktionsweise, auf der Basis von Lohnarbeit und Kapital nahm die Entfremdung qualitativ neue Züge an, wurde die ›menschliche Selbstentfremdung‹ zur Entfremdung des Produzenten von allen gegenständlichen Produktionsbedingungen.«[11] Nicht nur, daß die Menschen als Lohnabhängige im Arbeitsprozeß von den Ergebnissen ihrer Arbeit abgeschnitten sind, sich nicht mehr in ihrer Arbeit vergegenständlichen und verwirklichen können und das Produkt ihrer Arbeit ihnen als Fremdes gegenübersteht, auch ihre kulturellen Beziehungen haben sich damit radikal geändert. Der im Zuge der schnell voranschreitenden Industrialisierung ständig steigende Bedarf an Arbeitskräften rekrutiert sich, außer aus den ins Proletariat absteigenden Handwerkern und dem städtischen Kleinbürgertum, vor allem aus der abwandernden Landbevölkerung. »Mit der umfassenden Urbanisierung, der immer mehr um sich greifenden Verstädterung wurden Arbeitsverhältnisse und Wohnbedingungen, Lebensweise und Freizeitgestaltung von Millionen Werktätigen auf gravierende Weise berührt.«[12]

Gleichzeitig aber mit der städtischen Zusammenballung immer größerer Bevölkerungsmassen, die ähnliche Erfahrungen im Arbeitsprozeß, ähnlich restringierte Lebensbedingungen und – daraus resultierend – ähnliche Bedürfnisse haben, werden auch die Voraussetzungen für das Erkennen dieser Gemeinsamkeiten und der Notwendigkeit des gemeinsamen Kampfes geschaffen, wie die in der zweiten Hälfte des 19. Jahrhunderts sich rasch entwickelnden Organisationen der Arbeiterbewegung und ihre politischen und kulturellen Aktivitäten zeigen.

Der nach der gescheiterten bürgerlichen Revolution von 1848 und der anschließenden feudalistischen Restaurationsphase in Deutschland sich abzeichnende Kompromiß zwischen ökonomisch führendem Bürgertum und den inzwischen wieder gefestigten alten Mächten (dem Adel) – ihr Bündnis gegen die Arbeiterbewegung als ihren gemeinsamen Gegner – hat auch erhebliche Konsequenzen für die weitere kulturelle Entwicklung, zumal sich die Arbeiterbewegung trotz aller Unterdrückungsversuche erheblich weiterentwickeln kann. »Die Tatsache, daß die bürgerlich-demokratische Revolution des 19. Jahrhunderts unvollendet blieb und die Gründung des bürgerlichen deutschen Nationalstaates 1871 im Zeichen des Kompromisses zwischen Bourgeoisie und Junkertum stand, hatte entscheidenden Einfluß auf den reaktionären Charakter der herrschenden Kultur im imperialistischen Deutschland.«[13] Die ursprünglich vorhandenen »progressiven, antifeudalen Züge in der Ideologie und Kunstproduktion«[14] des Bürgertums werden zurückgedrängt, zunehmend chauvinistische und vor allem antisozialistische favorisiert. Diese Entwicklung wird entscheidend dadurch ermöglicht, daß einerseits die Kunstproduktion als Warenproduktion »den Verwertungsbedingungen des Kapitals und der reaktionären Ideologie der Bourgeoisie untergeordnet«[15] wird und andererseits die neu entstandenen Massenmedien zunächst eine kompensatorische, später auch weitergehende, direkte ideologische Funktion übernehmen. Von den Massenmedien wie Massenpresse, Massenliteratur, Fotografie und Film kommt dem letzteren nach der Jahrhundertwende für die Entwicklung der »Massenkultur« eine besondere Bedeutung zu. »Der Film bietet die einfachste Form geistiger und ästhetischer ›Nahrungsaufnahme‹... Das ungeheure Anwachsen der unteren Klassen, ihre geistige und ästhetische Heimatlosigkeit unterstützten das Argument und die Forderung nach einer Kunst, die ihrem Auffassungsvermögen entsprach.«[16]

1.4.

Infolge der bereits aufgezeigten industriellen Entwicklung werden die Voraussetzungen für die Entstehung und Ausbreitung des Films geschaffen.

Als hochentwickeltes Industrieprodukt ist der Film an die technischen Fortschritte dieser Zeit und als Massenmedium und Ware an die Existenz einer möglichst großen und homogenen Abnehmerschaft gebunden: Mit den sich in den Industriegebieten ansammelnden großstädtischen Massen, dem Proletariat und dem Kleinbürgertum, entsteht eine große Gruppe von Menschen, deren Lebensweise und Bedürfnisse aufgrund ihrer ähnlichen Stellung im Produktionsprozeß und ihrer ähnlichen Sozialisation relativ gleichgeartet sind. Gleichzeitig »bedingen« umgekehrt – wie bereits gezeigt – diese gesellschaftlichen Veränderungen mit der Verschärfung der Klassenauseinandersetzungen (im Sinne der Systemerhaltung) geradezu ein Medium, daß »durch suggestive Beeinflussung ... ein psychisches Sich-Abfinden mit ... (der) gesellschaftlichen Situation ermöglicht«[17]. »Je größer die Versagungen sind, welche die Menschen erleiden, desto notwendiger wird es sein, daß sie sich durch Phantasiebefriedigungen für die realen Entsagungen entschädigen können. Damit werden diese Phantasiebefriedigungen zu einer mächtigen Stütze der gesellschaftlichen Stabilität.«[18] Neben der »elitären« oder »gehobenen« Kultur für das Bürgertum entsteht eine besondere »Massenkultur«, allerdings *nicht für,* sondern zunehmend *gegen* die objektiven Interessen der Massen, indem offen oder latent vorhandene (und auch neu geschaffene) Bedürfnisse aufgegriffen werden, diese aber nicht auf ihre gesellschaftlichen Bedingungen zurückgeführt, sondern auf einer oberflächlichen und häufig derb simplifizierten Ebene »befriedigt« werden, oder indem über die im Film gezeigten Handlungen und »seelischen Erschütterungen« offen reaktionäre Ideale und Wertvorstellungen mitvermittelt werden. »Not, Hoffnungslosigkeit und mangelhafte Bildung entwickeln im Menschen ganz bestimmte Eigenschaften und erwecken Bedürfnisse für ›minderwertige‹ geistige Nahrung – in Form gewisser Standardtypen –, die die entsprechende Betäubung schafft: wie die Lust, vorzugsweise Reichtum sehen zu wollen, möglichst keinerlei Denkarbeit im Kino vollbringen zu müssen und an längst als unwahr entlarvten moralischen und geistigen Vorbildern noch Freude zu finden, ja sie als Ideale zu bewundern. Dies und anderes sind Anzeichen jedes erschöpften Menschen... Seine (des Films, H. K.) suggestive Kraft kann sehr wirksam die wankenden gesellschaftlichen Werte und selbst die heute nachweislich unwahr gewordenen moralischen Maßstäbe stützen. Er kann dazu verwendet werden, fortschrittliche Kräfte abzubremsen und durch Nebenkanäle abzulenken. Und das tut er! Dies – direkt oder indirekt, bewußt oder unbewußt zu unterstützen, ist für die Filmindustrie nicht allein verlockend, sondern durchaus notwendig. Sie kann das alltägliche Leben nicht in dieser Weise darstellen, weil sonst die ungeheuren Widersprüche aufgedeckt würden, die an ihm rütteln. Sie würde selbst dazu beitragen, schon schwankende gesellschaftliche Werte zu erschüttern, denen sie verbunden ist. Infolgedessen wird sie konsequenterweise versuchen, im Film das Bild des Lebens ›schönzufärben‹, es zu romantisieren oder völlig zu verändern. Das ist ihr *gesellschaftlicher Auftrag*, den sie ausführt.« [19]

Die generelle Möglichkeit des Films, als Kultur für die Massen zu fungieren, Abbild der Wirklichkeit im realistischen Sinne, Medium der Aufklärung zu sein, muß in der kapitalistischen Filmproduktion zugunsten der »Darstellung einer Scheinwirklichkeit« [20], soweit wie möglich unterdrückt werden.

Die nach wie vor bei den bürgerlichen Künstlern und Intellektuellen vorhandenen und mit den wachsenden und unübersehbar werdenden Widersprüchen in der Phase des Imperialismus sich wieder stärker artikulierenden demokratischen und humanistischen Richtungen sollen somit auf das Getto des bürgerlichen, »elitären« Kunstbetriebs beschränkt bleiben. Dort sind sie – sofern sie nicht einfach unterdrückt werden können – geduldet oder dienen als gesellschaftliches Alibi. Brecht hat diese Zusammenhänge und die damit verbundenen Probleme für den ausschließlich auf die traditionellen künstlerischen Medien verwiesenen und dabei demokratisch engagierten Künstler Anfang der 30er Jahre in dem sogenannten »Dreigroschenprozeß« aufzuzeigen versucht sowie in seinem gleichnamigen Essay dokumentiert und ausgewertet.[21] Bezogen auf diesen Prozeß, den Brecht (gegen die Nero-Film AG im Zusammenhang mit der Verfilmung seiner *Dreigroschenoper*) als »soziologisches Experiment« führte, schrieb z. B. das *Berliner Tageblatt:* »Besonders interessant in rechtlicher Beziehung waren die Ausführungen Dr. Frankfurters (Rechtsvertreter der Filmfirma, H. K.). Er sagte, ein Künstler renne hier gegen die Welt der Tatsachen an. Brecht habe das Recht zur Verfilmung der ›Dreigroschenoper‹ gegen Bezahlung an die Nero-Film AG. abgetreten. Was die Firma mit ihrem Recht mache, gehe ihn nichts an... Sie dürfe ein neues Manuskript nach ihrem Geschmack herstellen lassen, ohne daß Brecht ein Wort dagegen sagen dürfe.« [22] Und der *Kinematograph* schrieb:

»Die herstellende Firma behauptet, daß Brecht eine politische Kampftendenz in den Film hineintragen wollte... Auf dem Theater ist das das gute Recht jedes schaffenden Künstlers. Aber im Film können wir uns eine derartige Spezialisierung der Weltanschauung ohne schweren geschäftlichen Schaden nicht gefallen lassen.« [23] Daß Ende der 20er Jahre z. B. sowjetische Filme von eindeutiger »politischer Kampftendenz« mit großem – auch finanziellen – Erfolg gezeigt werden konnten, entlarvt diese Begründung als Scheinargument.

1.5.

Die Entwicklung des Films zur »Massenkultur«, zum Volksbelustigungsmittel auf niedrigem Niveau, vollzieht sich freilich nicht reibungslos. Mit der raschen Ausbreitung des Films und der Gewinnung immer größerer Publikumsschichten formiert sich (in einer Fülle von Publikationen) ein heftiger Widerstand großer Teile der bürgerlichen Intelligenz. Die Vertreter dieser »Kinoreformbewegung« erblicken im Film aufgrund seiner »entsittlichenden«, »gesundheitsgefährdenden«, »verrohenden« Wirkung – aus z. T. recht unterschiedlichen Motiven – eine erhebliche Gefahr für die bürgerliche Kultur und den Staat. Diese Bewegung kann die Ausbreitung des Films zwar nicht verhindern, hat aber in der Folgezeit durchaus Einfluß auf die Filmentwicklung, indem sie den Boden für Eingriffe des Staates vorbereitet. Die Entwicklung des Films von einer eher kompensatorischen zur direkten Form als »Massenbeeinflussungsmittel« ist ebenfalls widersprüchlich. Die Gründe dafür liegen in der Natur der kapitalistischen Filmproduktion selbst: Die ersten Produktionen werden im wesentlichen von Kleingewerbetreibenden, Schaustellern, Fotografen, aber auch von auf raschen Gewinn hoffenden Vertretern anderer Berufe hergestellt. Die Verwertungsabsicht steht eindeutig im Vordergrund. Die Funktion als Ideologieträger erfüllt der Film allenfalls »passiv«, indem er sich in der beschriebenen Weise den vorhandenen Bedürfnissen der Menschen nach Unterhaltung, Ablenkung und auch Bildung anbietet. Erst mit der Weiterentwicklung seiner technischen und künstlerischen Mittel, der Verbreiterung seines Publikums (durch Einbeziehung der Mittelschichten) und, damit untrennbar verbunden, der Herausbildung industriemäßiger Züge in seiner Produktion und Distribution unter wachsender Beteiligung von Banken und Großindustrie kann er direkter *auch* als Ideologieträger fungieren. Durch den 1. Weltkrieg wird diese Entwicklung besonders in Deutschland beschleunigt: In dem Maße, in dem das Großkapital den Wert gezielt eingesetzter Filme als »Sympathiewerbung« für die eigenen Industrieprodukte auf dem Weltmarkt erkennt und die Regierungen die Möglichkeiten des Films als politisches Beeinflussungsmittel erfassen, wird er zunehmend als Instrument »nationaler Propaganda« gegen den äußeren (militärischen/handelspolitischen) und den inneren (proletarischen) Gegner eingesetzt. Diese in Frankreich und England bereits früher, in Deutschland ab etwa 1917 praktizierte Verwendung schlägt sich in der Produktion von Kultur- oder offenen Propagandafilmen und später auch Spielfilmen nieder. Die einmal erkannten Möglichkeiten finden mit Kriegsende ihre »friedliche« Fortsetzung, wenn auch nun die Verwertungsabsichten am Film selbst wieder stärker hervortreten. Um diese Doppelfunktion des Films als Ware und Ideologieträger realisieren zu können, müssen allerdings die während des Krieges verwendeten und z. T. recht plumpen Methoden verfeinert werden.

In der Phase nach der deutschen Novemberrevolution von 1918, in der weiten Kreisen der Bevölkerung die gesellschaftliche Funktion des Kapitals während des 1. Weltkriegs bewußt wurde, zeigt sich daher in der Filmproduktion eine besonders *subtile Form der Ideologievermittlung,* die im Laufe der 20er Jahre zwar ständig verfeinert, mit Nuancen angereichert wird, vom Prinzip her aber bis in die Filmproduktion z. B. der BRD nach 1945 reicht.[24] »So groß geworden, war der Film nicht mehr frei in der Wahl seiner Themen, in der Behandlung seiner Stoffe, in seinem Geist, er konnte nicht mehr alles wagen, wie er es noch als unbedeutendes, geistig und künstlerisch armes Volksbelustigungsmittel tun konnte. Er hatte eine immer stärker sich abzeichnende politische und kulturelle Mission...«[25]

Daneben allerdings ist festzustellen, daß auch mit erreichter Durchkapitalisierung des Films seine Ideologieträgerfunktion aufgrund der möglichen Widersprüche zu seinem Warencharakter durchaus nicht gewährleistet sein muß: Wie die Geschichte des Films zeigt, wird es u. a. dadurch möglich, daß z. B. humanistische, pazifistische und auch ansatzweise realistische Tendenzen – entsprechend begründete Erwartungen auf finanziellen Erfolg vorausgesetzt – auch in der kapitalistischen Filmproduktion zumindest zeitweilig zum Tragen kommen. Die Filme Chaplins, Griffiths und eine Reihe von Produktionen vor allem gegen Ende der Weimarer Republik (z. B. von G. W. Pabst) können hierfür als Beleg herangezogen werden.

Die Verschärfung der gesellschaftlichen Widersprüche in der Novemberrevolution, während und vor allem gegen Ende der Weimarer Republik hat allerdings noch eine andere Konsequenz: Große Gruppen von bürgerlichen Künstlern stellen sich zunehmend – direkt oder indirekt – auf die Seite der Arbeiterbewegung und gegen die immer offener auftretende Reaktion. In dem Maße, in dem die organisierte Arbeiterbewegung ihren anfänglichen Irrtum in der Unterschätzung der ideologischen Wirkung der bürgerlichen Massenmedien korrigiert und aus der besonderen Kapitalabhängigkeit der Massenmedien die notwendigen Konsequenzen zieht, werden mit Unterstützung bürgerlicher Intellektueller und Künstler eigene Produktionen wie Zeitschriften, Foto- und Radioklubs und gegen Ende der 20er Jahre auch eigene Filmproduktionen aufgebaut. Es werden – wenn auch vom heutigen Standpunkt aus verspätet – eigene Formen einer proletarischen Gegenöffentlichkeit, Formen einer alternativen Verwendung der Massenmedien entwickelt.

1.6.

Im Kunstwerk bilden Form und Inhalt eine dialektische Einheit. »Die Form vermag aber aktiv auf ihn (den Inhalt, H. K.) einzuwirken, sie kann ihn relativ vollkommen ausdrücken oder ihn daran hindern, sich voll zu entfalten.«[26] Will man dem Film als Kunstwerk und seiner tatsächlichen Wirkung gerecht werden, kann eine Untersuchung der Entwicklung des Verhältnisses von gesellschaftlicher Realität und Funktion des Films nicht allein von den Inhalten oder den politischen und ökonomischen Bedingungen her gesehen werden, sie muß immer die zur Verfügung stehenden und in den jeweiligen Filmen verwendeten, *filmischen Formen* miteinbeziehen. Da es sich in dem hier zu untersuchenden Zeitraum primär um Stummfilme handelt (der Tonfilm wird erst gegen Ende der 20er Jahre eingeführt), ist diese Problematik von besonderer Bedeutung.

Der Stummfilm verfügt, neben dem Wort als stummem Zwischentitel (Dialog, Kommentar) oder als direktem Kommentar des Filmerklärers und neben dem Mittel der Musik, über eine Vielzahl von *visuellen* Möglichkeiten, Inhalte und Intentionen der Hersteller dem Betrachter zu vermitteln.

Diese historisch entwickelten Mittel als Elemente einer filmischen »Sprache«[27] lassen sich in zwei voneinander abhängigen Ebenen beschreiben:

1. Auf der Ebene des *einzelnen Bildes* bzw. der einzelnen Einstellung; hierher gehören z. B. die vom Theater her bekannten künstlerischen Ausdrucksformen in Mimik, Gestik und Bewegungen der Schauspieler, in Dekor, Kostümen, Ausstattung und Beleuchtung, aber auch speziell filmische Mittel wie Bildausschnitt, Tiefenschärfe, Länge der Einstellung, Bewegung der Kamera selbst etc.

2. Auf der Ebene der Abfolge bzw. *Verbindung der einzelnen Einstellungen* oder Bilder miteinander; diese »Organisation der Bilder in der Zeit«[28], die als *Montage* (im weitesten Sinne) bezeichnet wird, kann sehr unterschiedlich verwendet werden. Sie kann für den Be-

trachter unbemerkt (»unsichtbarer Schnitt«) eingesetzt werden mit dem Ziel, »das Ereignis nach der stofflichen oder der dramatischen Logik der Szene zu analysieren«[29], also letztlich in der Absicht, die primär *inhaltlich* über das Geschehen im einzelnen Bild dargestellte Handlung leichter rezipierbar zu machen. *Sie kann aber auch in Verbindung mit der bewußten Wahl bzw. dem bewußten Wechsel der Einstellungen und der Bildkomposition, der Länge und Reihenfolge der Einstellungen, zu einem wesentlichen Transportmittel des Inhalts in der vom Hersteller gemeinten Interpretation oder Aussage werden.*

Mit dem Aufkommen dieser letzten Montageform (»Montage im eigentlichen Sinne«) wurde und wird die »Geburt des Films als künstlerisches Medium«[30] bzw. die Begründung einer spezifischen Filmsprache[31] als selbständige, vom Theater gelöste Form der Vermittlung von Inhalten in Verbindung gebracht. »Denn sobald in der Zusammenfügung von zwei oder mehr Bildern etwas zum Ausdruck kommt, was in den einzelnen Bildern nicht enthalten ist, ›spricht‹ der Filmregisseur ... durch die Form der Bildkomposition.«[32] *Die Montage in der höchstentwickelten Form vermag in der Tat (z. B. im sowjetischen Stummfilm) über die mehr oder weniger interpretierbare Übertragung von Gefühlswerten oder einfachen Handlungsabläufen hinaus komplexe Zusammenhänge, Inhalte, bis zu einem gewissen Grade abstrakte Begriffe zu vermitteln.*

Wenn Form und Inhalt im Kunstwerk eine Einheit bilden, dann ist die Geschichte der filmischen »Sprach«-Form immer zugleich auch die ihrer Inhalte.

Nun läßt sich in der Geschichte des Films feststellen, daß die einzelnen Formen der Filmmontage – wie Wechsel der verschiedenen Einstellungsgrößen, der Handlungsorte etc. – schon kurze Zeit nach Entstehen des Films entwickelt, bereits 1914/16 in den USA (Griffith) zum ersten Mal systematisch eingesetzt, aber erst im frühen sozialistischen Film der Sowjetunion zur eigentlichen *Grundlage* der filmischen Erzählweise (theoretisch und praktisch) weiterentwickelt wurden. In der kapitalistischen Filmproduktion dagegen, wie z. B. im deutschen expressionistischen Film, der etwa gleichzeitig (also in den frühen 20er Jahren) nicht zuletzt wegen seiner Gestaltung Weltruhm erlangte, wurden Montagen im o. g. Sinne nicht verwendet, wie sich überhaupt hervorheben läßt, daß diese in der bürgerlichen Filmproduktion (der Weimarer Republik) – von einzelnen Filmen abgesehen – eine sehr untergeordnete Rolle spielten. Da das Prinzip der Montage spätestens nach 1916 auch in Deutschland bekannt war, liegt die Vermutung nahe, daß die Erklärung für ihr Fehlen in der Art der vermittelten Inhalte selbst, in der gesellschaftlichen Funktion der Filme zu suchen ist.

Im folgenden sollen die hier angeschnittenen Probleme – zur besseren Übersicht – ausgehend von zwei eng miteinander verbundenen Fragestellungen *schwerpunktmäßig* untersucht werden.

Zunächst wird in Kapitel 2 die Abhängigkeit filmischer Vermittlungsformen von den Inhalten und der gesellschaftlichen Funktion der Filme in ihrer historischen Entwicklung geprüft. Die Untersuchung beschränkt sich, nach einer knappen Skizze der Herausbildung wichtiger Elemente der Filmsprache, im wesentlichen auf eine Gegenüberstellung zwischen bürgerlichem Film unmittelbar nach der deutschen Novemberrevolution und Entwicklung der sowjetischen Filmkunst. Der Einfluß der sowjetischen Filme auf die nachfolgende bürgerliche Produktion in Deutschland wird anschließend an einem exemplarischen Fall verdeutlicht.

In Kapitel 3 wird sodann die Entwicklung des deutschen Films von den Anfängen bis zur Herausbildung eines differenzierten Instrumentariums als Ideologieträger dargestellt und am Beispiel belegt. Als Ergänzung wird abschließend ein knapper, systematischer Überblick über die Filmentwicklung in der Endphase der Weimarer Republik gegeben.

2.
Zur Entwicklung der Filmsprache

2.1.
Anfänge (1895 bis ca. 1922)

2.1.1.
1895 finden an verschiedenen Orten der Welt erste öffentliche und bezahlte Filmvorführungen vor einem überwiegend zum wohlhabenden Bürgertum gehörigen Publikum statt: z. B. in Paris durch die Brüder Lumière und in Berlin durch die Brüder Skladanowsky. »Mit nur wenigen Ausnahmen ... waren fast alle Filme der Brüder Lumière Reportagen. Ihre Autoren inszenierten keine Aufnahmen ... In diesen ersten Filmen gab es kein fiktives Moment, keine Nachahmung des Theaters. Es gab keine Schauspieler, kein Szenarium, keine Dekoration – alle diese heute für den Spielfilm unentbehrlichen Elemente fehlten. Das Leben selbst, auf frischer Tat ertappt – das war das Rezept der Brüder Lumière.«[33] Der Charakter und die Funktion der Filme der Brüder Skladanowsky wird aus einem ihrer Anzeigentexte in den Tageszeitungen deutlich: »Ein volles Varieté-Programm in 15 Minuten ... Die Lebensgroßen Darstellungen im Bioscop sind die Projektionen eigener Original-Serien-Aufnahmen, sie geben genau das Leben in voller Natürlichkeit vermittelst der Electricität wieder, man glaubt die Wirklichkeit vor sich zu haben, so greifbar plastisch ist die Wirkung des Bioscopes.«[34]

Die Filme haben hier fast ausschließlich noch den Charakter von Belegen für den Fortschritt der Technik und dienen dem versammelten Bürgertum im wesentlichen zur Befriedigung seiner (wissenschaftlichen) Neugier und Sensationslust, obwohl in den Thematiken der Brüder Skladanowsky (Varieté usw.) sich bereits eine weitere Verwendung andeutet. So läßt sich für die Folgezeit feststellen, daß »nach einer kurzen Phase, in der die Bourgeoisie (1895–ca. 1900, H. K.) ein gewisses snobistisches Interesse für das neue Spektakel hegte, ... das Kino zum populären Jahrmarktvergnügen degradiert«[35] wird. Hier, in den Buden und Zelten, findet es sein Publikum. »Das Proletariat, dem der Zugang zu den Theatersälen und Konzerthallen verwehrt, dem das Lesen wertvoller Literatur kaum möglich war, suchte im Kino ein Äquivalent.«[36] Das Kino erhält für die Fabrikarbeiter, Handwerker und Bauern die Funktion eines »Kunstersatzes«, »ähnlich den Hintertreppenromanen, die für wenig Geld verkauft wurden, ähnlich den Zirkusvorstellungen, fahrenden Musikanten und den Schmierenstücken, die von Wanderbühnen gespielt wurden«[37]. Während sich die Funktion der ersten Filmstreifen (1895) in dem Verzicht auf fiktive Momente in der Dokumentation der gelungenen Erfindung erschöpft und die Sensation der »bewegten Bilder« durchaus hinreicht, um Interesse zu wecken, wird bereits sehr früh die Möglichkeit entdeckt, damit auch kleine Geschichten zu erzählen. Die ersten, meist komischen oder phantastischen Handlungsabläufe werden neben den Genres »Aktualitäten« und »Sensationen« für die Jahrmarktkinos von den Schaustellern selbst oder von kleinen, sich allerdings rasch entwickelnden Produktionsstätten mit geringem Kostenaufwand produziert.[38] J. Toeplitz stellt für die Inhalte des Jahrmarktkinos fest, daß sie in ihrem ideologischen Charakter durchaus unterschiedlich waren, daß »neben progressiven Filmen ... oft konsequent reaktionäre Bildfolgen gezeigt«[39] wurden.

In dieser frühen Phase der Kinematographie ist die mögliche Funktion des Films *für oder gegen die Massen* noch nicht (sichtbar) entschieden. Prokop hebt bezogen auf den amerikanischen Film dieser Zeit hervor: »Es ist von Bedeutung, daß die Anbieter, finanziell unabhängig und bei niedrigen Kosten nur auf eine schmale Amortisationsbasis angewiesen, für begrenzte Gruppen von Nachfragern produzierten. Diese Bedingung läßt die Entwicklung einer Vielfalt von Filmgenres, formalen Gestaltungen und inhaltlichen wie formalen Experimenten zu.«[40]

2.1.2.

Genügt anfangs die bloße Wiedergabe von Bewegungen als Publikumsanreiz, so werden im Zuge der steigenden Nachfrage nach längeren Filmstreifen, mehr Unterhaltung[41] und Weiterentwicklung der Filmtechnik längere Spielhandlungen mit (mehr) Dekor und Ausstattung erforderlich. Diese Entwicklung hat zwei Konsequenzen:

1. wird damit auch ein rasch zunehmender höherer finanzieller Aufwand in der Produktion der Filme notwendig und

2. müssen Formen gefunden werden, den längeren Handlungsablauf zu untergliedern, ihn verständlich und attraktiv zu machen.

Zu 1: Die schon aus Gründen der Konkurrenzfähigkeit notwendigen steigenden Produktionskosten können häufig von den kleinen und finanzschwachen Produktionsstätten, in denen meistens noch Produzent, Autor und Regisseur in Personalunion auftreten, nicht mehr ohne fremdes Kapital aufgebracht werden. In dem Maße, in dem »branchenfremde« Kapitalgeber die unerschlossenen Verwertungsmöglichkeiten erkennen, entwickeln sich sehr schnell größere Filmunternehmen, die durch Standardisierung ihrer Produkte auf den »Publikumsgeschmack« spekulieren, um maximalen Massenabsatz und damit größtmögliche Profite zu erzielen. So beliefern z. B. ab 1902 die führenden französischen Firmen Pathé, Gaumont und Eclair den gesamten europäischen Markt mit ihren Filmen. Bereits in dieser frühen Phase ist ein scharfer Konkurrenzkampf auf nationaler und internationaler Ebene (z. B. mit der englischen Produktion um 1900) festzustellen, der sich mit dem beschleunigten Konzentrationsprozeß noch erheblich verschärft.[42]

In der zwischen 1902 und 1908 zunehmenden Verlagerung des Ortes der Filmvorführungen von den Wanderkinos in feste Filmtheater[43] macht sich bereits eine Stabilisierung der Nachfrage und ansatzweise eine Verbreiterung der Publikumsstruktur bemerkbar. Im Zusammenhang damit entwickelt sich auch eine verstärkte Arbeitsteilung in die »klassischen« Ressorts Produktion, Verleih und Theater. Bis zum Ende des 1. Weltkriegs konkurrieren auf dem internationalen Markt vor allem französische, italienische und dänische Produktionen miteinander, bis nach einer relativ kurzen Blütezeit des deutschen Films (Anfang der 20er Jahre) die amerikanischen Konzerne (Hollywood) sich auch auf dem europäischen Markt durchsetzen und ihre Vorherrschaft in den folgenden Jahren weiter ausbauen können.

Zu 2: »Die ersten Filme enthielten eine Menge von Mitteilungen, aber es waren noch keine Mitteilungen in Filmsprache.«[44] Träger der Inhalte waren vorwiegend die vom Theater übernommenen Formen wie Mimik, Gestik, Körperhaltung und -bewegung, Kostüme, Dekor etc., die in einer einzigen, starren Einstellung (Totale) aufgenommen wurden. »Durch Übergestikulation und Übermimik versuchte man, das, was auf der Bühne hörbar war, auf der Leinwand sichtbar zu machen. Man gestikulierte und mimte in übertriebener Weise, um dem Zuschauer die Zusammenhänge auch ohne Worte verständlich zu machen... Zunächst versuchte man, dem Mangel an Verständlichkeit dadurch abzuhelfen, daß man die Bilder durch Titel unterbrach, die sich manchmal zur Länge kleiner Bücher auswuchsen und dann eine lebhafte Opposition beim Publikum hervorriefen, das nicht ins Kino gekommen war, um zu *lesen*. In der Pantomime fand der Filmdarsteller ergänzende Vorbilder... Man *spielte* taubstumm, weil das Wort fehlte, mit dem man sich sonst zu verständigen gewohnt war.«[45] Es handelte sich also noch um eine »Wortgebärden- oder Dingsprache« (Peters), wobei der Theaterdialog durch Zwischentitel ersetzt und die Rezeption während der Vorführung durch »Filmerklärer« verbal und musikalisch unterstützt wurden. Daneben unternahm man jedoch schon erste Versuche, den Film von der Theaterkonvention zu befreien:

So experimentierten die Engländer G. A. Smith und J. Williamson (»Schule von Brighton«) bereits um 1900 mit dem Wechsel von verschiedenen Einstellungsgrößen wie Totale und Nahaufnahme (Smith) und der Kombination von verschiedenen Handlungsorten (Williamson).[46]

Der Amerikaner E. S. Porter entwickelte diese Ansätze in seinen beiden großen Filmen (*Das Leben eines Amerikanischen Feuerwehrmannes,* 1902 und *Der große Eisenbahnraub,* 1903) schöpferisch weiter.[47] In dem Welterfolg *Cabiria* (1914), einem italienischen historischen Ausstattungsfilm, taucht erstmals auch die Kamerafahrt auf. »Im Vergleich zu den Zeiten des Jahrmarktkinos vervollkommnete sich die Form des Films beträchtlich. Schon vor 1914 bildet sich der spezifische Charakter des Films heraus, mit völlig eigenen Merkmalen, die nicht mehr an ein Surrogat des Theaters erinnern...«[48] Diese schrittweise Ablösung von den Theaterkonventionen – die bezogen auf die gesamte Produktion allerdings nur in wenigen Fällen erfolgte –, die Entdekkung und Erprobung der Elemente einer filmischen Sprache, entwickelte sich häufig aus den spielerischen Experimenten Einzelner, hatte aber in der kommerziellen Nutzung die Funktion, den Unterhaltungswert der Filme, ihre Attraktivität zu erhöhen, um dem eigenen Produkt größere Marktchancen zu geben, also den Konkurrenten zu überflügeln. *Keinesfalls ging es – von den genannten Ausnahmen abgesehen – darum, z. B. mit den gewonnenen filmischen Artikulationsmöglichkeiten die gesellschaftliche Realität zu hinterfragen oder Erkenntnisse über sie zu vermitteln.* »Der Film entfernte sich ... in den für die Entwicklung der Kinematografie so reichen Jahren von 1908 bis 1914, von der realistischen Strömung, die sich hier und da im Jahrmarktkino bemerkbar gemacht hatte. Er verbesserte seine Form, sammelte viele Erfahrungen und zog viele talentierte und begeisterte Menschen in seinen Bannkreis. Doch nur in sehr wenigen Fällen gelang es ihm, auf der Leinwand die Wahrheit wiederzugeben.« [49]

2.1.3.

Zu diesen wenigen Ausnahmen gehören trotz aller Widersprüchlichkeiten besonders zwei Filme des amerikanischen Regisseurs D. W. Griffith. Er entwickelte die Montageansätze Porters weiter und setzte sie in seinen beiden großen Filmen (*The Birth of a Nation,* 1914, und *Intolerance,* 1916) zum erstenmal als Hauptträger der Aussage systematisch ein. In seinem ersten, 3 Stunden dauernden Filmroman *The Birth of a Nation* über den amerikanischen Bürgerkrieg verwendete er bereits das gesamte Arsenal der filmischen Möglichkeiten (Produktionskosten: 100000 Dollar). Wegen der darin enthaltenen rassistisch gefärbten Aussage [50] kam es zu erheblichen Protesten in der Öffentlichkeit, die allerdings den ungeheuren Erfolg des Films nicht beeinträchtigten. Die hohen Einnahmen ermöglichten es ihm (ebenfalls auf eigenes Risiko), einen noch gewaltigeren Film zu drehen – *Intolerance* (1916) –, dessen Produktionskosten schließlich auf 190000 Dollar anwuchsen. »Hatte Griffith in *Birth of a Nation* naiv eine Vision der Erinnerung geschaffen, ohne sich ihrer ideologischen Implikationen bewußt zu sein, so unternahm er es jetzt – nicht zuletzt, um sich gegen den Vorwurf des Rassenvorurteils zu wehren –, eine ›philosophische‹ Interpretation der Menschheitsgeschichte zu geben. In vier inhaltlich analogen Geschichten aus verschiedenen Epochen sollte der ›ewige Kampf zwischen Gut und Böse‹ dargestellt werden. Einen mittellangen Film über die Auseinandersetzung zwischen Kapitalisten und Arbeitern hatte Griffith bereits abgedreht [51], als er sich entschloß, dieser Geschichte drei weitere beizugeben, je eine über den Fall Babylons, die Passion Christi und die Bartholomäusnacht.« [52]

»Diese zeitlich und räumlich voneinander getrennten Teile werden durch Parallel- und Kontrastmontagen verbunden; aus einem strukturellen Zusammenhang entwickelt sich ein gemeinsamer Effekt. Ihr Zusammenspiel bringt die Gefühlswerte in jeder einzelnen Geschichte zur Erscheinung, und sie entwickelt sich zu einem gemeinsamen Höhepunkt, der die Zuschauer zwingt, Griffiths Botschaft zu begreifen... ›Jede Geschichte zeigt, wie in allen Epochen der Geschichte Haß und Intoleranz gegen Liebe und Nächstenhilfe gekämpft haben‹... Alle

Ausdrucksmittel, über die Griffith verfügte, setzte er zur Motivation dieser Passagen ein. Eine Einstellung wird geschnitten, bevor die Handlung in ihr abgeschlossen ist; die Kamera verstärkt Bewegungen durch parallele Eigenbewegung; Irisblende und Bildmasken werden benutzt, um bezeichnende Details zu betonen oder um elegante Übergänge herzustellen. Großaufnahmen und extreme Totaleinstellungen rufen Wirkungen der Intensität und Weite hervor... Aus ihnen formiert sich eine optische Sinfonie, die stetig anschwillt, bis zu dem Augenblick, an dem alle Erzähllinien in ein gemeinsames Finale ausmünden.« [53]

Im leichten Widerspruch zu dieser euphorischen Beschreibung erwies sich der Film allerdings als »unverdaulicher Filmhappen« (Toeplitz), der von den zeitgenössischen Kritikern und dem Publikum wegen seiner Länge, der verwirrenden Schnittechnik und Symbolik nicht verstanden wurde. Doch obwohl finanziell ein Mißerfolg, *stellte er intentional und formal einen Höhepunkt in der Entwicklung des Films dar. Er war der »erste politische Film in der Geschichte des Kinos;* er geißelte nicht nur das Verhalten der Menschen, sondern versuchte, den Willen zu erwecken, die Verhältnisse zu ändern« [54]. Dieses Vorhaben Griffiths, das in dem gegebenen Zitat tendenziell zutreffend formuliert ist, fand allerdings neben den genannten Rezeptionsschwierigkeiten vor allem seine Grenzen in der »Begrenztheit und Unbeweglichkeit (seines) philosophischen Systems« [55], in der Rührseligkeit und frommen, moralisierenden Dualität von Gut und Böse, die sich z. B. auch in den »sacharinsüßen Zwischentiteln« [56] niederschlug. In Griffiths »philosophischen« Ansatz [57] ist – wie Eisenstein darlegt – auch der Grund für die besondere Art der *Parallelmontage* zu finden: »Und so ist es ganz natürlich, daß Griffiths Konzeption der Montage wie ein Spiegelbild seiner dualistischen Auffassung von der Welt wirkt, einer Welt nämlich, die in den zwei parallelen Linien der Armen und der Reichen zu einer nebelhaften, hypothetischen ›Versöhnung‹ gelangt, sobald ... sich die parallelen Linien treffen, das heißt in der Unendlichkeit, die genauso unerreichbar ist wie die verheißene ›Versöhnung‹ selbst.« [58] »... seine Großaufnahmen schaffen Atmosphäre, sie charakterisieren die handelnden Personen; sie zeigen abwechselnd die Helden im Dialog; und während der Verfolgungsjagden steigern sie das Tempo.« [59] Griffith setzt die von ihm bravourös beherrschte Montagetechnik noch nicht konsequent zur Aufdeckung des »Wesens«, der von ihm dargestellten menschlichen Verhaltensweisen und Situationen ein. Er schildert zwar Wirklichkeit, bleibt aber letztlich »überall beim nur *Darstellenden und*

Gegenständlichen stehen und bemüht sich nirgends, durch *Gegenüberstellung* der Bildausschnitte zum *inneren* Sinn und zum *Bildlichen* vorzudringen«[60]. Zusammenfassend läßt sich für die Weiterentwicklung der filmischen Möglichkeiten durch Griffith feststellen, daß er »an der – mit den Maßen der Theatertradition gemessen – schwächsten Stelle des Films, seiner Zusammengesetztheit, das Element seiner stärksten Wirkung und den Ausgangspunkt für die Befreiung von der Theatertradition gefunden« hat.[61]

Griffith findet zunächst – inhaltlich und formal – keine unmittelbaren Nachfolger, er bleibt eine Ausnahme, die allenfalls in Chaplin und seinen Filmen intentional eine Entsprechung hat.[62]

2.1.4.

Mit dem steigenden formalen und inhaltlichen Niveau der Filmproduktion und der wachsenden Popularität wird der Film zunehmend auch für die wohlhabenden und »gebildeten« Schichten der Gesellschaft nicht nur als Objekt der Kapitalverwertung oder als Ideologieträger interessant: Neben Filmen für den »Massengeschmack« – meist auf Mord und »action« reduzierte Verfilmungen der Weltliteratur, erste Krimis, Possen, pompöse Ausstattungs- oder auch offene Kriegspropagandafilme[63] –, die nach wie vor den »Löwenanteil« der Produktion ausmachen, werden zunehmend auch solche produziert, die sich in Form, Inhalt und künstlerischem Anspruch dem gebildeten Publikum anbieten.[64] »Mit dem Aufkommen des ›künstlerischen‹ Films (auf breiterer Ebene erst Anfang der 20er Jahre, H. K.) werden neue, noch vom Kino unberührte gesellschaftliche Schichten in den Besucherkreis einbezogen. Kinopaläste für die Bourgeoisie entstehen.«[65]

2.1.5.

In der *bürgerlichen Filmproduktion in Deutschland* (nach der gescheiterten Novemberrevolution von 1918), die aufgrund des relativ hohen künstlerischen Niveaus der Filme entscheidend zu der genannten Entwicklung beiträgt[66], zeigt sich bereits sehr deutlich die enge Verbindung von Verwertungsinteresse und Ideologieträgerfunktion. Deutet der weit fortgeschrittene Konzentrationsprozeß in der deutschen Filmindustrie mit der 1917 unter maßgeblicher Beteiligung des Staates und des deutschen Großkapitals gegründeten »Universum-Film AG.« (UFA) die intendierte Funktion der Filme an[67], so wird diese in der immer wiederkehrenden Thematik des »Gefühls vernichtender Hoffnungslosigkeit als Mythos eines unerbittlichen Schicksals«[68], dem sich der Mensch nur resignierend fügen kann, offensichtlich.

In dieser Phase gesellschaftlicher und politischer Unsicherheit »bietet« sich als bürgerlicher Reflex auf die Vorgänge in der Wirklichkeit (Novemberrevolution und Folgen, vgl. Kap. 3, 3.1) die Realitätsflucht in phantastische (Alp-)Träume, die mystische Verklärung der Welt als die grausamer Tyrannen und übermenschlicher Wesen, in denen der Mensch »von unsichtbaren Mächten verleitet« Taten vollbringt, »für die er sich nicht verantwortlich fühlt«[69], als konsumierbarer Ausweg an (z. B. *Das Kabinett des Dr. Caligari,* 1920; *Nosferatu,* 1922; *Dr. Mabuse,* 1922; *Der Müde Tod,* 1921; *Der Golem,* 1920 usw.).[70]

Daneben entstehen zwei auch für die weitere Filmentwicklung in der Weimarer Republik bedeutsame Genres, die deutlicher Realitätsfragmente enthalten: der in Form und Thema dem phantastischen expressionistischen Film verwandte Kammerspielfilm (z. B. *Hintertreppe,* 1921; *Scherben,* 1921; *Sylvester,* 1923 etc.) und der vor allem von der UFA favorisierte historische Ausstattungsfilm (z. B. *Madame Dubarry,* 1919; *Anna Boleyn,* 1921 etc.). Obwohl der Kammerspielfilm seine Inhalte aus dem Kleinbürgermilieu bezieht und durchaus sozialkritische Momente in einer häufig »melodramatischen« Schilderung enthält, ist er letztlich, wie der (phantastische) expressionistische oder der historische Film, von einem Aufdecken der »gesellschaftlichen Kausalität« (Brecht) oder Hinterfragen der gezeigten »Realität« weit entfernt.[71] Menschliche Konflikte und Tragödien verlaufen hier zwar, im Unterschied zur phantastischen Richtung, in naturalistischen Kulissen, sein eigentliches Thema ist aber ebenfalls die Hoffnungslosigkeit des Individuums im Kampf gegen übermächtige Schicksalsgewalten oder die eigenen »dumpfen Triebe«. Zur Vermittlung dieser nur irrational faßbaren, an vorhandene Ängste, Stimmungen etc. appellierenden Themen und Handlungsabläufe reichen die innerhalb der Bildkomposition selbst liegenden, in dieser Entwicklungsphase aber bereits perfekt beherrschten, filmischen Mittel, wie (expressionistisch übersteigerte) *Mimik und Gestik* und vor allem die vom expressionistischen Theater (z. B. aus Inszenierungen von Max Reinhardt) übernommenen *Beleuchtungstechniken* (Schatten) und *Dekorationen* vollkommen aus. Die Verwendung von Halbtotalen und Nahaufnahmen hat im wesentlichen die Funktion, den ohnehin relativ überschaubaren »äußeren« Handlungsablauf verständlicher, den »inneren« Ablauf eindringlicher zu machen. Die ansatzweise z. B. in einigen (Kammerspiel-)Filmen hervortretenden montageartigen Einstellungsverbindungen und der Einsatz der »bewegten« Kamera haben, neben den bereits genannten primären filmischen Mitteln, allenfalls eine periphere Bedeutung als zusätzliche Möglichkeit, das *emotionale* Erleben der Handlung durch den Betrachter zu unterstützen.[72] Anders formuliert ließe sich feststellen, daß die in der Griffithschen Montageverwendung im Prinzip bereits angelegte Möglichkeit, auch über Emotionen hinaus *Erkenntnisse* und *Einsichten* über die Wirklichkeit zu vermitteln, dem Anliegen dieser Filme entgegengesetzt ist, ja sogar den angestrebten *Einfühlungsprozeß* des Betrachters störend unterbrechen würde. So ist es nur konsequent, daß z. B. der in Ort und Zeit der Handlung einheitlichere Kammerspielfilm auch fast völlig auf »störende« Zwischentitel verzichtet – und verzichten kann, ohne daß die Rezeption darunter leidet.

2.2. Die Montage im sowjetischen Stummfilm

Erst im *nachrevolutionären, sowjetischen Rußland* – besonders in den 20er Jahren – findet die Griffithsche Montagetechnik ihre Fortsetzung. Neben Dsiga Vertov und Lew Kuleschov sind für diese Verwendung der Montage vor allem die Regisseure S.M. Eisenstein und W. Pudowkin zu nennen. Sie entwickeln die Filmsprache sowohl *praktisch* in ihren Filmen als auch *theoretisch* in einer Reihe von Veröffentlichungen und steigern sie bis zur letzten Konsequenz. Für den Aufbau des Sozialismus in der Sowjetunion wurde der Film im Kulturbereich außerordentlich wichtig und die Montage zum grundlegenden Prinzip der Filmsprache, »zum Kernelement des Films«[73]. Dafür lassen sich zwei Hauptgründe anführen:

1. »Der Film ist eine elastische, beliebig gestaltbare, unverbrauchte Form, die dem Ausdruck der neuen Idee keinerlei inneren Widerstand leistet. Er ist ein naives, populäres, die breiten Massen unmittelbar ansprechendes Verständigungsmittel.«[74] Für einen Vielvölkerstaat, der zudem anfangs noch einen großen Anteil an Analphabeten hatte, ist ein visuelles Mittel, das ohne lange, den Rezeptionsvorgang erschwerende Zwischentitel, Gedanken, Ideen, Impulse, Erkenntnisse vermitteln kann, vorzüglich geeignet. »Mit der Montage hat nun der Filmkünstler ein Mittel allererster Klasse in der Hand, um die Wirklichkeitsvorgänge, die er aufnimmt, zu formen, zu deuten, zu vertiefen.«[75]

2. »Der bisherige ausschließliche Zweck der Filmproduktion, Profit, wurde somit (durch die Verstaatlichung der Filmindustrie, H. K.) den Zwecken der Politik untergeordnet, und pure Unterhaltung wurde mit Ideen geladen... Die Chance, die Griffith ausnahmsweise in ›Intolerance‹ ergriff – Überzeugung auszudrücken – wurde der jungen russischen Generation in denkbar weitestem Umfange angeboten. Zum ersten Male in der Geschichte des Films wurden Künstler zugelassen, nicht nach kommerziellen Gesichtspunkten, sondern nach Herz und Überzeugung zu schaffen... Die Revolution hatte alle Barrieren niedergerissen, auch die der künstlerischen Konvention.« [76]

2.2.1.

Diese frühen sowjetischen Regisseure sind mehr oder weniger direkt von den Vorstellungen des Konstruktivismus und Futurismus und der Bewegung des »Proletkult« beeinflußt.[77]

So formuliert Vertov 1924: »Nieder mit den bourgeoisen Märchenszenarien! Es lebe das Leben wie es ist!« [78] Aus der totalen Ablehnung der bürgerlichen, inszenierten Ausstattungsdramen, die die Wirklichkeit verschleiern, entwickelt er seine »Kinoglanz«-Theorie, die »dokumentarisch-filmische Entschlüsselung der sichtbaren und der dem menschlichen Auge unsichtbaren Welt« [79]. In seinen »Filmchroniken« (»Kinoprawda« ab 1922) und weiteren Filmen versucht er, über die reine Vermittlung von Informationen hinausgehend, mit Hilfe von Montagen und einer Vielzahl von Tricks (Einfärbungen, Masken, Vor- und Rückblenden etc.) Interpretationen der »aus dem Leben gerissenen Teilstücke« durch ihre Organisation »zu einem extraktförmigen ›*ich sehe*‹« [80] zu geben. Die radikalste Realisierung dieser Theorie findet sich in seinem wohl bekanntesten Film *Der Mann mit der Kamera* (1929).

2.2.2.

Kuleschow beschäftigt sich ähnlich wie Vertov experimentell mit den filmischen Ausdrucksmitteln, allerdings ist sein Gebiet der in Szene gesetzte Schauspielerfilm. In seinem 1929 erschienenen Buch *Filmkunst* entwickelt er die spezifisch filmischen Mittel auf drei zusammenhängenden Ebenen[81]:

1. Die Montage als das wichtigste filmische Erzähl- und Gliederungsmittel.

2. Die Bildkomposition: Zur Verständlichkeit von kurzen Einstellun-

gen – wie in der Montage – ist es notwendig, die einzelnen Bilder klar und eindeutig aufzubauen, alles für die beabsichtigte Aussage Unwichtige wegzulassen und die Länge der einzelnen Einstellungen genau zu berechnen.

3. Die Darsteller: Erforderlich ist die Ausbildung von professionellen Filmschauspielern. Sie sollen als »lebende Modelle« ein besonders »prägnantes, charakteristisches Äußere(s), eine starke Ausdruckskraft der Bewegungen, eine makellose Präzision in Gestik und Mimik« [82] haben. Sein speziell dafür entwickeltes Ausbildungsprogramm an der Moskauer Filmschule umfaßt u. a. Akrobatik, Fechten, Boxen etc.

In seinem bekanntesten Film, *Die ungewöhnlichen Abenteuer des Mr. West im Lande der Bolschewiki* (1924), werden seine theoretischen Positionen zum ersten Male eingesetzt. »In stilistischer Hinsicht war das der erste Film der sowjetischen Spielfilmproduktion, in dem die grundlegenden spezifischen Ausdrucksmittel prinzipiell und konsequent angewendet wurden, wie Wechsel der Einstellungen und Blickwinkel, Aufgliederung der Szenen in kurze Montagestücke, sorgfältige Bildkomposition unter Berücksichtigung der Zeitspanne, die der Zuschauer zur Aufnahme der Einstellungen braucht.« [83]

2.2.3.

Eisenstein und Pudowkin gehen diesen Weg weiter und vervollkommnen die Montage als »das eigentlich schöpferische Moment, kraft dessen aus den leblosen Photographien ... die lebendige filmische Einheit geschaffen wird« [84].

Eisenstein entwickelt – unter deutlichem Einfluß futuristischer Manifeste – 1923 seine »Montage der Attraktionen« zunächst fürs Theater, die in der »Kollisions- oder Konfliktmontage« ihre filmische Entsprechung und Weiterentwicklung findet. So montiert Eisenstein z. B. in seinem ersten Film *Streik* (1924) Sequenzen, in denen die Niedermetzelung von wehrlosen Arbeitern gezeigt wird, mit Einstellungen aus einem Schlachthaus.

Die so erreichte Metapher soll »eine starke emotionale Steigerung der Szene« [85] bewirken und das Wesen der aufgezeigten Handlung (Niedermetzelung der Arbeiter) in der verallgemeinernden Wertung des Regisseurs dem Zuschauer vermitteln. Eisenstein zielt in der Kollisionsmontage auf die Provokation eines Gedankens, »der im Zusammenprall zweier voneinander unabhängiger Stücke entsteht« [86]. Seine folgenden Filme (z. B. *Panzerkreuzer Potemkin*, 1925, ***Oktober***, **1927,**

Die Generallinie, 1929) sind einerseits Beleg für den Einsatz der Montage über die Lenkung der Gefühle hinaus, »den ganzen Denkprozeß zu fördern und zu leiten«[87], andererseits machen sie aber auch die Grenzen des Versuchs, durch Film*bilder* Abstraktionen zu erreichen, deutlich.[88] 1929 entwickelt Eisenstein die Theorie vom »intellektuellen Film«, der, »befreit von traditioneller Bedingtheit, ohne jede Transition und Umschreibung direkte Formen für Gedanken, Systeme und Begriffe erzielen wird«[89]. »Er suchte nach Methoden und Verfahren, um mit den Mitteln des Films nicht nur Emotionen, sondern auch politische, wissenschaftliche und philosophische Begriffe zu vermitteln.«[90]

Eisenstein verzichtet vor allem in seinen ersten Filmen, »in Antithese zum bürgerlichen Sujet- und Starfilm«[91], auf eine durchgängige Spielfilmhandlung und auf individuell geschilderte Charaktere (s. hierzu Vertov). Sie erinnern in ihrem »dokumentarischen« Aufbau an eine »rekonstruierte Aktualität« (Sadoul). Seine »Helden« sind – besonders deutlich in *Streik* und *Potemkin* – nicht die handelnden Personen als Einzelne, sondern »als mitwirkende Teile eines gesellschaftlichen Organismus«[92], sein Held ist die (revolutionäre) Masse. »Ob der Admiral, der die Matrosen erschießen lassen will (wie in *Potemkin,* H. K.), persönlich ein besserer oder schlechterer Mensch ist als irgendeiner der Matrosen ist für Eisenstein kein Gegenstand der Untersuchung. Er zeigt das Ineinandergreifen von geschichtlichen Umständen, die die Menschen dazu bringen zu reagieren. Er zeigt den Druck, den die Geschichte auf einzelne ausübt, zeigt wie ›Umstände‹ das Leben und Handeln des einzelnen bestimmen.«[93]

2.2.4.

Im Unterschied dazu erzählt Pudowkin in seinen Filmen die Geschichte eines oder mehrerer mit individuellen Zügen ausgestatteter Helden, wobei verschiedene, häufig parallel ablaufende Handlungsstränge immer zu einem inhaltlichen Gesamtzusammenhang verknüpft werden. Sadoul schreibt dazu: »Die mathematische Genauigkeit, mit der zwei oder drei Themen kontrapunktisch eingeleitet, vermischt und entwikkelt werden, könnte kalt wirken, wenn sie nicht von der Liebe zum Menschen geleitet wäre. Um einen Vergleich von Moussinac zu verwenden: Während ein Film von Eisenstein wie ein Schrei ist, sind die Filme Pudowkins modulierte und ergreifende Gesänge... Dieses Verfahren (das Verknüpfen verschiedener Handlungsstränge an verschiedenen Handlungsorten, H. K.) erlaubt ihm, einen typischen (nicht bloß individuellen) Fall zur Masse zu erweitern, seine Themen miteinander zu kreuzen und sie symbolhaft zu kombinieren.« [94]

Als Beispiel für den stärker »lyrischen« Aufbau und Einsatz der Montagen Pudowkins mag folgende Sequenz aus dem Film *Die Mutter* (1926) dienen, in der Pudowkin versucht, »das Mitgefühl der Zuschauer nicht durch die psychologisch gestaltete Darstellung eines Schauspielers, sondern durch die plastische Synthese der Montage zu erwecken« [95]. Pudowkin schreibt dazu: »Der Sohn befindet sich im Gefängnis. Heimlich wird ihm ein Zettel zugesteckt mit der Nachricht, daß er am nächsten Tag befreit werde. Es ging darum, den Ausdruck seiner Freude filmisch zu gestalten. Eine bloße Aufnahme seines freudestrahlenden Gesichtes wäre matt und wirkungslos geblieben. Statt dessen zeigte ich das erregte Zucken seiner Hände und eine Großaufnahme der unteren Hälfte seines Gesichts, den lächelnden Mund. Diese Aufnahmen montierte ich zusammen mit verschiedenen anderem Material, Aufnahmen eines rasch dahinplätschernden Frühlingsbächleins, das Spiel von Sonnenflecken auf dem Wasser, Vögel auf einem Dorfteich und schließlich ein lachendes Kind. Damit schien mir der Ausdruck ›Freude des Gefangenen‹ gestaltet.« [96]

2.2.5.

Trotz der z. T. unterschiedlichen Schwerpunkte in den Montageauffassungen, wie sie sich vor allem in den theoretischen Äußerungen beider Regisseure niederschlagen, ist die praktische Montageverwendung in den Filmen in vielen Fällen ähnlich strukturiert. Als Beispiel dafür und generell für die weitestgehendste Form der Montage im sowjetischen Film soll im folgenden die »Krieg-Börsen-Sequenz« aus W. Pudowkins *Ende von St. Petersburg* als Filmprotokoll wiedergegeben werden.

Beispiel: aus ›Das Ende von St. Petersburg‹ (Pudowkin, 1927)

Flammenwerfer. Brennende Landschaft. Gräben. Soldaten. Reinigen der Waffen. Schleifen der Säbel und Bajonette – mehrere kurze Einstellungen.

1	–	*Titel:* »Unerläßlich ist die Vorbereitung des Geschäfts.«
2	T	Innenraum: Pompöser Schreibtisch, gut gekleideter Mann tritt von hinten an den Schreibtisch.

3	HT	Mann, setzt sich, blickt in Kamera.	
		Einige kurze Einstellungen vom Schlachtfeld: Rauchwolken, Explosionen etc.	
4	T	Schlachtfeld: schlammiger Hügel, ein Soldat versucht hinaufzuklettern.	
5	HT	Schützengraben, Soldaten, gebückt gehend.	lange Einstellung
6	HT	Ähnlich wie 5, Schützengraben.	lange Einstellung
7	–	*Titel:* »Fertig machen!«	
8	HT	Einzelner Soldat, kauert in halb mit Wasser gefülltem Graben, zittert.	lange Einstellung
9	N	Gesicht des Soldaten, blickt vor sich hin.	lange Einstellung
		Mehrere kurze Einstellungen vom Schlachtfeld: einschlagende Granaten, Rauchwolken.	
10	–	*Titel:* »Das Geschäft beginnt.«	
11	HT	Einzelner Soldat, wie 8.	
12	N	Gesicht des Soldaten, wie 9, blickt in die Kamera.	
		Einige kurze Einstellungen vom Schlachtfeld: Explosionen.	
13	HT	Ein Soldat im Graben; er rutscht in den Graben.	
14	N	Soldat wie 12, zieht den Mantelkragen hoch.	
15	T	Schlachtfeld: Flammenwerfer.	
16	–	*Titel:* »Zum Angriff!«	
17	HT	Mann mit Bowler und Anzug gestikuliert, im Hintergrund Hektik.	sehr kurze Einstellungen
18	N	Anderer im Anzug, gestikuliert, redet in die Kamera.	
19	T	Sehr hoher Ksp: (Börse), viele Männer mit Bowler, Gewimmel, Zeitungen werden geschwungen, Hektik, Durcheinander.	
20	HT	Mann, wie 3, greift zum Telefon.	
21	T	Einstellung wie 19, Menschenmenge, das Durcheinander beruhigt sich schlagartig.	
22	HT	Mann, wie 20, redet ins Telefon.	
23	HT	Anderer Mann, Anzug, Hut – redet ins Telefon.	
24	T	Börse wie 21, Bewegung geht durch die Menge, beruhigt sich wieder.	
25	HT	Mann telefoniert wie 22.	
26	HT	Mann telefoniert wie 23, lächelt.	
27	HT	Börse wie 24, Ruhe.	

28	HT	Mann wie 26, legt Hörer auf, geht schnell aus dem Bild.	
29	T	Halle, Parkettfußboden; der Mann von 28 geht auf einen anderen zu, sprechen heftig miteinander, andere treten dazu.	
30	N	Mann mit Hut, Anzug blickt in die Kamera, anderer sagt ihm etwas ins Ohr.	
31	T	Börsianer rennen auf die Kamera zu.	
32	T	Börsianer stürmen eine Treppe hinauf.	
33	T	Rennende wie 31.	
34	–	*Titel:* »Aus den Gräben!«	
35	T	Schlachtfeld: Rauch, Flammen.	
36	N	Soldat im Graben, blickt nach vorn, Hand klammert sich in die Erde.	
37	T	Schlachtfeld: Rauch, Flammen wie 35.	
38	N	Soldat wie 36, wendet ruckartig den Kopf, weit aufgerissene Augen, blickt in die Kamera.	
39	HT	Soldat mit Schnauzbart (Offizier?) gestikuliert, schreit.	
40	N	Soldat wie 38, dreht den Kopf von der Kamera weg ins Profil.	
41	T	Graben, die Soldaten springen heraus.	
42	HT	Ein Soldat, versucht herauszuspringen, rutscht im Schlamm ab, springt heraus.	
43	T	Schwarze Rauchwolken, Soldaten stürmen.	
44	–	*Titel:* »Vorwärts!«	
45	T	Stürmende Soldaten wie 43.	
46	T/HT	Ksp an der Erde, Stacheldraht, Soldaten stürmen vorbei.	
47	–	*Titel:* »Voran, voran!«	
48	HT	Ksp an der Erde, Soldatenstiefel, über die Kamera hinweg.	
49	T	Schlammiger Hügel wie 4, getroffener Soldat rollt herunter.	lange Einstellung
50	T	Schlachtfeld: Feuer, Rauch.	kürzere Einst.
51	HT	Soldaten rennen an Kamera vorbei.	sehr kurz
52	T	Hügel wie 49, Verwundeter.	kurze Einstellung
53	–	*Titel:* »Vorwärts!«	
54	T	Ksp an der Erde wie 46, Stacheldraht, Soldaten rennen vorbei.	
55	T	Börsianer stürmen Treppe hinauf.	

56	HT	Börsianer rennen an der Kamera vorbei.	
57	HT	Börsianer laufend.	
58	T	Ksp hoch, Börsianer, gestikulierend, laufend, Hektik.	
		Mehrere z. T. sehr kurze Einstellungen von gestikulierenden und redenden Börsianern.	
59	N	Tafel mit Zahlen – Notierungen des Tages, Kursveränderungen.	kurze Einstellung kürzer werdend
60	HT	Gestikulierende Börsianer, Hektik.	
61	N	Tafel wie 59.	
62	HT	Börsianer wie 60.	
63	T	Hügel, Schlamm, wie 49, Soldat bewegt sich, sackt zusammen.	lange Einstellung
		Mehrere sehr kurze Einstellungen von gestikulierenden Börsianern.	
64	–	*Titel:* »Weiter!«	sehr kurze
65	HT	MG-Schützen, deutsche Stahlhelme.	Einstellungen
66	HT	Einschlag der MG-Garbe.	
67	HT	MG-Schützen, ähnlich wie 65.	
68	–	*Titel:* »Hurra!«	
69	T	Vordergrund Gefallener, Hintergrund stürmende Soldaten.	
70	HT	MG-Schützen wie 67.	
71	T	Stürmende Soldaten wie 69.	
72	HT	Börsianer gestikulierend.	
73	T	Stürmende Soldaten wie 71.	
74	HT	MG wie 70.	
75	T	Stürmende Soldaten wie 73.	
76	T	Schlachtfeld: Explosionen.	
77	HT	Ksp an der Erde, mit Bajonett kämpfender Soldat, heftige Bewegungen.	längere Einst.
78	HT	Börsianer wie 72 gestikulierend, (»anfeuernd«).	sehr kurz
79	HT	Kämpfender Soldat wie 77.	
80	T	Schlachtfeld: Explosionen.	
81	T	Graben, zwei kämpfende Soldaten;	
82	HT	die zwei kämpfenden Soldaten, Nahkampf.	
83	T	Himmel, Wolken, Dunkel, Sonne bricht zeitweilig durch.	längere Einst.
84	HT	Soldat wie 79, fällt um.	kürzere Einst.
85	T	Himmel wie 83.	sehr kurz
86	N	Gesicht des Soldaten aus 84, fällt aus dem Bild.	kurze Einstellung

87	N	Verkrampfte Hand, fällt nach unten aus dem Bild.	
88	HT	Soldat, eine Hand am Hals, blickt in die Kamera.	längere Einst.
89	–	*Titel:* »Wofür gehen wir drauf?«	
90	T	Börse, Autos fahren vorbei.	
91	N	Tafel mit Notierungen der Kurse.	kurze Einstellung
92	T	Treppe wie 90, Börsianer dichtgedrängt, ein Auto hält, Mann steigt aus, die Menge auf der Treppe teilt sich, Hüte werden gezogen, er geht die Treppe hinauf, einige folgen.	lange Einstellung
93	T	Börsianer, Ksp oben wie 58, winken mit den Hüten.	
94	HT	Soldat wie 88, blickt in die Kamera.	kurze
95	T	Schlammiger Hügel wie 63, verwundeter Soldat sackt zusammen.	Einstellungen
96	T	Börsianer, Ksp oben, wie 93, winken mit den Hüten.	
97	N	Tafel, Kursnotierungen wie 91.	
98	T	Schlachtfeld, mehrere Verwundete bewegen sich.	lange Einstellung
99	T	Toter Soldat.	
100	HT	Toter Soldat wie 99.	
101	–	*Titel:* »Beide Seiten sind befriedigt.«	

Einige längere Einstellungen vom Schlachtfeld: Zerstörungen, Tote, Verwundete etc.

Zwei Handlungsstränge werden hier durch bewußte Unterbrechung und Gegenüberstellung in eine inhaltliche Beziehung gebracht. Die kurzen Zwischentitel haben nicht, wie im bürgerlichen Film dieser Zeit, die Funktion, den fehlenden, da unhörbaren Theaterdialog zu ersetzen, sondern sie verbinden die einzelnen Einstellungen inhaltlich miteinander, kontrastieren sie und spitzen so den für den Betrachter bereits gewonnenen visuellen Eindruck schlaglichtartig zu oder leiten zur nächsten Einstellung über. Aus der Einstellungsabfolge wird die gemeinte Metapher gegen Ende der Sequenz immer deutlicher. Die unterschiedliche Einstellungsdauer emotionalisiert und erhöht die Anspannung des Betrachters. Durch die Montage beider Handlungsebenen, den gezielten Einsatz verschiedener Einstellungsgrößen, -längen und -inhalte wird also einerseits eine Spannungssteigerung, eine »emotionelle Dynamisierung« (Eisenstein) erreicht, und andererseits der komplexe Zusammenhang »Funktion des kapitalistischen Krieges« – sinnlich-konkret erfahrbar – dem Betrachter vermittelt. Es geht, generell gesagt, mit dieser Form der Montageverwendung darum, nicht nur Sichtbares *sichtbar* zu machen, sondern durch Aufzeigen der Kausalzusammenhänge, der »eigentlichen« Hintergründe einer Handlung, eines Geschehens oder einer Situation in ihrer Verallgemeinerung, das Sichtbare transparent, *durchschaubar* zu machen.

2.2.6.

Zusammenfassend läßt sich feststellen, daß diese Regisseure sich von denen des bürgerlichen Films (und z. B. auch von Griffith) darin grundlegend unterscheiden, daß sie bei aller Experimentierfreude, die gerade in dieser historischen Phase deutlich zu bemerken ist, mit ihrem Medium *Erkenntnisse über die Wirklichkeit* dem Publikum einsehbar und nachvollziehbar machen wollen. Das heißt, ihre formalen Experimente stehen bei allen notwendigen Umwegen, Sackgassen und auch Abwegen immer im Dienst der Sache, des Inhalts, der möglichst eindeutig und klar *filmisch* umgesetzt werden soll. Sie wollen nicht nur Geschichten erzählen, um zu unterhalten, sondern weitergehend über *Betroffenheit, Denkanstöße* und *Einsicht* das Publikum aktivieren. Diese Intentionen im damals noch stummen Film zu realisieren erfordert Formen, die eine Aufdeckung und Darstellung der Realität sinnlich-konkret, unmittelbar und filmisch ermöglichen: »Die Montage ist eine neue von der Filmkunst gefundene und entwickelte Methode der Manifestation und klaren Präsentation aller – von oberflächlichen bis zu den tiefsten – Zusammenhänge, die in der realen Wirklichkeit existieren... Man kann sozusagen nicht nur schauen, sondern auch anschauen, nicht nur sehen, sondern auch verstehen, nicht nur wiedererkennen, sondern auch erkennen.«[97] »Die Montage als Form und Methode des Aufdecken(s) und Aufklären(s) von Zusammenhängen zwischen Erscheinungen des realen Lebens«[98], ist insofern intentional bedingte Grundlage des *realistischen*[99] Stummfilms und – wie die Geschichte des Tonfilms zeigt – ein wichtiges Formelement realistischer Filmkunst geblieben.[100] *Die Montage als wesentliches Erzählmoment des sowjetischen Stummfilms ist also keine zufällig auftretende Form, sondern ergibt sich als Konsequenz aus dem Anliegen und den Inhalten des realistischen Films, aus den Intentionen, nicht nur unterhaltsame Filme herzustellen, sondern darüber hinaus die Realität erkennbar, begreifbar zu machen, sie als veränderbar aufzuzeigen.*

Als Teil eines filmischen Ganzen dienen somit diesem Anliegen auch Montagen, die nicht wie die dokumentierte »Krieg-Börsen-Sequenz« über Kontrastierung letztlich auf eine begriffliche Erkenntnis abzielen, sondern z. B. Situationen oder Charaktere symbolhaft verdeutlichen, Handlungsabläufe filmisch wahrnehmbar machen oder primär Vorgänge emotionell zuspitzen.

2.3.
Weiterentwicklung der Filmsprache in der Weimarer Republik

In der wachsenden Aufmerksamkeit für rhythmische Gliederung der Filmerzählung, für deutlicheren und gezielteren Einsatz verschiedener Einstellungsgrößen und des Schnitts, wie sie in der Filmproduktion der 20er Jahre festgestellt werden kann, machte sich u. a. der Einfluß der sowjetischen Filmkunst bemerkbar. Hinzu kommen die wiederentdeckten und durch die weiterentwickelte Kameratechnik erheblich gesteigerten Möglichkeiten der beweglichen Kamera. Die bereits in den frühen Kammerspielfilmen (*Scherben,* 1921 und *Sylvester,* 1923) auftauchenden Kameraschwenks werden in *Der letzte Mann* (1924) und mit noch größerer Virtuosität in *Variété* (1925) zur »entfesselten« Kamera, zu einem »Mittel des psychologischen Ausdrucks« (Sadoul). Bezogen auf die im *Letzten Mann* verwendete vollautomatische Kamera als ein »jeder Bewegung fähiges Instrument« schreibt Kracauer: »Es wanderte, glitt und schwebte so folgerichtig auf und nieder, daß nicht nur eine durchgehend flüssige Bilderzählung entstand, sondern daß auch der Zuschauer den Vorgängen von verschiedenen Standorten zu folgen vermochte. Die frei umherschwebende Kamera ließ ihn den Glanz der Uniform wie das Elend der Mietskaserne empfinden, verwandelte ihn selbst in den Hotelportier (die Hauptfigur des Films, H. K.) und durchdrang ihn mit des Autors eigenen Gefühlen. Er war gleichsam seelisch überall mit dabei.«[101]

Diese vorwiegend in den »künstlerischen« Filmen verfeinerten Möglichkeiten der Inhaltsvermittlung beeinflußten auch die sonstige Filmproduktion. Die ab 1923/24 erschwerten Verwertungsbedingungen der deutschen Filmindustrie (verschärfte Konkurrenz im In- und Ausland durch Einführung der Rentenmark – s. dazu S. 85 f.) und die daraus resultierende Tendenz zur Verminderung des Absatzrisikos führten zu einer deutlichen Zunahme der Durchschnittsprodukte bei gleichzeitigem Rückgang der Bereitschaft zu filmischen Experimenten. »Nachdem man die Kamera einmal zu bewegen gelernt hatte, ließ man sie bei jeder passenden wie unpassenden Gelegenheit als ›entfesselte Kamera‹ los. Nahaufnahmen wurden zur Gewohnheit. Regisseure nahmen sich nicht einmal mehr die Mühe, sie abzuwandeln, sondern benutzten sie rein mechanisch zur Wiedergabe banaler Vorgänge, wie sie auch ohne alle erläuternden Großaufnahmen mehr als verständlich gewesen wären. Bestieg z. B. die Hauptperson eines Films einen Zug, konnte man sich darauf verlassen, von ihrer Abreise durch Nahaufnahmen von Lokomotivteilen und langsam rollenden Rädern verständigt zu werden.« [102]

2.3.1.

Die *sowjetischen Filme* wurden bereits kurze Zeit nach ihrer Herstellung auch in Deutschland gezeigt. Verbotsversuche wie z. B. beim *Panzerkreuzer Potemkin* (Eisenstein, 1925) mußten aufgrund einer breiten Protestbewegung zurückgenommen werden. Die Filme riefen ein außerordentlich großes Interesse auch beim bürgerlichen Publikum hervor, hier allerdings vorwiegend wegen der »Revolutionierung« der Filmsprache, während die Inhalte häufig abgelehnt wurden.

Der Einfluß dieser Filme auf die deutsche Produktion Ende der 20er Jahre war recht vielfältig:

Am deutlichsten läßt er sich inhaltlich und formal in den Filmen der nun einsetzenden Spielfilmproduktion der Arbeiterorganisationen nachweisen. Auch die beiden bei Eisenstein und Pudowkin sich ausprägenden Richtungen oder Schwerpunkte im realistischen Film schlugen sich hier nieder: Während bei *Mutter Krausens Fahrt ins Glück* (1929) im durchgängigen Handlungsablauf und in der einfühlenden, bei aller Typisierung individuellen Schilderung der handelnden Personen deutliche Anklänge an Pudowkins Gestaltungsprinzipien festzustellen sind, zeigt der Film *Kuhle Wampe* (1932) in seiner »kühleren«, intellektuellen Distanziertheit der Personencharakterisierung und seinem den Erzählzusammenhang immer wieder durchbrechenden Aufbau stärkere Affinität zu Eisensteins Filmkonzeption (vgl. dazu die Einzelanalysen von M. Michaelis und R. Happel).

In der bürgerlichen Filmproduktion machen sich diese Einflüsse auf zwei besondere Weisen bemerkbar: Zum einen als formale, vor allem aber inhaltliche Unterstützung der sozialkritischen und auch realistischen Tendenzen (z. B. *Die freudlose Gasse*, 1925, oder *Die Verrufe-*

nen, 1925, etc.) und zum anderen in einem für die bürgerliche Rezeption der sowjetischen Filmkunst kennzeichnenden Sinne, in den sogenannten »Querschnittsfilmen« (z. B. *Die Abenteuer eines Zehnmarkscheins,* 1926, oder *Berlin, die Symphonie einer Großstadt,* 1927, usw.). Ausgehend von der Theorie und Praxis des »absoluten« Films der künstlerischen Avantgarde (Viking Eggeling, Hans Richter, Walter Ruttmann etc.) unter Berufung auf Dsiga Vertov (s. o.) wird die *Montage,* oder besser die rhythmische Gliederung von Realitätsfragmenten, zum Grundelement, zum eigentlichen Inhalt dieser »Querschnittsfilme«. An ihrem »Prototyp« (Gregor/Patalas) soll im folgenden die erwähnte bürgerliche Rezeption der sowjetischen Filme exemplarisch aufgezeigt werden.

Beispiel: ›Berlin – Symphonie einer Großstadt‹ (Ruttmann, 1927)

Der Film schildert den »Tagesablauf« der Stadt Berlin: Schnelle Fahrt eines Eisenbahnzuges (vorbeifliegende Landschaft, Telegrafenmasten, schnell arbeitende Lokomotivteile etc.). Bahnhof.

5 Uhr: Die Stadt erwacht. Leere Straßen füllen sich langsam. Züge, Straßenbahn, Autobusse. »Man« strömt zur Arbeit. Arbeiter, zunehmend auch »besser Gekleidete«. Vieh wird in einen Hof getrieben. Arbeiter strömen in eine Fabrik. Die Maschinen werden in Gang gesetzt (N – Hand drückt einen Hebel herunter). Sehr schnelle, sich steigernde und wieder verlangsamende Abfolge von sich bewegenden Maschinenteilen. Läden und Fenster werden geöffnet. Kinder gehen zur Schule.

8 Uhr: Jalousien werden geöffnet. Herrenreiter beim Ausritt. Hausfrauen bei der Arbeit. Fahrgäste im Autobus. »Bessergestellte« im Auto. Bahnhöfe – Hektik ...

1	N	Füße, Beine steigen Treppen hinauf.	relativ gleich-
2	T	Fahrstuhl in Bewegung.	mäßige Länge
3	T	Paternoster in Bewegung.	der Einstellun-
4	N	Geschlossener Aktenschrank. Hand kommt ins Bild, dreht Schlüssel, Rollo fällt nach unten.	gen, der stetigen Bewegung entsprechend
5	N	Geschlossener Schreibtisch. Hand kommt ins Bild, Rollo wird hochgeschoben.	zunehmend kürzer werdende
6	N	Hoher Aktenschrank, geschlossen. Mann	Einstellungen

		(Rückansicht) schiebt das Rollo hoch.	
7	N	Geschlossener Schreibtischschrank. Hand öffnet das Rollo.	
8	N	Manschettenschoner werden übergestülpt.	
9	N	Schreibtisch, Schreibgeräte werden hingelegt.	
10	N	»Hauptbuch« wird aufgeschlagen.	
11	N	Papier wird aus einem Fach genommen.	
12	N	Haube wird von einer Schreibmaschine entfernt.	
13	HT	Zwei Schreibmaschinen, tippende Hände.	sehr kurze Einstellungen; noch kürzer werdend
	Mehrere kurze Einstellungen z. T. durch Überblendungen verbunden: tippende Hände, sich bewegende Teile der Schreibmaschine (N), Tasten etc.		
14	N	Maschinenteile, schnelle Bewegungen.	
15	N	Rotationsmaschine, schnelle Drehung.	
	–	Telefone (N), Hörer werden abgenommen.	
16	HT	Mann (Rückansicht) nimmt Telefonhörer ab.	
17	N	Wählscheibe wird gedreht.	sehr kurze Einstellungen
18	N	Wählscheibe wird gedreht.	
19	HT	Relais-Einrichtung, Relais bewegen sich.	
20	N	Telefongabel wird mehrfach hektisch niedergedrückt.	
21	N	Telefonistin im Profil, redet schnell ins Mikrofon.	
22	N	Telefongabel, mehrfach schnelles Niederdrücken.	
23	N	Hände stöpseln Leitungen.	
24	N	Schreiendes, kreischendes Äffchen.	
25	HT	Kämpfende Hunde.	die Einstellungen werden länger
26	HT	Kämpfende Hunde.	
27	N	2 Telefonapparate, Hörer werden aufgelegt.	
28	N	Telefon, Hörer wird aufgelegt.	

Baustelle. Straßenszenen. Diplomaten mit Hindenburg gehen eine Treppe hinunter. Burschenschaftler marschieren. Massendemonstration, Redner, Polizisten. Bettler sammelt Zigarettenkippen.

12 Uhr: Arbeiter essen. Pferde, Tiere im Zoo bei der Fütterung. In einem Restaurant wird »getafelt«. Frau auf einer Treppe mit bettelnden Kindern etc. Menschen und Tiere werden müde. Die Arbeit beginnt wieder. Zeitungen werden gedruckt und verkauft. Eine Frau springt von einer Brücke ins Wasser. Bettler und Streichholzverkäufer. Schaufenster eines Juweliergeschäfts, Perlenkette wird herausgenommen. Sturm kommt auf. Regen.

Feierabend: Geschäftsschluß. Sportveranstaltungen. Dämmerung, die Beleuchtung geht an. Kinoleinwand: Chaplins Beine. Tänzerinnen und Schauspieler. Beine gehend. Beine beim Radfahren. Bauarbeiten auf der Straße. Lokale, Bars, Vergnügungsstätten. Feuerwerk. Dunkel.

Die Menschen sind eine »strömende« anonyme Masse. Straßenbahn, Autobus, Rolläden, Türen, Fenster etc. *bewegen sich von selbst.* Die Maschinen werden, wenn überhaupt (Automaten), von Händen bedient. Mittags essen alle oder bemühen sich zumindest: Arbeiter, Pferde, Tiere im Zoo, in einem Restaurant wird »geschlemmt«, eine Frau mit zwei Kindern hat offensichtlich nichts zu essen, Kinder suchen im Abfall, eine Katze sucht ebenfalls im Abfall. Die Tiere im Zoo sind müde und gähnen, ein Elefant legt sich hin, ein Arbeiter hält ein Nickerchen. Die aus unterschiedlichen Gründen »wirbelnden« Beine, Tiere, Menschen, Maschinen haben etwas Gemeinsames: die *Bewegung.*

»Der erste auf Entdeckungen ausgehende Filmregisseur dieser Art... war der Russe Dsiga Wertow (Vertov). Es war seine Idee, die kleinen Szenen des Alltags, die wir sonst niemals bemerken, mit dem ›Filmauge‹ zu erspähen. Aber diese Moleküle des Lebens werden bedeutsam, sobald wir sie im Nahbild isolieren, Konturen ziehen und ihnen mit diesen Konturen Gestalt verleihen... Hier ist es tatsächlich die Schere, die dichtet und spricht: Seht, hier ist das Leben! ... Zwar haben sie (diese Filme, H. K.) keine Geschichte (Story), aber eine zentrale Figur, einen *Helden:* Einen Helden, der unsichtbar ist, denn *er* ist es, der mit dem *Filmauge* sieht.« [103]

Der Film ist in Tempo und Rhythmus, in seiner Verwendung des Einstellungswechsels brillant gemacht. Die Präzision, mit der Bewegungsabläufe und allgemein die Wirklichkeitsvorgänge in ihre Grundeinheiten (z. B. »Büro-Sequenz«) zerlegt und durch die gezielt eingesetzte Einstellungsdauer dynamisiert werden, ist bestechend. Mit dem Anspruch der Objektivität und Neutralität, unter bewußtem Verzicht auf eine »literarische Handlung« (Balázs), wird in einer gleichsam »musikalischen« (»optische Symphonie«) Aneinanderreihung von dokumentarischen Realitätsausschnitten versucht, eine Aussage über »nicht nur eines Menschen zufälliges Leben, sondern das typische Leben schlechthin«[104] als Querschnitt zu geben. Trotz der beabsichtigten Neutralität tauchen freilich »Wertungen« des Regisseurs auf: In die Straßenszenen werden mehrfach z. B. mechanische Spielzeuge in Aktion, kreisende Spiralräder, kreischende Affen, kämpfende Hunde etc. eingeschnitten, um das Mechanische des Ablaufs oder die Hektik anzudeuten. Daneben werden kurze, direkte Gegenüberstellungen gezeigt, etwa Arbeiter und Vieh, das in einen Hof getrieben wird, das Schlemmen im Lokal und das Hungern, die Nahrungssuche (Kinder, Katze), Bettler und Juweliergeschäft; oder: Zeitungsüberschriften »Krise«, »Mord«, »Börse«, »Heirat«, »Geld« (mehrfach) mit Wechselschnitten aus sausender Achterbahn, wirbelnder Drehtür, wirbelndem Karussell, sich drehender Spiralscheibe = Hektik, Oberflächlichkeit des Lebens.

Sofern der Zuschauer nach längerer Betrachtung des Films überhaupt noch in der Lage ist, die *Inhalte* dieser Bilder wahrzunehmen, wird ihm eine mögliche Interpretation der »Deutungen« des Regisseurs dadurch erschwert, daß diese Kritik vorwiegend in (extrem) kurzen Einstellungen gegeben wird.

Die geschilderte Realität der Millionenstadt Berlin ist die des registrierenden, ansonsten unbeteiligten Beobachters, desjenigen, der die Maschinen selbst nicht bedienen muß, allenfalls sich ihrer bedient, z. B. als Straßenbahn, desjenigen, der die Maschinen benutzt oder deren Produkte konsumiert. A. Kerr schreibt 1927 dazu: »ein Rausch für die Pupille ... aber kein Menschenfilm.«[105] Ruttmanns »Kontrapunkt aus dem Rhythmus von Maschine und Mensch«[106] zeigt ein sehr oberflächliches, nur äußeres Interesse auch an den Maschinen, die ohne die Menschen, die sie bedienen, wertlos sind. »Was gibt es Anziehenderes (für einen Mann mit visuellem Geschmack), als Räder und Kolben bei der klangvollen Darstellung einer Maschine umhersausen zu lassen, wenn er wenig über den Maschinenwärter zu sagen hat und noch weniger über die Blechbüchsen, die die Maschine auswirft?«[107] Die »kritischen« Einsprengsel sind Ergebnis der »distanzierten« Beobachtung, die lediglich feststellt, daß es auch so etwas gibt. Sie können nicht darüber hinwegtäuschen, daß der Regisseur nur an der äußeren Dynamik interessiert ist. »Schlichtes dokumentarisches Material (wird) in Muster und Bewegungsabläufe gebracht, die als wirklich vortäuschen, was unwirklich ist, die Zusammenhänge herstellen, wo keine sind und die Unterschiede verschleiern, die ins Auge springen müßten.«[108] Die vorgebliche Objektivität schlägt in ihr Gegenteil um.

Der Einfluß der sowjetischen Montagen ist offensichtlich, allerdings äußert er sich in einer sehr oberflächlichen Weise. Zunächst einmal ist festzuhalten, daß die auf realistische Darstellung der Wirklichkeit bezogene Montage in den sowjetischen Filmen zu einer, die Person des Künstlers nicht berührenden »Neutralität« (wie bei Ruttmann) in einem diametralen Gegensatz steht. Gerade in der vorgeblichen »Objektivität« des Ansatzes von Ruttmann wird der Unterschied z. B. zu Dsiga Vertov (s. o.) evident.

Auch in sowjetischen Filmen werden »Gegenstände in Bewegung« durch Nahaufnahmen hervorgehoben, z. B. marschierende Soldatenstiefel (in *Potemkin,* »Odessa-Treppen-Sequenz« von Eisenstein). Durch den Kontext, durch die Montage erhalten sie allerdings eine über ihre reine Gegenständlichkeit hinausgehende *Bedeutung,* sie stehen *für* etwas (z. B. in der erwähnten Sequenz: für die Brutalität, mit der wehrlose Menschen zusammengeschossen werden). Steht die Montage also in den sowjetischen Filmen als notwendig entwickelte *Form des Inhalts* (s. o.), letztlich im Dienst des Aufdeckens der Wirklichkeit, so wird *hier* die Montage – *als Form abgelöst vom Inhalt* – verselbständigt und verflacht zu einem Mittel der rhythmischen Gliederung von nahezu beliebigen Erscheinungen der Realität. *Dient die sowjetische Montage vor allem dem Aufzeigen von Zusammenhängen, so dient die rein formale Verwendung bei Ruttmann gerade deren Verschleierung.*

2.3.2.

Gegen Ende der 20er Jahre ist der Film allgemein als Kunstform akzeptiert. Die Differenzierung der filmischen Ausdrucksmöglichkeiten ist soweit fortgeschritten, daß auch Produzenten von Durchschnittsfilmen gezwungen sind, den Inhalt möglichst weitgehend über die filmischen Mittel zu transportieren, da lange Zwischentitel beim Publikum zunehmend auf Ablehnung stoßen.

So hat die gegen Ende der 20er Jahre sich abzeichnende und 1931/32 in Deutschland weitgehend vollzogene Umstellung auf den Tonfilm[109] neben erheblichen ökonomischen Konsequenzen (s. dazu S. 85 f.) auch Folgen für die Filmsprache: »Bei ihrem (der ersten Tonfilme, H. K.) Erscheinen äußerten namhafte Filmkritiker und -künstler die Befürchtung, daß die Einführung des Tons die hochentwickelte Kunst der beweglichen Kamera und des Schneidens ernstlich gefährden würde. Überall, wo Filme gedreht wurden, stellten die Filmproduzenten den Dialog dermaßen in den Vordergrund, daß der Bildstreifen darüber zu einem bloßen Begleitinstrument wurde.«[110] Eisenstein, Pudowkin und

Alexandrow schreiben in ihrem bereits 1928 erschienenen »Manifest zum Tonfilm«: »*Nur eine kontrapunktische Verwendung* des Tons in Beziehung zum visuellen Montage-Bestandteil wird neue Möglichkeiten der Montage-Entwicklung und Montage-Perfektion erlauben. *Die erste experimentelle Arbeit mit dem Ton muß auf seine deutliche Asynchronisation mit den visuellen Bildern ausgerichtet werden* ... Eine derartige Methode würde sich nicht, wie das Abfilmen von Dramen, auf einen nationalen Markt beschränken müssen, sondern wird wie niemals zuvor die Möglichkeit bieten (durch die so erweiterten Montagemöglichkeiten, H. K.), eine filmisch gestaltete Idee weltweit zu verbreiten.« [111] In der Folgezeit entstehen zwar eine Reihe von Filmen, in denen versucht wird, den Tonfilm in einem »filmischen« Sinne einzusetzen (so in Deutschland z. B. *Kuhle Wampe,* 1932), doch auf die gesamte Produktion bezogen bewahrheiten sich die genannten Befürchtungen. Gerade im Bereich des Durchschnittsfilms ist die Tendenz zu bemerken, den Ton als primären Informationsträger zu verwenden. Ein besonderes Genre bildet sich heraus, das vor allem die deutschen Produktionen der Folgezeit mitbestimmt: der Film mit Gesangseinlagen, bzw. der Operettenfilm (z. B. *Die Drei von der Tankstelle,* 1930, etc.).

3.

Die Entwicklung des Films zum Massenbeeinflussungsmittel in Deutschland

Die Entwicklung des Films vom marktorientierten »Volksvergnügen« zu einem direkten Ideologieinstrument deutet sich bereits vor 1914 an, wird während des Ersten Weltkrieges erheblich forciert und ist bei Kriegsende in ihren ideologischen und organisatorischen Grundlagen praktisch abgeschlossen. In ihren differenzierten Möglichkeiten kann sich diese Seite des Films allerdings erst während der Weimarer Republik voll entfalten.

Politisch ist diese Phase (Kaiserreich – Weimarer Republik) vor allem gekennzeichnet durch die verschärften Auseinandersetzungen zwischen Bourgeoisie und Junkertum einerseits und der bereits zahlenmäßig erheblich angewachsenen, durch die russische Oktoberrevolution 1917 in ihrem Selbstbewußtsein erheblich gestärkten organisierten Arbeiterbewegung andererseits. In dieser Tatsache liegt ein wichtiger Grund dafür, daß es 1917 gelingt, die innerhalb des Bürgertums vorhandenen widersprüchlichen Haltungen gegenüber dem Film auf ein gemeinsames Ziel, das der »Nationalen Propaganda« auszurichten. Während sich in der anfänglich totalen Verdammung des Films, vorwiegend in Kreisen der bürgerlichen Intelligenz, die Sorge vor dem Entstehen einer den bürgerlichen Kulturvorstellungen entzogenen Kultur *für* die Massen niederschlägt, wird von einzelnen Kapitalvertretern in nüchterner Einschätzung der Situation die Einbeziehung des Films in eine eigene ideologische Strategie vorbereitet. In Wechselwirkung dazu verändert sich auch die Haltung des Staates gegenüber dem Film. Nach einer Phase administrativer Einschränkungen durch Zensurmaßnahmen etc. läßt sich im Laufe des Krieges auch hier der Übergang zur aktiven, propagandistischen Verwendung des Films feststellen. Obwohl als Zielangabe die Abwehr der »Feindpropaganda« in den Vordergrund gerückt wird, kann dies nicht darüber hinwegtäuschen, daß es auch darum geht, ein innenpolitisch (gegen die Arbeiterbewegung) gerichtetes Instrument zu schaffen.

Organisatorisch schlägt sich diese Entwicklung zunächst in der von der rheinischen Schwerindustrie getragenen Gründung der »Deutschen Lichtbild-Gesellschaft« (DLG, 1916), in der Gründung des »Bild- und Filmamtes« (BUFA, 1917) durch die »Oberste Heeresleitung« und in der Gründung der »Universum-Film AG« (UFA, 1917) durch das Deutsche Reich und Vertreter des Großkapitals nieder.

Die bereits mit Kriegsbeginn aufbrechende politische und ideologische Uneinheitlichkeit der deutschen Arbeiterbewegung und das dadurch wesentlich bedingte Scheitern der Novemberrevolution (1918) hat erhebliche Auswirkungen auf die politische Entwicklung in der Weimarer Republik – eine Tatsache, die sich bereits im Kompromißcharakter der Weimarer Verfassung niederschlägt und in der Folge im Widerspruch »zwischen dem über die bürgerliche Demokratie hinausführenden sozialstaatlichen Anspruch der Verfassung vom August 1919 und der wirtschaftlichen und gesellschaftlichen Realität der zwanziger Jahre«[112] zutage tritt. Die zunächst (1918) in den Hintergrund getretenen kapitalistischen und militaristischen Kräfte können sich relativ schnell wieder entfalten und wachsenden Einfluß auf die Republik ausüben. Zur Durchsetzung ihrer politischen Interessen und zur Absicherung der alten Macht- und Besitzverhältnisse versuchen sie auf kulturellem Gebiet, die Massenmedien und vor allem den Film in ihrem Sinne zu nutzen. Dazu dient ihnen das durch die Novemberrevolution keineswegs geschmälerte Instrument der »Nationalen Propaganda«, die Konzentrierung der wichtigsten Filmunternehmen und die entsprechende ideologische Strategie als wichtigste Grundlage. Doch um den doppelten Verwertungsinteressen am Film, seiner Doppelfunktion als Waren- und Ideologieträger, unter den nunmehr veränderten gesellschaftlichen Bedingungen besser gerecht werden zu können, muß dieses Instrument in einer spezifischen Weise weiterentwickelt werden: Der »unpolitische«, künstlerisch anspruchsvolle Unterhaltungsfilm entsteht.

Im folgenden soll versucht werden, die politischen, ökonomischen und ideologischen Faktoren dieser Entwicklung in ihrer historischen Genese aufzuzeigen und ihr Zusammenwirken in den einzelnen Phasen herauszuarbeiten. Dazu wird es notwendig sein, die Entstehung der organisierten Arbeiterbewegung und die Auswirkungen vor, während und nach der Novemberrevolution zu umreißen, die Entwicklung des Films als Industrie und die Herausbildung der bürgerlichen, ideologischen Konzeption des Films in ihren Hauptlinien bis Anfang der 20er Jahre darzustellen.

3.1.
Der Film vor dem 1. Weltkrieg

3.1.1.

Die eingangs erwähnte stürmische Industrialisierung, das Anwachsen der großstädtischen Massen und die Entwicklung der organisierten Arbeiterbewegung von kleinen »konspirativen« Organisationen und ursprünglich vorwiegend kulturell ausgerichteten Arbeiterbildungsvereinen zur schließlich größten Partei des deutschen Reichstages, vollzog sich trotz aller Unterdrückungsversuche relativ kontinuierlich. Nach der auf dem Gothaer Parteitag 1875 erfolgten Vereinigung des »Allgemeinen Deutschen Arbeitervereins« (»Lassalleaner«) und der »Sozialdemokratischen Arbeiterpartei« (Bebel, Liebknecht, marxistische Richtung) zur »Sozialistischen Arbeiterpartei«, wuchs der Stimmenanteil der Sozialdemokraten bei den Reichstagswahlen ständig an. So konnte sie ihn sogar während des Verbots ihrer Tätigkeit (Sozialistengesetze 1878 bis 1890) in den Wahlen zum deutschen Reichstag von 8% (1878) auf über 20% (1893) steigern und zog 1912 mit 110 Abgeordneten (34,8% der Stimmen, 27,7% der Mandate) als stärkste Fraktion in den Reichstag ein. In Wechselwirkung dazu entwickelte sich auch die Gewerkschaftsbewegung von 300000 Mitgliedern um 1892 auf (inklusive die allerdings schwachen christlichen Gewerkschaften) insgesamt 2,5 Millionen 1913.[113] Partei und Gewerkschaft verfügten 1912 über 89 Zeitungen, »es gab keine größere Stadt ohne sozialdemokratische Tageszeitung, ohne Konsumgenossenschaften, ohne Sportvereine und Kulturverbände der Arbeiter«[114]. Im Zusammenhang mit der Entwicklung zur Massenpartei und der damit verbundenen raschen Vergrößerung des Partei- und Gewerkschaftsapparats erhielten auch die ideologischen Flügelkämpfe innerhalb der Organisationen stärkeres Gewicht[115] mit praktischen Konsequenzen. »Als die Bergarbeiter 1898 und 1905 Massenstreiks veranstalteten, waren die Gewerkschaften nicht die Urheber dieser Bewegung, 1905 versuchten sie sogar, die Streikenden zum vorzeitigen Rückzug zu zwingen, während die Partei den Streik noch unterstützte.«[116] Wurden diese Widersprüche bereits in den Auseinandersetzungen über die grundsätzliche Haltung zum Staat und in der Ablehnung bzw. Befürwortung des Generalstreiks (1905) als politisches Kampfmittel deutlich, so brachen sie in der Phase der Kriegsvorbereitungen (1914) vollends auf. »Die deutsche Sozialdemokratie und die Gewerkschaften waren große Organisationen, die, solange das äußerlich friedliche Gleichgewicht zwischen den imperialistisch gewordenen Großmächten bestehen blieb und es zu keinen größeren sozialen oder politischen Konflikten kam, durch den Druck ihrer bloßen Existenz für die Arbeiter zahlreiche Konzessionen erwirken konnten. Jede Krise freilich mußte enthüllen, auf welch tönernen Füßen dieser Koloß stand.«[117]

Die Arbeiterbewegung ist also zu diesem Zeitpunkt trotz der sich andeutenden Spaltungstendenzen zu einem wesentlichen Machtfaktor geworden, der in die strategischen Überlegungen der Bourgeoisie mit einbezogen werden muß. Da ähnliche Entwicklungen in fast allen kapitalistischen Ländern festzustellen sind, weisen die in dieser Phase bereits deutlich bemerkbaren Vorbereitungen des Weltkrieges einen Doppelcharakter auf: einmal geht es darum, den »nationalen« Industrien im Wettkampf um die Aufteilung der Rohstoffgebiete und Absatzmärkte Vorteile zu verschaffen, und zum anderen hat die damit verbundene Beschwörung der »Nation« (Burgfriedenspolitik) die Funktion, die gesellschaftlichen Widersprüche im Inneren zu harmonisieren.

3.1.2.

Wie in allen anderen Ländern hatte der Film in Deutschland nach der Jahrhundertwende seinen Ort im Jahrmarktkino, in Varietés, oder als zusätzliche Attraktion in Zirkusveranstaltungen. Er war also auch ideologisch eingegliedert in die vorhandenen »Volksvergnügungen«. Obwohl sich bereits im Ausland (Frankreich und später auch USA) größere Filmunternehmen entwickelt hatten, orientierten die Filme sich in der Regel nach den am Absatz meßbaren Vorlieben des Publikums. Der Charakter der Filme entsprach somit den Bedürfnissen nach Unterhaltung, Ablenkung von den bedrückenden Lebensbedingungen und kultureller Teilnahme. Neben »Naturaufnahmen«, besonderen »historischen Ereignissen« und »Humoresken«, wurden vor allem häufig sehr derbe und blutrünstige oder rührselige »Dramen« produziert. Der deutsche Markt war von ausländischen, vor allem französischen Firmen beherrscht, da eine eigene Filmproduktion, aufgrund der zunächst recht großen Zurückhaltung des deutschen Besitzbürgertums als möglichem Kapitalgeber, sich nur zögernd entwickeln konnte.[118] Die in dieser Frühphase nennenswerten deutschen Produzenten, Oskar Messter und Max Skladanowsky, erlangten vorwiegend durch ihre Verbesserung der kinematographischen Technik Bedeutung. Nach Emilie Altenloh[119] deckte Deutschland seinen Bedarf an filmischen Dramen im Jahre 1912 mit Eigenproduktionen zu 12 %, an Humoresken und Naturaufnahmen zu je 3 %. Die beiden größten französischen Firmen, Pathé und Gaumont, verfügten zur selben Zeit bereits über jeweils 30 Millionen Franc Stammkapital, waren also schon relativ respektable Industrieunternehmen.[120] »1914 waren noch 90 % aller in der Welt vorgeführten Filme französischer Herkunft.«[121]

Mit der wachsenden Beliebtheit des Films verdrängte er in den Varietés und Schaustellerbuden auf Jahrmärkten zunehmend die dort ursprünglich vorherrschenden Darbietungen. In der Folge zeigte sich auch ein Trend zur Etablierung fester Filmvorführstätten: »Berlin, das am 1. Januar 1900 noch kein einziges ständiges Kino, sondern nur einige Wanderunternehmungen hatte, hat heute (1912, H. K.) mehr als 150 im eigentlichen Berlin und mehr als 100 in den Vororten ... Mit diesem Wachsen der Kinematographen geht das Verschwinden der eigentlichen Theater Hand in Hand; beide sind in eine scharfe Konkurrenz getreten. Überall macht sich der Rückgang der Besucherzahl der Theater bemerkbar. Das ist z. B. festgestellt in Münster und in Düsseldorf. In Bielefeld hat sich im Jahre 1911 gezeigt, daß namentlich die Besucher der billigeren Plätze dem Theater ferngeblieben sind; es wurden rund 4100 billige Plätze weniger gekauft, und man geht wohl nicht fehl in der Annahme, daß diese große Zahl in die Kinotheater abgewandert ist.«[122]

So lassen sich die ersten Konzentrationstendenzen im deutschen Filmwesen auf dem Theatersektor und im Verleihgeschäft feststellen. 1910 wurde die »Projektions-Union AG« (PAGU) mit einem Stammkapital von 500 000 Mark gegründet. Sie spezialisierte sich vor allem auf die Errichtung und den Betrieb von luxuriösen Großkinos, sogenannten »Filmpalästen« mit gestaffelten Eintrittspreisen. Der Versuch, mit der 1911 gegründeten »Filmindustrie AG« (FIAG) – Stammkapital $2^1/_2$ Millionen Mark! – den Einfluß der Firma Pathé auf dem deutschen Markt einzudämmen, scheiterte allerdings.[123] Beide Konzentrationsbewegungen deuteten aber an, daß zumindest Teile des deutschen Großkapitals die im Film liegenden Verwertungsmöglichkeiten erkannten. Gleichzeitig zeigte sich darin bereits, wie in der Abwanderung der Theaterbesucher zu den Kinos, eine allmähliche Verbreiterung der Publikumsstruktur und eine Stabilisierung der Filmnachfrage.

Nach 1910 gab es erste, von der PAGU initiierte Versuche, das Niveau und die Attraktivität des Films auch für das Bürgertum zu erhöhen. Man bemüht sich, bekannte Bühnenautoren, Bühnenschauspieler und Regisseure (z.B. Max Reinhardt) für den Film zu gewinnen. »Im Sommer 1910 wurde Reinhardts Pantomime ›Sumurun‹ auf die Leinwand übertragen, wo sie die Zuschauer als eine 2000 Meter lange bildgetreue Kopie der ursprünglichen Theaterinszenierung langweilte ... Zum Glück begegneten alle Versuche, den Film durch Verpflanzung in den Boden von Theater und Literatur zu veredeln, dem Mißtrauen der Filmfachleute und der Gleichgültigkeit der Massen ... Jedenfalls zogen diese den literarisch anspruchsvollen Bearbeitungen die laufende Belieferung mit historischen und Kitschfilmen vor, in denen handfeste Themen eine primitive Behandlung erfuhren.« [124]

Neben den erwähnten Genres wurden zunehmend auch Detektiv- und Kriminalfilme, pompös ausgestattete Historiendramen und Wild-West-Filme angeboten. Trotz der sich andeutenden Ausbreitung bestand das Publikum bis Kriegsbeginn noch zum größten Teil aus Arbeitern und kleinen Handwerkern. Das Bürgertum traute sich nur halb neugierig, halb schaudernd oder zu »Studienzwecken« in die Kinos. Um einen wenigstens ungefähren Eindruck vom Charakter dieser Filme und ihrer Wirkung auf die Zuschauer zu vermitteln, geben wir hier die »Tatortbesichtigung« eines Vertreters der bürgerlichen Intelligenz (von 1912) wieder:

An einem Oktobertag 1912, nachmittags gegen 5 Uhr, besuchte ich ein Kinematographentheater im Osten von Berlin, wo ein weithin sichtbares Plakat die Vorführung der ›Nachtgestalten‹ ankündigte. Etwa 30 Kinder, zum Teil in sehr jungen Jahren, drängten sich vor dem Eingang zum ›Kientopp‹. Der Zuschauerraum selbst war gefüllt von zahlreichen Halbwüchsigen beiderlei Geschlechts sowie von Frauen; Männer waren nur in verhältnismäßig geringer Zahl anwesend. Einzelne Frauen hatten Kinder bei sich, die man nicht, wie die erwähnten zahlreichen allein anwesenden Kinder, während der Vorführung des für Kinder verbotenen Bildes auszuschließen gewagt hatte, offenbar weil die begleitenden Mütter sich dem widersetzten. Als ich eintrat, spielte gerade der 1. Akt der ›Nachtgestalten‹, dessen Schauplatz Berlin ist.

Die Handlung des ersten Akts ist kurz folgende: Der vom Genußleben übersättigte Graf Burg will mit seinem Freunde etwas ganz Besonderes erleben. Sie kommen beide in einen Verbrecherkeller, wo gerade ein Apachentanz (Schiebetanz) aufgeführt wird. Sie sind so entzückt davon, daß sie sich den Tanz wiederholen lassen. Der Graf mietet hierauf ein Tänzerpaar, Anna und den roten Joel, für eine Abendunterhaltung in seinem Heim.

Das Paar wird in der vornehmen Gesellschaft sehr gefeiert. Auf einer besonders zugerichteten Bühne muß es einen langen Apachentanz mit allen seinen Eigenarten und unzüchtigen Anspielungen aufführen. Der Graf wird davon so stark sinnlich erregt, daß er Anna beiseite nimmt, in sein Schlafzimmer führt und mit ihr ein Zusammentreffen für 2 Uhr nachts gegen sofortige Barzahlung verabredet. Der Apache hat die Szene belauscht und führt voller Eifersucht seine Geliebte, die ihn unter Hinweis auf das empfangene Geld anscheinend beruhigt, nach dem Verbrecherkeller zurück. Musikbegleitung sollte die abstoßenden Kaschemmenszenen und Bilder aus dem Leben und Treiben berufsmäßiger Verbrecherkreise dem mit wachsender Erregung der schauerlichen Handlung folgenden Publikum noch reizvoller gestalten. Als der erste Akt zu Ende war und der Raum wieder erhellt wurde, kam eine Aufseherin auf eine hinter mir mit ihrem etwa fünfjährigen Jungen sitzende Frau zu, erklärte, Kinder dürften nicht zugegen sein, und nahm den Jungen auf den Arm, um ihn wegzutragen. Die offenbar völlig fremde Mutter ließ dies ruhig geschehen, ohne zu wissen, wohin ihr Kind gebracht wurde und was es treiben werde, sie rief ihm nur noch zu, sie komme bald nach.

Kurz darauf wird der Raum wieder verdunkelt. Die bekannten Schauergestalten im Verbrecherkeller leiten die Szenen ein. Da erfüllt plötzlich lautes Kindergeschrei den Saal. Eine Frauensperson eilt mit einem etwa drei bis vier Jahre alten Kind auf dem Arm zum Ausgang. Das kleine Wesen hatte offenbar im Anblick der im Dunkel auftauchenden unheimlichen Verbrechertypen Angstzustände bekommen und seinem gequälten Herzen energisch Luft gemacht. Die Vorstellung geht indeß ruhig weiter. Der Graf erwartet die Apachenbraut bei wohlvorbereitetem Sekt und Zubehör zum nächtlichen Stelldichein in seinem Schlafzimmer. Rasch wechseln die Szenen. Der rote Joel, der Held des Stückes, eilt aus dem Verbrecherkeller voll brennender Eifersucht, nimmt ein Auto und kommt seiner Braut in der gräflichen Villa zuvor. Genau verfolgen wir den Weg, den der in allen Künsten gerechte Apache über den Gartenzaun durch die Fenster und Gänge des Hauses geht. Noch ein Blick auf den mit erwartungsvoller Lüsternheit des Weibes harrenden Grafen, noch einmal die Gewandtheit des Verbrechers, sich hinter den Möbeln des anstoßenden Zimmers den Blicken des Dieners zu verbergen – dann die Katastrophe, nicht etwa angedeutet, nein, in voller kinodramatischer Realistik. Der rote Joel zückt mit hochgeschwungenem Arm den Dolch und stößt ihn wie einer, der sein Handwerk versteht, dem Grafen in die Brust. Dieser bricht über dem Lehnstuhl zusammen.

In dem Augenblick schallen feierliche Klänge eines Harmoniums, wie von einer Orgel in der Kirche, durch den Raum. Minutenlang bietet sich dem Beschauer der entseelte Körper des Grafen dar. Das Bild wiederholt sich nach einiger Zeit, als die Gerichtskommission den Tatbestand aufnimmt. In hastiger Eile flieht der Mörder mit der inzwischen eingetroffenen Geliebten nach ihrer Wohnung, wo sie ihm in aller Umständlichkeit die Blutflecken von der Kleidung, dem Gesicht und den Händen abwäscht. Am anderen

Morgen nimmt er noch vor unseren Augen ein Frühstück ein, das ihm seine Anna besorgt. Dann geht's mit ihrer Hilfe durchs Fenster zur Flucht über die Dächer, für die die Geliebte durch Versperren der Türe dem Helden einen kleinen Vorsprung zu verschaffen weiß. Doch bald stürzen die Kriminalbeamten dem Fliehenden nach. Wir verfolgen einige Zeit die aufregende Jagd, bis endlich der Gehetzte, in heroischem Entschluß sein Schicksal sich selbst bestimmend, von einer turmhohen Giebelwand in die Tiefe springt und am Boden zerschmettert liegen bleibt. In vergrößertem Bild erscheint noch einmal die bis in den Tod getreue Apachenbraut, wie sie den blutüberströmten Kopf ihres Angebeteten hochhebt und mit leidenschaftlichen Küssen bedeckt. So schließt das gewaltige Drama im hellsten Glorienschein des Verbrechertums in seiner edelsten und rührendsten Menschlichkeit.

Ein unverkennbares Schaudern ging durch die Menge, die den Raum erfüllte, teils der Ausfluß von Entsetzen und Abscheu, teils aber auch von süßschauerlichem Empfinden, das die mit den stärksten Mitteln arbeitende Sensationsmache in der grausam wollüstigen Seele hervorruft.

Der Autor schildert im weiteren seine Eindrücke während der Vorführung desselben Films in einem Kino des Berliner Arbeiterbezirks Wedding, wo das Publikum wesentlich stärker »mitspielte«:

So riefen einzelne wiederholt beim Anblick der Kaschemme und ihrer Insassen allerlei Spitznamen von Pennbrüdern u. a., namentlich bei den Tanzszenen johlten die Burschen und Dirnen in einer Weise, daß es klar zutage trat, daß die ganzen Bewegungen des Apachentanzes unzüchtige Empfindungen auslösten.

Unterstützt von dem Erklärer, der die Geschicklichkeit des Verbrechers beim Einsteigen in die Villa pries und die sozialen Gegensätze zwischen der übersättigten vornehmen Gesellschaft und diesem ›frischen Burschen aus dem Volk‹ witzelnd hervorhob, der die Polizeibeamten als Häscher bezeichnete und dem Verfolgten besondere Anteilnahme schenkte, folgte die Mehrzahl dieser Leute mit unverkennbar freudiger Spannung den Schicksalen des Apachen, *als eines Helden von ihrer Art*...[125]

Hier zeigt sich deutlich die unterschiedliche Wirkung auf die verschiedenen Zuschauer. Während der bürgerliche Intellektuelle den Film und die Reaktionen der Zuschauer mit den Maßstäben der eigenen kulturellen Vorstellungen mißt, mit Distanz, aber auch mit Abscheu und einer gewissen Sorge dem Geschehen folgt, geht das Publikum mit, wertet die Vorgänge in seinem Sinne. Solche aktive Teilnahme der (proletarischen) Zuschauer an dem Spiel war, wie mehrere Augenzeugen berichten[126], keine Ausnahme. Darin spiegelte sich in spezifischer Weise das Bedürfnis nach Befriedigung der eigenen – gesellschaftlich bedingten – Träume und Hoffnungen, aber auch nach Befriedigung der eigenen geistigen und kulturellen Interessen, nach einer Erfüllung der im Leben verhinderten Wünsche.

Die täglich erfahrenen gesellschaftlichen Widersprüche selbst wurden in den Filmen nicht vermittelt, allenfalls auf einer die Hintergründe verschleiernden oberflächlichen Ebene: »Es entstehen Filmtypen – gute Arbeiter, böse Unternehmer usw. Aber ob der eine ›gut‹, der andere ›schlecht‹ ist, erklärt ihr Handeln nur zu einem geringen Teil. Vielmehr wären alle diese Personen aus den Bedürfnissen ihrer sozialen Situation und Funktion zu erklären.«[127] Herrmann Friedemann schildert diese *Ventilfunktion* der Massenkultur und speziell des Films um 1912 sehr offen – vom Standpunkt des Bürgertums aus: »Nicht aufstachelnd, sondern besänftigend wirken die Wochenhefte auf den Tatendrang. Auf einen, der sich von ihren Helden anstecken läßt, kommen zehn, deren Emotionsbedürfnis unschädlich entladen wird. Das Leben dieser Arbeiterjugend, gelöst von seinen Zusammenhängen und ohne die Ersatzmittel der Kultur, wäre furchtbar, trügen nicht Film und Hefte Spannung, Weite und Buntheit der Welt hinein. Schund und Film verringern die Kriminalität: denn unter den Lebensbedingungen des Stadtproletariats wäre es ohne sie nicht zu ertragen. Es bliebe der Schnaps. Oder der Lebensdrang würde sich kriminelle Auswege schaffen.«[128]

Daneben wurden zunehmend, in Wechselwirkung zum wachsenden Interesse des bürgerlichen Publikums und zur Einrichtung luxuriöser Filmtheater, auch Filme produziert, die sich von den Massenprodukten abhoben, wie z. B. *Der Student von Prag* (1913), *Das Haus ohne Türen und Fenster* (1914), *Der Golem* (1915) und außerdem eine Serie von »Homunculus«-Filmen (1916). Gleichzeitig markieren diese Filme den beginnenden Aufschwung der deutschen Filmindustrie. Inhaltlich sind sie einander insofern ähnlich, als sie – aufgebaut auf Legenden, Märchen oder mystisch-phantastischen Geschichten – »innerseelische Vorgänge« (Gregor/Patalas) thematisieren und hierin den späteren expressionistischen Film andeuten. Dieser Bezug wird auch auf formaler Ebene im Einsatz der Hell-Dunkel-Ausleuchtung, der Kostümierung und Verwendung expressionistischer Dekorationen deutlich.

Die künstlerischen Filme für den »gehobenen Geschmack« machten allerdings innerhalb der gesamten Filmproduktion dieser Zeit (und nicht nur dieser) einen verschwindend geringen Teil aus. Als »Avantgarde« konnten sie zwar auf die Gestaltung der Massenprodukte – sofern erfolgversprechend – zurückwirken, blieben aber letztlich die für die formale und inhaltliche Entwicklung des Films notwendige Ausnahme in der kapitalistischen Filmproduktion. Darüber hinaus wurden sie – wie noch gezeigt werden soll – in bestimmten gesellschaftlichen Situationen von einigen Produktionsfirmen aus ideologischen und ökonomischen Gründen besonders favorisiert.

3.1.3.

Mit der zunehmenden Ausbreitung und Etablierung des Films als Massenmedium entwickelte sich aus dem anfänglichen Unbehagen einiger Vertreter der bürgerlichen Intelligenz eine breite *Kinoreformbewegung* im Rahmen eines allgemeinen »volkspädagogischen Kampfes gegen Schmutz und Schund«.

Diese Aktivitäten schlugen sich ab 1907 in einer Fülle von Vorträgen und Publikationen nieder. So läßt z. B. die Hamburger »Gesellschaft der Freunde des Vaterländischen Schul- und Erziehungswesens« 1907 eine Untersuchung über die Wirkung des Films auf Schulkinder durchführen, so gründet im selben Jahr der Schulrektor H. Lemke eine »Kinematographische Reformpartei« zur Hebung und Verbreitung des bildenden Lehr- und Kulturfilms[129], so werden, neben Vorträgen vor »Vaterländischen-« oder »Sittlichkeitsvereinen«, regelrechte Tagungen zu diesem Problem abgehalten. Die ganze Breite bürgerlicher Argumentation wird aufgeboten, um die sittlich-ethischen, religiösen, gesundheitlichen, politischen und geistig-kulturellen Gefahren des Films zu untersuchen.

Nach der besonders zu Anfang vorherrschenden prinzipiellen Verdammung des Films verlagerte sich die Aufmerksamkeit auf differenziertere Argumentationen: Der Film als »Volksbildungsmittel« oder als »Volkserzieher« wurde hervorgehoben, bei gleichzeitiger Ablehnung des bestehenden Filmangebots, speziell der »Dramen«.[130] Initiiert und getragen wurde diese Bewegung im wesentlichen von Pädagogen, Pfarrern, Kunst- und Theaterwissenschaftlern, Journalisten, Ärzten und Juristen. Zum Beispiel sah man Gefahren für die geistige und körperliche Gesundheit darin, daß durch das fehlende Wort, die »rein optische Sinngebung«, das »Flimmern und Wackeln« und den schnellen Wechsel der Bilder ohne »Besinnungspausen« eine »Überanstrengung der Augen, Müdigkeit und Abspannung« hervorgerufen werde und überdies als Folge der vor allem für Kinder nicht mehr zu verarbeitenden Fülle von Eindrücken letztlich eine »geistige und seelische Verflachung« eintreten müsse. Besonders gefährlich seien in dieser Hinsicht »die Bilder aus der Verbrecherwelt« und »die erotischen Films«, denn sie »wecken im Entwicklungsalter die Sinnlichkeit, verderben die Phantasie und damit auch die nervöse Gesundheit«[131]. Als Beleg für diese Behauptung wurde auf Fälle verwiesen, in denen – laut Zeitungsmeldungen – sich Jugendliche, durch Filme aufgereizt, zu abartigen sexuellen oder kriminellen Handlungen hatten verleiten lassen.[132]

Neben solchen sittlichen und ethischen Gefahren für die Volksgesundheit werden auch eindeutig negative Auswirkungen auf die (bürgerliche) Kultur befürchtet, seit sich »skrupellose Geschäftemacher« durch den »Appell an die niedrigen Instinkte der Massen die Taschen füllen«[133]. So konstatiert z. B. der Tübinger Kunstwissenschaftler K. Lange 1912 durch das Kino »eine systematische Anleitung zu raschem und oberflächlichem Sehen. In allen diesen Beziehungen ist der Kinematograph durchaus kunstfeindlich, arbeitet er der ästhetischen Bildung geradezu entgegen.« Besonders gefährlich werde dieses Faktum, wenn sogar »hochgebildete Männer und Frauen ... die Lichtspieltheater nicht nur selbst regelmäßig besuchen, sondern auch ihren Kindern deren Besuch ohne Einschränkung gestatten, ja sie sogar selbst dazu ermuntern ... Es ist ... etwa der Geschmack des englischen Detektivs, der amerikanischen Cow-Boys, der spanischen Torreros, der kalifornischen Goldgräber, der Geschmack von Zirkusdirektoren, Jokeys, Clowns, Menageriebesitzern, Tierbändigern, Athleten, Seiltänzern, Aushältern und Apachen! Und von solchen Leuten läßt sich das deutsche Volk seine ästhetischen Bedürfnisse vorschreiben, von ihnen bezieht es seine Kultur! Sollte es nicht endlich an der Zeit sein, daß wir uns aufraffen, daß die Gebildeten sich zusammentun, um gegen diese Unkunst, diese Volksvergiftung, diese Roheit zu protestieren?«[134]

Die von fast allen Autoren genannte Begründung für dieses niedrige Niveau des Films, er sei ein »kapitalistisches Geschäft«, das Kapital besäße dort eine große Macht, gegen die man kämpfen müsse[135], ist in der Regel nicht als Kritik an den kapitalistischen Grundlagen der Gesellschaft gemeint, sondern je bezogen auf besonders »gewissenlose« und »gewinnsüchtige Spekulanten«. Häufig wird diese Feststellung auch damit in Verbindung gebracht, daß die Filmangebote auf dem deutschen Markt im wesentlichen ausländische Produkte sind, womit dann die Möglichkeit gegeben ist, die Kritik an diesen Umständen gegen das ausländische Kapital zu richten. »Inhalt und Form eines Anschauungsmittels von beispielloser Verbreitung und Wirkung in unserem Volk liefern uns fremde Völker, die, weit entfernt, unsere nationale Eigenart zu verstehen, vielmehr an unserem Niedergang lebhaft interessiert sind!«[136] Die nicht zu übersehende Tatsache, daß sich die deutschen Filmproduktionen im wesentlichen nicht von den ausländischen unterscheiden, wird häufig mit der Konkurrenzsituation begründet: »Manche deutschen Filmfabriken scheinen die ausländischen Firmen in der Herstellung sogenannter schwülen Films übertreffen zu wollen. Deutsches Wesen und deutsche Art, deutsche Landschaft und deutsche Geschichte, deutsches Handwerk und deutsche Industrie, deutsche Sitte und deutsches Volkstum sollte bei der Fabrikation von Films in deutschen Fabriken etwas kräftiger in die Erscheinung treten.«[137]

Die in der unmittelbaren Praxis der Bewegung relativ breiten Raum einnehmende Einrichtung von »Reformkinos« und die Veranstaltungen von Kindervorstellungen mit »bildenden Lehr- und Kulturfilmen« oder sorgfältig ausgewählten »Filmdramen« werden als Beitrag zur Lösung dieses Problems von den meisten Vertretern als nicht ausreichend betrachtet, vor allem, da man im wesentlichen auf ausländische Filme angewiesen sei und das normale Kino davon kaum berührt werde. Grundsätzlich wird immer wieder der staatliche Eingriff, die verschärfte Zensur gefordert. »Und so bleibt vom Standpunkt der öffentlichen Hygiene nichts anderes übrig, als zu verlangen, daß der Staat ein Gift beseitigt, das die Gesundheit unserer heranwachsenden Jugend untergräbt.«[138]

Diese Kinoreformbewegung ist allerdings – auch wenn es zunächst so erscheinen mag – durchaus nicht einheitlich. Die Motive für die häufig gleichlautenden Lösungsvorschläge sind recht vielfältig. So lassen sich vor allem bei den Verfechtern der »Musterlichtspielbühnen« deutliche Ansätze für eine »Volksbildungs- und Erziehungsarbeit« in einem liberalen Sinne feststellen.[139] Der in diesem Zusammenhang auftauchenden Frage, inwieweit sich in diesen Aktivitäten zumindest bei einigen Vertretern auch so etwas wie das »schlechte Gewissen« der Intellektuellen regte, kann hier nicht weiter nachgegangen werden. Die Forderungen, die aus den z. T. durchaus zutreffenden Beobachtungen abgeleitet wurden, spiegeln jedenfalls die ganze Widersprüchlichkeit und Inkonsequenz des bürgerlichen Intellektuellen. Dagegen brandmarkte Clara Zetkin, vom sozialistischen Standpunkt aus, bereits 1910/11 mit aller Deutlichkeit und Schärfe diese »Afterkunst« als ein Ergebnis der kapitalistischen Gesellschaft, dem mit dem Ruf nach Eingriffen des kapitalistischen Staates nicht sinnvoll zu begegnen sei.[140]

Der bürgerliche Charakter dieser Bewegung zeigt sich auch in dem immer wieder genannten kulturpessimistischen Argument, mit dem häufigen Kinobesuch (auch der Gebildeten) schwinde die Bereitschaft und Fähigkeit, sich noch mit ernsthafter Kunst auseinanderzusetzen: Dahinter stand – zumindest bei einem Großteil der Initiatoren – die Befürchtung, durch die zunehmende Beliebtheit des Films bei der Bevölkerung werde, auf Kosten der traditionellen Künste, die ideologische Integrationsfunktion der bürgerlichen Kultur ernsthaft gefährdet. In dem Eingehen des Films auf den »Geschmack der ungebildeten und primitiven Menschen«[141] sahen sie erste, bedrohliche Anzeichen eines künftigen Mediums für die Massen, außerhalb der bürgerlichen Normen und Werte.[142] »Welche Gefahr liegt in den Händen derer, die den Filmmarkt beherrschen! Welche Gefahr, wenn diesen wenigen Geldleuten, denen jetzt noch der Erwerb die einzige Triebfeder ist, andere an die Seite treten, die aus irgendwelchen anderen Beweggründen Einfluß auf die Massen gewinnen wollen! ... Welche Aussichten eröffnen sich damit für die Vorkämpfer guter und schlechter, nützlicher und *gemeingefährlicher* Ideen!«[143]

So erscheint es nur konsequent, dem »Übel« einerseits mit einer rigiden staatlichen, die kapitalistischen Auswüchse beschränkenden Zensur zu begegnen und andererseits, da es sich ja vorwiegend um das ausländische Kapital handelt, den Aufbau einer nationalen Filmindustrie zu fordern. So schreibt z. B. Hermann Häfker 1914, die Vaterlandsliebe bestehe »in dem festen Entschluß, aufzuräumen mit dem Geiste, der allem Schund und Abschaum ausländischer Geldmacherei bei uns blöde Bewunderer und gierige Abnehmer gesichert hat«[144]. Er fordert daher die »Reichskinoanstalt« als »ein teils freikapitalistisches und teils verstaatlichtes (Unternehmen), an dem die Gemeinsamkeit soweit auch wirtschaftlich beteiligt ist, um ihren höheren Interessen Geltung verschaffen zu können«[145].

Wie sich zeigt, hat die Kinoreformbewegung, neben der Förderung des Lehr- und Kulturfilmwesens, einen spürbaren Einfluß auf die folgende Entwicklung des deutschen Films. Neben der direkten Teilnahme einzelner Vertreter bereitet sie indirekt das ideologische Klima für die verschärften Zensurmaßnahmen vor und für die spätere Verwendung des Films als »nationales Propagandamittel«. So wird z. B. 1911 in Preußen (und auch in fast allen anderen deutschen Ländern) eine Präventivzensur für die Polizeibehörden erlassen[146], die vor allem während des Krieges erheblich verschärft wird[147], außerdem das Jugendverbot geregelt und mit Hilfe der Lustbarkeitssteuer, die für Kultur- und Lehrfilme entfallen kann, Einfluß auf das Filmangebot genommen.

3.2.
Der Aufbau der deutschen Filmindustrie während des Weltkriegs

3.2.1.

Bereits vor und verstärkt während des Krieges wurde mit allen Mitteln versucht, die nationalistische und chauvinistische Hysterie in der Öffentlichkeit anzuheizen. Trotzdem gelang es den entschiedenen Kriegsgegnern innerhalb der SPD (und der internationalen Arbeiterbewegung in mehreren Hauptstädten) noch 1914 in Deutschland Massendemonstrationen gegen den Krieg mit hunderttausenden Teilnehmern zu organisieren. In dem Maße allerdings, in dem »die Manipulation der ›öffentlichen‹ Meinung durch Regierung und Interessenten des Imperialismus auch die Arbeiterklasse«[148] ergriff, konnte sich in der Partei und in den Gewerkschaften der revisionistische Flügel (der die Mehrheit in der Reichstagsfraktion hat) durchsetzen. Die Widersprüche innerhalb der Sozialdemokratie führten mit der Zustimmung ihrer Reichstagsfraktion zu den Kriegskrediten 1914 und dem damit offiziell vollzogenen Einschwenken auf die von der Reaktion immer wieder beschworene »Burgfriedenspolitik« zum offenen Bruch. Zunächst spaltete sich der marxistische Flügel ab (Rosa Luxemburg, Karl Liebknecht, Franz Mehring, Clara Zetkin u. a.), um den konzentrierten Kampf gegen den Krieg aufzunehmen. Eine größere Gruppe von SPD-Abgeordneten schied 1915 aus der Reichstagsfraktion aus und gründete 1917 die »Unabhängige Sozialdemokratische Partei Deutschlands« (USPD): Da die Mehrheit der SPD und der Gewerkschaften allerdings an der »Burgfriedenspolitik« festhielt, schienen zumindest vorerst die inneren Widersprüche weitgehend »harmonisiert«.

Während die Großindustrie (vor allem durch das Rüstungsgeschäft) erhebliche Gewinne erzielte, verschlechterten sich die Lebensbedingungen der Bevölkerung rasch. »Die Nahrungsmittel waren knapp, die Preise stiegen. Die ohnehin schmalen Rationen wurden von Jahr zu Jahr vermindert ... Der Gesundheitszustand der werktätigen Bevölkerung, vor allem der Kinder, war erschreckend. Siechtum und Epidemien griffen als Folge der ungenügenden Ernährung und der katastrophalen Wohn- und Lebensverhältnisse rapide um sich.«[149] In dem Maße, in dem der propagierte »Blitzkrieg« ins Stocken geriet und die materiellen Belastungen drückender wurden, spitzte sich mit der wachsenden Kriegsmüdigkeit auch die Situation im Inneren zu (Hungerwinter 1916/17). »In der April-Streikwelle 1917, dem deutschen Echo auf die russische Februar-Revolution, und im Streik der Matrosen der Hochseeflotte im August 1917 zeigte sich immer eindeutiger, daß trotz der energischen Unterstützung des Krieges durch die Führer der MSP (der verbliebenen »Mehrheits-SPD«, H. K.) und der Gewerkschaften die Arbeiter dessen Fortsetzung nicht mehr wollten.«[150]

3.2.2.

Mit Kriegsbeginn macht sich das Fehlen einer entwickelten deutschen Filmproduktion, vor allem für Unternehmen wie die schwerpunktmäßig im Theatersektor engagierte »Pagu«, in erheblichen Verlusten bemerkbar: Die Belieferung mit ausländischen Filmen wird unterbunden: Nationalistische Verbände rufen zur »nationalen Selbsthilfe«, zu einem Vorführverbot ausländischer Filme auf, die Polizeizensur verweigert die für eine Vorführung erforderliche Prüfung der Filme des »feindlichen Auslands«, Niederlassungen ausländischer Firmen (z. B. Pathé und Gaumont) werden unter Zwangsverwaltung gestellt, und 1916 wird schließlich ein generelles Filmeinfuhrverbot erteilt.[151] Als einzige größere ausländische Produktionsfirma bleibt die »mit deutschen Interessen verbundene« dänische »Nordisk« zugelassen.[152] Für die deutsche Filmindustrie ergibt sich damit die prinzipiell günstige Lage, den vorhandenen riesigen Bedarf unter weitgehender Ausschaltung der mächtigen ausländischen Konkurrenz zu decken.

Bedingt durch die zunehmenden Belastungen der Bevölkerung steigt insgesamt das Bedürfnis nach Ablenkung, Unterhaltung und anfangs auch nach Informationen von den Kriegsschauplätzen. Da die meisten Varietés und Theaterbühnen aufgrund der verhängten Sparmaßnahmen (Energieknappheit) schließen müssen, schlägt es sich, neben dem zusätzlichen Bedarf der Frontkinos, in einer steigenden Nachfrage nach Filmen nieder.

In dieser Situation verändert sich auch – bestärkt durch den finanziellen Erfolg der ausländischen Firmen – die anfangs noch abwartende Haltung des Großkapitals. Zahlreiche Neugründungen im Filmsektor sind die Folge.

Eine deutsche Wochenschau, die »Messter-Woche« und die »Eiko-Wochenschau« werden produziert.[153] Die militärischen Stellen richten sich entsprechende Abteilungen zur Herstellung von Frontreportagen ein, wobei für die Auswahl der »Kriegsfilmoperateure zu Frontaufnahmen« strenge Bestimmungen erlassen werden: »Die Firmen müssen rein deutsch sein, insbesondere unter patriotisch gesinnter deutscher Leitung stehen, kapitalkräftig sein und mit deutschem Gelde arbeiten … Sie dürfen nur deutsche Aufnahmeapparate, deutsche Fabrikationseinrichtungen und deutsches Filmmaterial benutzen.«[154]

Die u. a. von dem »Kinoreformer« H. Häfker (1914) erhoffte »Befreiung der deutschen Kultur vom Kinoschund« durch den Krieg als dem »willkommenem Vernichter einer gewissen (ausländischen, H. K.) ›Konkurrenz‹«[155], in Form einer drastischen Beschränkung der nationalen Filmproduktion auf vorwiegend Kultur- und Lehrfilme, trat allerdings nicht ein: »So sah man Dutzende von patriotischen Dramen, Rührstücken, Lustspielen und Schwänken über die Leinwand ziehen – Kitscherzeugnisse, voll bis zum Rande mit Kriegsbräuten, wehenden Fahnen, Offizieren, Gemeinen, Hochgefühlen und Kasernenhofhumor. Als es sich seit Mitte 1915 etwa nicht länger mehr verheimlichen ließ, daß der frisch-fröhliche Bewegungskrieg sich in einen Stellungskrieg mit ungewissem Ausgang verwandelt hatte, verlor das Kinopublikum die Lust, die patriotischen Zuckerpillen noch länger zu schlucken. Die Unterhaltungsstoffe wechselten ihren Inhalt«[156] – ohne allerdings ihre Richtung aufzugeben. Garantiert wurde die ideologische Einheitlichkeit der Spielfilme und Wochenschauen neben der »offiziellen« Kriegsbegeisterung vor allem durch eine strenge Militärzensur. Daß dabei auch deutlich versucht wurde, generell auf den »ethischen« Charakter der Produktionen einzuwirken, zeigen z. B. die Zensurbestimmungen von 1915: »Durch einen von dem kgl. Oberkommando in den Marken mitgeteilten Erlaß des Herrn Kriegsministers ist angeordnet worden, daß alle Filme, die infolge ihrer Oberflächlichkeit und Seichtheit in die jetzige ernste Zeit nicht hineinpassen, in den kinematographischen Theatern nicht vorgeführt werden sollen. Hierher gehören in erster Linie die sogenannten Schund- und Hintertreppenromane, Darstellungen von Vorgängen aus dem Leben und Treiben von Dirnen und Verbrechern (also auch Detektivfilme, H. K.), ferner die Filme humoristischen Inhalts, die entweder auf Herz oder Gemüt der Zuschauer verletzend wirken oder einer eigentlichen vernünftigen Idee ermangeln, nur eine Kette toller übertriebener, ausgelassener, oft sinnloser Szenen bilden. Empfohlen wird dagegen die Vorführung gediegener Bilder ernsten, auch humoristischen Charakters, die geeignet sind, die Vaterlandsliebe und die guten Sitten zu erhalten und zu fördern. Nichtbeachtung der Anordnung kann zu Zwangsmaßnahmen, letzten Endes zu einer Schließung des Lichtspieltheaters führen.« [157]

3.2.3.

Mit der wachsenden Kriegsmüdigkeit, den wiederaufbrechenden inneren Widersprüchen (Demonstrationen und Streiks 1916/17) und dem damit offensichtlichen Scheitern der »Burgfriedenspolitik« verstärkten sich die Bemühungen seitens des Kapitals, auch den Film im Sinne der eigenen Interessen gezielter als Mittel zur politischen Beeinflussung einzusetzen. Zunächst noch wichtiger waren jedoch militärische und handelspolitische Gründe, die aus dem Charakter des imperialistischen Krieges resultierten: Die im Zuge der Einbeziehung des Films in die psychologische Kriegführung der »Feindländer« verstärkte Produktion und Vorführung von offen anti-deutschen »Hetzfilmen« im Ausland machte sich zunehmend auch in den deutschen Handelsbeziehungen mit Drittländern negativ bemerkbar. Nicht zuletzt diese Beobachtungen, die in einer Vielzahl von Veröffentlichungen dokumentiert wurden [158], trugen dazu bei, die im Film liegenden Möglichkeiten der »Massenlenkung« zu erkennen und eine entsprechende, letztlich außen- *und* innenpolitisch wirksame, *imperialistische Filmstrategie* zu entwickeln. So formulierte der wichtigste Vertreter der »Aufrüstung« des deutschen Filmwesens Ludwig Klitzsch 1916: »Das Kino ist für die Anschauungen der breiten Masse heute wichtiger als die Presse. Um den Boden für die deutschen überseeischen Handelsbeziehungen erfolgreich zu bestellen, muß die Bevölkerung des Auslandes von dem durch Hetzarbeit der Entente künstlich entfachten Hunnenrausch gründlich ernüchtert werden.« [159] In einer im selben Jahr gehaltenen Rede forderte Klitzsch, »der Waffenrüstung der Konkurrenz (auf ökonomischem, politischem und militärischem Gebiet, H. K.) nicht nur eine ebenso starke Wehr entgegenzusetzen, sondern darüber hinaus sich Waffen zu schmieden, die uns die Benutzung des Platzes an der Sonne und Besitzergreifung von Neuland gestatten« [160]. Diese »nationale Selbstdarstellung«

und Sympathiewerbung im Ausland »mit dem Ziel der Wiedereroberung, Sicherung und Ausbreitung der durch den Krieg verlorenen Wirtschaftsgebiete« durch »Beeinflussung der Volksstimmung« der betreffenden Länder (als Rohstoff- oder Absatzgebiete) in einer sorgfältig abgestimmten Kombination von »Kultur-, Industrie- und Verkehrspropaganda«, ist nach Klitzsch nur möglich und erfolgreich, *»indem man den ernsten Kern der deutschen Propagandafilme mit dem üppig wuchernden Beiwerk von Dramen, Lustspielen usw. verbrämt, so daß das ausländische Publikum solange um der angenehmen Hülle willen den einstweilen noch recht fremd anmutenden Kern aufnimmt, bis es sich an ihn gewöhnt hat und bis der stete Tropfen den Stein gehöhlt hat«*[161] (Hervorhebung H. K.). »Diese Filme müssen erheitern und nebenbei, also nicht aufdringlich, belehren. Es ist das Kunststück des Regisseurs, die Handlung des Film so interessant zu gestalten, daß seine Aufführung von den Kinematographentheatern des *In- und Auslandes* begehrt wird.«[162] Damit ist in seltener Deutlichkeit das ideologische Programm formuliert, das zur Grundlage (auch der späteren) bürgerlichen Filmproduktion wird: *Der »unpolitische«, spannende, lustige, nebenbei »belehrende« und vor allem künstlerisch anspruchsvolle Spielfilm mit hohem Unterhaltungseffekt, als Träger der bürgerlichen Ideologie, der sich um »seiner selbst willen« gleichzeitig in seiner Warenfunktion verwerten läßt.*

Die Realisierung dieser Konzeption erwies sich freilich zunächst als schwierig. Ihre Voraussetzung war nach Klitzsch die Schaffung einer zentralen, kapitalkräftigen Organisation, die mit der erforderlichen Stoßkraft »die sich zersplitternden Arbeiten der einzelnen deutschen Firmen in eine einheitliche Richtung lenkt«[163]. Ein erster Schritt dazu gelang ihm nach maßgeblicher Unterstützung durch Alfred Hugenberg (Generaldirektor der Krupp AG und Präsident des »Vereins für bergbauliche Interessen«) mit der Gründung der »Deutschen Lichtbild-Gesellschaft e. V.« (DLG) im November 1916.[164] Da sie ausschließlich Dokumentarfilme »im Dienste der nationalen, wirtschaftlichen und kulturellen Propaganda«[165] herstellte und – gemessen an der ihr zugedachten Aufgabe – über ein relativ geringes Kapital verfügte, war ihre angestrebte Wirkungsmöglichkeit allerdings eingeschränkt. Der anvisierte zweite Schritt, die Zusammenfassung der deutschen Filmunternehmen, scheiterte zunächst. Im Januar 1917 wurde das »Bild- und Filmamt« (BUFA) durch die »Oberste Heeresleitung« (OHL) gegründet, u. a. mit der Aufgabe, die Frontkinos weiter auszubauen.[166]

Vor allem wegen der erfolgreichen Auslandstätigkeit der DLG (Balkan und Orient) für die Interessen der hinter ihr stehenden westdeutschen Schwerindustrie, kam es zu erheblichen Auseinandersetzungen mit der OHL und dem nicht in der DLG repräsentierten Großkapital (Elektroindustrie, Chemische Industrie, Schiffahrt u. a.).[167] Die Zusammenarbeit dieser wirtschaftlichen Interessengruppen mit der OHL führte dann im Dezember 1917 zur Gründung der »Universum-Film AG.« (UFA). Akteure waren dabei in erster Linie General E. v. Ludendorff (OHL) und als Kapitalvertreter G. v. Stauß (Direktor der Deutschen Bank). »Das Reichsschatzamt erklärte sich bei strengster Geheimhaltung zur Beteiligung mit 7 Millionen Mark bereit. Den Rest des Grundkapitals von insgesamt 25 Millionen Mark steuerten bei: Fürst Henkel von Donnersmark (schlesische Schwerindustrie), Robert Bosch, die Hamburg-Amerika-Linie, der Norddeutsche Lloyd, die AEG und die Dresdner Bank.«[168] Die führenden Filmunternehmen »Nordische Filmgesellschaft« (Nordisk), »Messter-Konzern« und »Union-Konzern« wurden in der UFA zusammengefaßt. In der Folgezeit vergrößerte sich die neue Gesellschaft durch Angliederung weiterer Unternehmen noch erheblich. Ihre in- und ausländischen Aktivitäten umfaßten bald alle Bereiche der Filmindustrie: Produktion, Verleih und Theater. Sie wurde zu dem mit Abstand größten deutschen Filmkonzern. »Im Auslandsgeschäft besaß sie ... sogar eine monopolartige Stellung.«[169]

Somit entstand der Zusammenschluß führender Filmfirmen zu einem finanzkräftigen Instrument »nationaler Propaganda« mit der Möglichkeit, über Kulturfilme hinaus auch Spielfilme zu produzieren, in Konkurrenz zur DLG. Daß sich die UFA allerdings in ihrer politischen und ideologischen Funktion keineswegs von der DLG unterschied oder gar von ihr absetzte, vielmehr das von Klitzsch entwickelte ideologische Konzept aufgrund ihrer höheren Kapitalkraft im In- und Ausland noch perfekter durchsetzen konnte, wurde vor allem in ihrer folgenden Spielfilmproduktion deutlich. In der »Gründungsurkunde« der UFA, dem Schreiben Ludendorffs an das Königliche Kriegsministerium vom 4. Juli 1917, heißt es z. B.: »Die Stärkung der deutschen Werbemöglichkeiten hat sich im Film ... auf eine Vereinheitlichung der deutschen Filmindustrie zu erstrecken, um nach einheitlichen großen Gesichtspunkten eine planmäßige und nachdrückliche Beeinflussung der großen Massen im staatlichen Interesse zu erzielen ... Je länger der Krieg dauert, desto notwendiger wird die planmäßige Beeinflussung der Massen im Inland. Es müssen deshalb alle in Betracht kommenden Werbemittel systematisch zur Erreichung des Erfolges benutzt werden. Bei dem Film hat bisher nur eine gelegentliche Beeinflussung der Volksstimmung stattgefunden.« [170]

Damit hatte die in der Kinoreformbewegung vorbereitete (Zensurforderungen, Nationalisierung der Filmindustrie mit staatlicher Beteiligung etc.) und von Klitzsch für die Erfordernisse des imperialistischen Krieges zugespitzte ideologische Konzeption gegen Kriegsende ihren adäquaten organisatorischen Rahmen gefunden. Die Haltung des Bürgertums hatte sich von anfänglicher Ablehnung des Films oder bloßer Reaktion zum aktiven Einsatz des Films für seine Interessen verlagert. Die zunächst in den Vordergrund gestellte außenpolitische und militärische Funktion der »nationalen Propaganda« erhielt zunehmend innenpolitische Bedeutung. Doch aufgrund des militärischen Zusammenbruchs und der Revolution 1918 kam dieses Instrument erst nach dem Krieg, in der Weimarer Republik, zum vollen Einsatz.

3.3.
Die Novemberrevolution und der Film

3.3.1.

Die katastrophale Situation der Bevölkerung und die wachsende Kriegsmüdigkeit führen 1917/18 zu einem sprunghaften Anstieg der Friedensdemonstrationen und Massenstreiks. So kommt es unter dem Druck der Öffentlichkeit im Juli 1917 zur mehrheitlichen Annahme einer Friedensresolution im Deutschen Reichstag. Vor diesem Hintergrund wird, ausgehend von dem bewaffneten Aufstand der Matrosen der Hochseeflotte und seiner raschen Ausbreitung im November 1918, die Monarchie gestürzt und am 9. 11. in Berlin die Republik ausgerufen. Die Regierungsgewalt übernimmt der aus MSPD und USPD bestehende »Rat der Volksbeauftragten«. Damit allerdings war die Bildung einer sozialistischen Republik keineswegs gesichert. Die Zersplitterung der Arbeiterbewegung in MSPD, USPD, Spartakus und verschiedene linke Gruppen schwächte ihre Möglichkeiten entscheidend. Die wesentlichsten Differenzen bestanden in den unterschiedlichen Vorstellungen über die Struktur der künftigen Republik: während große Teile der USPD und die 1918/19 gegründete KPD die Absicherung des Rätesystems forderten, strebte die MSPD eine Republik auf parlamentarischer Grundlage an. Im November 1918 kam es zu einem Bündnis zwischen Friedrich Ebert (MSPD) und General Groener (OHL). Groener schreibt dazu: »Das Offizierskorps konnte aber nur mit einer Regierung zusammengehen, die den Kampf gegen Radikalismus und Bolschewismus aufnahm. Dazu war Ebert bereit, aber er hielt sich nur mühsam am Steuer ... Was war demnach näherliegend als Ebert ... die Unterstützung des Heeres und des Offizierskorps anzubieten? ... Wir (die Offiziere der OHL) hofften durch unsere Tätigkeit einen Teil der Macht im neuen Staat an Heer und Offizierskorps zu bringen... Zunächst galt es freilich Zugeständnisse zu machen, denn die Entwicklung im Heer und in der Heimat war solche Wege gegangen, daß es sich vorerst nicht um rücksichtsloses Befehlen von seiten der OHL handeln konnte, sondern um Auffangen und Unschädlichmachen der revolutionären Strömungen.«[171] Da dieser Plan gelang, konnten die alten Mächte sich relativ schnell wieder erholen und mit Hilfe der MSPD ihre Positionen ausbauen. Revolutionäre Tendenzen der Arbeiter und Soldaten (z. B. die Januarkämpfe 1919 in Berlin, der Ruhrkampf 1920 etc.) und die spontan entstandenen Räterepubliken (z. B. in Bremen und München) werden mit Polizei, Reichswehr und den konterrevolutionären Freikorps blutig niedergeschlagen. Zwar gelang es noch 1920, den gegenrevolutionären Kapp-Putsch durch Aktionseinheit der Berliner Arbeiter (Generalstreik) abzuwehren, aber die Weichen waren gestellt. »Die Revolution von 1918 war, kaum ausgebrochen, schon im Kompromiß aufgehoben... Es blieb bei der halben, unvollendeten Revolution. Alte Funktionsverhältnisse bestanden im neuen Rahmen fort; die gesellschaftliche, wirtschaftliche und bürokratische Machtverteilung wurde mit geringen Veränderungen erhalten. Dem Bankrott der alten Gewalten, so augenfällig er war, folgte keine konsequente Umorientierung und Umstrukturierung. Vielmehr gaben sich die Demokraten in die Hände der Militärs und der Bürokraten alten Schlages, die die Gunst der Konstellation für sich zu nutzen verstanden, ohne sich ändern zu müssen ... Nach mancherlei Konflikten wurden die Arbeiter- und Soldatenräte auf einige Kontrollbefugnisse beschränkt, seit dem Zusammentritt der Nationalversammlung (Februar 1919, H. K.) ganz ausgeschaltet.«[172] Die alten Macht- und Besitzverhältnisse, der kaiserliche Beamtenapparat (Justiz, Verwaltung) und die militärische Führung wurden nur unwesentlich verändert. Die alten Kräfte hatten sich mit leichten Verschiebungen wieder etabliert. Dennoch stellte die Weimarer Republik einen wichtigen Schritt zur Durchsetzung der Forderungen der Arbeiterbewegung dar: Einführung des allgemeinen Wahlrechts, des »Achtstundentags«, der Arbeitslosenunterstützung, Anerkennung der Gewerkschaften als Tarifpartner etc.

Bis 1923 ist die Revolution endgültig niedergerungen. »So waren schon in den letzten Wochen des Jahres 1918 die Keime zu einer tiefen Zerspaltung und fortdauernden Bedrohung der Republik gelegt. Bald wurde offenbar, daß der Feind rechts stand: der Kapp-Putsch und die Fememorde ... schließlich die Zerstörung der Demokratie im Bündnis von Konservativen und Rechtsradikalen (1933, H. K.) lassen daran keinen Zweifel.« [173]

3.3.2.

Eine unmittelbare Folge der Novemberrevolution für den Film war die 1918 vom »Rat der Volksbeauftragten« beschlossene Aufhebung der Zensur – ein Versuch, aus ihrer politischen Funktion während des Kaiserreichs die Konsequenzen zu ziehen. Die Wirkung war allerdings eine andere als beabsichtigt, da die damit verbundene Forderung nach Sozialisierung der Filmindustrie sich nicht durchsetzen ließ: »Eine Flut von Sexualfilmen ergoß sich in die Kinos. Zwar gab man vor, der sexuellen Aufklärung dienen zu wollen, aber in Wirklichkeit war es die reinste Pornographie. Ihr seid frei, verkündeten die Produzenten den Zuschauern, freut euch und nutzt das Leben. Die Freiheit wurde mit sexueller Freiheit gleichgesetzt.« [174] Diese Tatsache wurde vor allem von der Reaktion benutzt, um grundsätzlich gegen die Zensurfreiheit vorzugehen und damit das bewährte Kontrollinstrument zu restaurieren. Die mit Kriegsbeginn in den Hintergrund getretene Kinoreformbewegung formierte sich neu. Ihre Argumente waren im Kern dieselben, wurden nun aber noch schärfer vorgetragen. Sehr offen wurde die alte, durch die revolutionären Ereignisse noch gesteigerte Befürchtung ausgesprochen, der Film könne sich in dem erwähnten Sinne zu einem Medium *für* die Massen entwickeln, also dem Einfluß bürgerlicher Norm- und Wertvorstellungen vollends entgleiten.[175] Aufgrund der breiten Protestbewegung, die z. B. auch von der MSPD mitgetragen wurde, konnte 1920 vom Reichstag, gegen die Stimmen der USPD, das »Reichslichtspielgesetz« [176] verabschiedet werden. Damit erhielt der Film insofern einen Sonderstatus, als verwandte Medien wie Presse, Theater, Literatur etc. zensurfrei blieben. Da sich weder die Forderungen der Kinoreformer nach Verstaatlichung, noch die der USPD nach konsequenter Sozialisierung der Filmindustrie durchsetzen ließen, »reduzierte sich die geplante Neuordnung des Filmwesens auf das Zensurproblem«[177]. Das Reichslichtspielgesetz wurde in der Folgezeit mehrfach novelliert (1922, 1931), wobei die letzte Novelle es nochmals erheblich verschärfte. Mit seinen sehr offenen Formulierungen erwies es sich, vor allem bei erneuter Zuspitzung der innenpolitischen Lage Ende der 20er Jahre, als wichtiges und wirksames Instrument zur Unterdrückung der Ansätze einer proletarischen Filmproduktions- und Verleihtätigkeit sowie selbst der realistischen Strömungen im bürgerlichen Film.

Da mit der Gründung der Weimarer Republik die ökonomischen Grundlagen der Gesellschaft, die Eigentumsverhältnisse nicht angetastet wurden, konnte sich auch die Filmindustrie in der gewohnten Weise entfalten, zumal hier der Übergang auch im personellen Bereich kontinuierlich war. Um möglichen Schwierigkeiten aus dem Wege zu gehen[178], trat das Deutsche Reich von seiner Beteiligung an der UFA zurück. Die Deutsche Bank übernahm die Aktien. Gleichzeitig schlug sich das durch die Auswirkungen der Inflation noch gesteigerte Ablenkungs- und Unterhaltungsbedürfnis der Bevölkerung wiederum in vermehrter Nachfrage nach Filmen nieder.

Die Inflation hatte aber noch eine andere Folge: »immer unvorteilhaftere Valutaparitäten versperrten der Auslandskonkurrenz das deutsche Filmtheater, während umgekehrt die deutschen Hersteller und Verleiher ihre Filme zu konkurrenzlos niedrigen Preisen auf dem Weltmarkt anbieten konnten.«[179] Unter zunehmender Beteiligung der Banken setzte eine erhebliche Kapazitätsausweitung ein, verbunden mit verstärkter vertikaler und horizontaler Konzentration. Die Zahl der vielen kleineren Unternehmen verringerte sich. Spiker nennt für diese Phase fünf große deutsche Filmkonzerne: an erster Stelle die UFA, gefolgt von der »Emelka«, der aus der DLG hervorgegangenen Deulig, der Terra-Film A. G. und der National-Film A. G.[180]

3.3.3.

Die Ziele der – im Zuge der »nationalen Propaganda« – während des Krieges gegründeten Filmunternehmen (UFA, DLG) hatten sich mit der Republik nur unwesentlich verändert, allenfalls traten jetzt die (auch vorher vorhandenen) ökonomischen Interessen am Produkt selbst etwas stärker in den Vordergrund. Kracauer schreibt bezogen auf die UFA: »Nur einige leichte Retuschen waren erwünscht; sonst aber sollten die Filme, die man herausbrachte, im Hinblick auf die tatsächliche innenpolitische Situation keinen Zweifel daran lassen, daß das Deutschland, von dem die UFA träumte, in keiner Weise identisch war mit dem der Sozialdemokratie.«[181] Die relativ starke Kapitalkraft, begünstigt durch die außerordentlich günstigen Amortisationsbedingungen, ermöglichten es der deutschen Filmindustrie, den technischen Sektor zu modernisieren und erheblich auszubauen und so mit den bereits während des Krieges in Deutschland tätigen oder neu hinzugekommenen Autoren, Regisseuren, Schauspielern, Technikern etc. unter optimalen Bedingungen zu arbeiten.[182] In der Phase von 1919 bis ca. 1924 entstanden eine Reihe von Filmen, die den deutschen Film schlagartig weltberühmt machten, so daß diese Zeit als die der »deutschen Filmklassik« in die Filmgeschichte eingegangen ist. Die vor allem wegen ihrer künstlerischen Qualitäten gerühmten Filme machten allerdings quantitativ in der sonstigen deutschen Filmproduktion nur einen Bruchteil aus. »Heute ist man sich nur selten darüber klar, daß die deutschen Filme, die wir jetzt als klassisch bezeichnen, zur Zeit ihrer Entstehung Ausnahmen waren, daß sie damals bereits von der Flut der publikumswirksamen Filme, den Kassenfilmen vom Rhein, der schönen blauen Donau, vom Herz, das man in Heidelberg verlor, den hurrapatriotischen Filmen über Friedrich den Großen, die elf Schillschen Offiziere, des Königs Grenadiere und den ersten Weltkrieg überschwemmt worden sind. Zu den Kassenrekordfilmen kamen natürlich noch allerhand recht ordinäre Kasernenfilme und die Fülle der sogenannten ›Aufklärungsfilme‹«.[183]

Im Bereich des künstlerischen Films entstanden im wesentlichen drei Genres: der *historische Ausstattungsfilm* (z.B. *Madame Dubarry,* 1919, *Anna Boleyn,* 1921; *Das Weib des Pharao,* 1922 etc.), der *phantastische, expressionistische Film* (z.B. *Das Kabinett des Dr. Caligari,* 1920; *Nosferatu, eine Symphonie des Grauens,* 1922; *Dr. Mabuse, der Spieler,* 1922; *Der Müde Tod,* 1921; *Der Golem* [Neufassung], 1920 etc.) und der *Kammerspielfilm* (z. B. *Hintertreppe,* 1921; *Scherben,* 1921; *Sylvester,* 1923; *Der letzte Mann,* 1923 etc.).

Während die Spezies des phantastischen Films nach 1924 kaum mehr in Deutschland vorkam, wurde die Tradition des Kammerspielfilms noch weiterentwickelt. Der historische Film hielt sich durchgehend, wenn auch zunehmend mit »nationalen« Inhalten (z. B. die »Fridericus Rex«-Filme ab 1922).

Bei aller Unterschiedlichkeit in Form und Inhalt, waren sich diese Filme in ihrer politischen Funktion, bezogen auf die sie umgebende

Realität (Novemberrevolution und die Folgen), recht ähnlich. Ihr ideologisches Programm entsprach, ohne daß es den Künstlern bewußt gewesen sein mußte, der von Ludwig Klitzsch umrissenen Konzeption. So rät z. B. der Journalist Rudolf Pabst 1920, »dem Ausland die ungebrochene deutsche Wirtschaftskraft nicht unverhüllt anzupreisen, sondern es mittelbar davon zu überzeugen, auf dem Umweg über abendfüllende Unterhaltungsfilme. Zu diesem Zweck müßten aber solche Spielfilme den Eindruck erwecken, als seien sie um ihrer selbst willen gedreht.« [184] Auch die DLG (Direktor: Ludwig Klitzsch) beginnt (ab 1920), eine Spielfilmproduktion aufzubauen.

Im folgenden soll diese Konzeption an einem exemplarischen Beispiel konkretisiert werden[185]:

Beispiel: ›Madame Dubarry‹ (Lubitsch, 1919)

Dieser Film wurde 1919 unter der Regie von Ernst Lubitsch bei der PAGU (die zum UFA-Konzern gehörte) hergestellt. Mit seiner Premiere wurde im selben Jahr der Berliner »UFA-Palast am Zoo« eröffnet. Er war der erste deutsche Film, der sich mit großem Erfolg auf dem Weltmarkt durchsetzen konnte.

Inhalt: Die Geschichte spielt Ende des 18. Jahrhunderts in Paris. Die junge, hübsche, sich dessen wohl bewußte Jeanne (die spätere Gräfin Dubarry), eine kleine Angestellte in einem Hutsalon, liebt den Studenten Armand. Dennoch betrügt sie ihn mit einer Zufallsbekanntschaft, dem älteren Lebemann »Don Diego, dem spanischen Gesandten«. Ihretwegen kommt es zu einem Streit zwischen Armand und Don Diego, bei dem Armand den Gesandten in Notwehr ersticht. Er wird verhaftet. Der bei dem Duell anwesende Graf Dubarry nimmt sich der völlig verstörten Jeanne an und macht sie zu seiner Geliebten. Er schickt sie zum Minister des Königs, um eine finanzielle Forderung an die Staatskasse einzulösen. Der Minister weist sie ab. Im Garten des Schlosses erblickt sie der König und ist entzückt. Der Minister, der Komplikationen für die Verwirklichung seines Plans, seine Schwester (die Herzogin) mit dem König zu verheiraten, befürchtet, läßt sie entfernen. Der König dagegen hat Gefallen an ihr gefunden und ordnet eine Suchaktion an. (»Kommt mal ein hübsches Mädchen, jagt man sie weg. Kein Wunder, daß ich beim Volk nicht beliebt bin.«) Nach einigen Schwierigkeiten wird sie gefunden und erscheint zur »Privataudienz« im Schloß. Der König ist begeistert und macht sie zu seiner Maitresse. Graf Dubarry wird ausbezahlt...

1	T	Schlafzimmer; Jeanne sitzt im Negligé auf einem Prunkbett, rechts stehend zwei Zofen; der König kniet vor ihr und will ihr die Schuhe anziehen. Vorher muß er ihr die Füße küssen.

2 HT Vorzimmer; der Minister und der Sekretär(?) des Königs.
Titel: – Minister: »Ich finde es unerhört, daß der König seine Regierungsgeschäfte hier im Lustschloß seiner Maitresse erledigt.«

3 HT wie 2, Minister und Sekretär.

4 HT Schlafzimmer; Jeanne wird von den Zofen angekleidet; der König blinzelt über den Wandschirm, wird von Jeanne entdeckt und scherzend zurechtgewiesen. Er duckt sich augenblicklich.

5 HT wie 3, Minister und Sekretär.

6 T Schlafzimmer; Jeanne kommt (angekleidet) hinter dem Wandschirm hervor, der König küßt ihr die Hand, sie lockt ihn (mit dem Zeigefinger) in den Raum, beide gehen nach vorn aus dem Bild.

7 T prachtvoller Salon; Jeanne und der König. Er rückt ihr den Stuhl zurecht, sie setzt sich, er aufs Sofa.

8 HT König schneidet Jeanne die Fingernägel. Er verletzt sie versehentlich, erhält einen Klaps, küßt ihr die Finger.

9 N Die Dienstmädchen lachen.

10 HT wie 8, Sekretär kommt von hinten ins Bild.
Titel: – »Minister Choiseul bittet dringend um eine Audienz.«

11 HT wie 10, König und Jeanne.
Titel: – »Der Minister wird warten.«

12 T Vorzimmer; Sekretär kommt zurück, teilt dem Minister das Ergebnis mit, Minister ist ungehalten.

13 HT Salon wie 11; Jeanne und König, er erhebt sich.
Titel: – Jeanne: »Ich habe dich noch nicht entlassen.«

14 HT Salon wie 13; er setzt sich wieder, sie lacht.
Titel: – Jeanne: »Jetzt kannst du gehen.«

15 HT Salon wie 14; er erhebt sich, küßt ihr die Hand und geht.

Auf Jeannes Fürbitte wird Armand begnadigt und etwas später zum Offizier befördert. Die Herzogin versucht währenddessen mit selbstverfaßten Spottliedern, Jeanne beim Volk unmöglich zu machen. Jeanne läßt sich in einer Sänfte in die Stadt tragen. Auf einem Platz werden die Spottlieder gesungen:

1 T Platz; Sänger auf einer Tribüne, Volk davor (Ksp in Höhe des Sängers), Volk gestikuliert, will die Blätter mit den Versen haben. Jeanne drängt sich durch die Menge, weist den Sänger zurecht, entreißt ihm die Blätter und geht zurück. Das Volk verspottet sie, der Sänger holt neue Blätter hervor (hämisch-schadenfrohe Gebärde und Mimik), das Volk stürmt zum Podest, um die Blätter zu bekommen; Hektik, erhobene Arme, Schadenfreude.

2 T/HT Der König und das Gefolge stehen in prachtvollen, hellen Uni-

formen ruhig (Positur) und lächelnd im Sonnenschein auf einer Treppe.

Um Jeanne vor weiteren Beleidigungen zu schützen, will der König sie offiziell bei Hofe einführen. Der versoffene und heruntergekommene Bruder des Grafen Dubarry (mehrere N/HT in der Kneipe, aufgedunsenes Gesicht, rülpsend etc.) erklärt sich gegen entsprechendes Entgelt bereit, durch eine Scheinehe mit Jeanne ihr den notwendigen Adelstitel zu verschaffen. Nach erfolgter Trauung kommt es während der »Einführung bei Hofe« (prachtvolle Gewänder, Karossen, Säle etc.) zu einem Zwischenfall. Das von der Herzogin aufgehetzte Volk (eine brodelnde, Fäuste schwingende Menge) schreit: »Nieder mit der Dubarry!« Soldaten gehen gegen sie vor, Schüsse fallen, Tote und Verwundete beim Volk.

Jeanne offenbart Armand, daß sie die Dubarry sei und, da er sich empört und angewidert abwendet, daß er ihr seine Begnadigung und die Beförderung zum Offizier zu verdanken habe. Er quittiert gebrochen den Dienst. »Ich kann nicht länger einem König dienen, der mir mein Liebstes geraubt hat.«

Die Familie seines Freundes, des Schusters Paillet, leidet Hunger, die Frau ist schwerkrank. Armand endgültig aufgebracht: »Ich werde euch Brot verschaffen und wenn ich's mit Gewalt hole!« Armand wiegelt die Menge auf, einen Bäckerladen zu stürmen. Er wird verhaftet, aber sofort wieder vom Minister freigelassen, da dieser hofft, mit Armands Hilfe die Macht der Dubarry zu brechen.

In einem dunklen Raum (Kneipe?) beraten die Verschwörer (gut gekleidete Bürger) tuschelnd und gestikulierend. Armand springt auf den Tisch: »Ich werde dem König die Augen öffnen, wem er seine Gunst geschenkt hat. Nieder mit der Dubarry!« Jeanne, die verkleidet der Versammlung beiwohnt, spricht Armand anschließend an. Er will sie vergessen, verspricht ihr aber »ihr nichts zu tun«. »Am anderen Morgen haben sich die unruhigen Elemente bei Paillet versammelt um zum König zu gehen« (Zwischentitel). Armand versucht, sie zurückzuhalten. Sie gehen trotzdem unter der Führung Paillets.

Der König spielt mit seinem Hof im Garten »Blindekuh«. Die Delegation betritt das Schloß und muß warten. Sie blicken aus dem Fenster und sehen den König, tolpatschig grapschend, im Gebüsch herum suchen: er ist die »blinde Kuh«. Der Minister erklärt der Delegation, daß der König sie nicht empfangen könne, da er Wichtigeres zu tun habe. Die Delegation ist empört. Garten: Der König greift sich plötzlich ans Herz und fällt um. Von zwei Dienern wird er völlig hilflos (mitleiderregend) an der Delegation vorbei in einen Raum getragen. Paillet: »Da seht ihr, es gibt eine Vergeltung!« Die empörte Dubarry läßt ihn in die Bastille werfen. Der König stirbt, die Dubarry wird vom Minister verbannt.

Armand erfährt von Paillets Verhaftung. Er ballt die Faust (NA). Paillets Frau stirbt, er verspricht, ihren Mann zu befreien. »Das Volk erhebt sich«. Halbnackte, wild gestikulierende (geballte Fäuste, Säbel, Knüppel, Fahnen), schweißglänzende Männer mit zottigen Haaren und finsterem Blick (N) und zerlumpte, »liederliche«, gemeine »Weiber« zertrümmern eine Sänfte, bauen Barrikaden gegen die Soldaten, plündern die Geschäfte, stürmen die Bastille und befreien, geführt von Armand, Paillet (z. T. Vogelperspektive, wechselnder Kamerastandpunkt, mal aus der Sicht der Soldaten, mal aus der Sicht der Revolutionäre, mal als unbeteiligter Beobachter). Sie dringen in die königlichen Gemächer ein, säbelschwingende Weiber und die »Halbnackten« voran. Beim Anblick der königlichen Familie erstarren sie zunächst. Armand tritt vor und leitet die Festnahme ein. Mit Würde schreiten die Adligen, langsam und ruhig, aufrecht (hell gekleidet) durch die brodelnde Menge (dunkel gekleidet). Die Dubarry wird aufgespürt und von zerlumpten Kerlen (reißen Gardinen herunter, schlitzen Bilder auf usw.) vor das Tribunal gezerrt:

1	HT	Armand (Vorsitzender des Tribunals) sitzt an einem Tisch, schreibt.
2	T	Gerichtssaal, im Vordergrund Paillet, dahinter die johlende Menge. Dubarry wird hereingeführt (Hektik im Hintergrund).
3	HT	Paillet, am Tisch sitzend, redet mit einem anderen (Ankläger).
4	N	Dubarry mit schwarzem Kleid, weißer Perücke und »Heiligenschein« (durch kreisförmige Hintergrundausleuchtung) – »zartes, unschuldiges Geschöpf« – blickt erschrocken auf.
5	HT	Armand wie 1, blickt auf, erschrickt.
6	HT	Paillet redet auf Ankläger ein, glühende Augen, wilde Mimik.
7	HT	Armand wie 5.
8	HT	Dubarry, zart, zu Tode erschrocken.
9	HT	Ankläger fordert ihren Tod (Titel).
10	HT	Dubarry springt erschreckt auf.
11	HT	Armand wie 7, springt auf.
12	HT	Dubarry fällt flehend auf die Knie.
13	HT	Armand blickt nach links.
14	NA	Paillet und Ankläger blicken starr, fordernd.
15	HT	Armand blickt nach rechts.
16	T/HT	Saal, das Volk steht dichtgedrängt, schreit, gestikuliert. *Titel:* – »Sie muß sterben!«
17	HT	Armand. *Titel:* – »Sie stirbt.«
18	T/HT	Saal, wie 16, Volk jubelt.
19	HT	Dubarry kniet vor Armand, im Hintergrund johlt das Volk, sie wird abgeführt.
20	T/HT	Volk, hämische, schadenfrohe Gebärden.

21 T Saal, Dubarry geht mit Bewaffneten nach vorn aus dem Bild, johlende Menge im Hintergrund.

22 HT Johlende Menge.

22 HT Armand wird beglückwünscht von Paillet und anderen, er bleibt allein zurück, faltet die Hände und beschließt (Zwischentitel), Jeanne zu retten.

Als Mönch verkleidet betritt er ihre Zelle, um ihr zur Flucht zu verhelfen. Paillet will sich die Dubarry »selbst holen«. Er überrascht die beiden, erkennt den Verrat und erschießt seinen Freund Armand, der sich schützend vor Jeanne stellt. Sie wird von dem Sterbenden fort auf den Richtplatz gezerrt (Totale: Gerüst der Guillotine auf einem Podest überragt eine riesige Menschenmenge, erhobene Fäuste, Fahnen etc.). Sie hat Angst und wehrt sich verzweifelt (N, HT). Brutale Kerle schnallen sie auf den Block, das Beil fällt.

Einsatz filmischer Mittel: Die Schnitte werden unbemerkt verwendet. Kamerabewegungen tauchen mit einer Ausnahme in der Revolutionssequenz nicht auf. Neben häufigen Kreisblenden dienen Nahaufnahmen der Verdeutlichung des Handlungsablaufs oder um die Mimik der Schauspieler sichtbar zu machen. Vertikale und horizontale Ziehblenden werden zur Vermittlung zwischen verschiedenen Handlungsorten oder Zeitsprüngen verwendet. Neben der sonst üblichen Augenhöhe wird in der Revolutionssequenz ausgiebig von der Vogelperspektive Gebrauch gemacht, um die Aktivitäten der Menschenmassen zu zeigen.

Die Schauspielerführung ist überzeugend, wenn auch dem damaligen Stand entsprechend mit stark übersteigerter Gestik und Mimik. Zusammenfassend läßt sich feststellen, daß die Verwendung filmischer Mittel – auch für damalige Verhältnisse – im Rahmen des Konventionellen bleibt. Die für den Nachvollzug der Handlung wesentlichen Informationen werden in erster Linie, als Kommentar, persönliche Rede oder Ausruf, über die Zwischentitel gegeben. Die Bilder dienen daher – oberflächlich betrachtet – vorwiegend der Illustration. Besonderes Gewicht wird auf die Ausstattung, die Kostüme und prachtvollen Innenräume gelegt.

Madame Dubarry wurde – wie eingangs erwähnt – nicht nur in Deutschland, sondern auch im Ausland (besonders in den USA) ein großer Erfolg. Als recht spannender und aufwendig gemachter Unterhaltungsfilm hob er sich qualitativ von dem damaligen Filmangebot deutlich ab. Bekannte Stars wie Pola Negri (Jeanne), Emil Jannings (König), Harry Liedtke (Armand) und Eduard v. Winterstein (Graf Dubarry) trugen sicherlich dazu bei. Die Französische Revolution bildet den Hintergrund der Tragödie eines »hübschen Mädchens aus dem Volk«, dem der Sprung in die höchste Gesellschaft gelingt. Bereits bei oberflächlicher Betrachtung allerdings zeigt sich, daß mit dem historischen Stoff recht frei umgegangen wird: Die bürgerliche Revolution in Frankreich Ende des 18. Jahrhunderts wird hier zum Ergebnis von *persönlichen* Interessen, *von Neid und Hofintrigen* (Minister, Herzogin), *von Eifersucht, verletztem Stolz und Rache* (Armand) und der *Zerstörungs- und Rauflust des Pöbels.* Daß die Armut und Not des Volkes und die Verschwendungssucht des Königs mit seinem Hofstaat *auch* ein möglicher Grund waren, erfährt der Zuschauer im wesentlichen nur über die Zwischentitel.

Betrachtet man die agierenden Personen oder Gruppen, so fällt zunächst auf, daß der Adel und das »Volk« eindeutig negativ, der König, Jeanne und Armand positiver geschildert werden.

Der *Adel,* dargestellt in der Person des Ministers, seiner Schwester, der Herzogin, und den beiden Grafen Dubarry, ist entweder kühl berechnend und intrigant, nur den eigenen habgierigen Interessen folgend, oder aber versoffen und heruntergekommen – in jedem Fall aber korrupt.

Das *Volk* ist willenlos und dumm. Es läßt sich sowohl von der Herzogin aufhetzen als auch von Armand und Paillet. Es setzt sich im wesentlichen aus ungekämmten, langmähnigen, fettig glänzenden, halbnackten Männern und fanatischen, zerlumpten »Weibern« zusammen, die, brutal und unkontrolliert, von ihren Führern geleitet werden. Kennzeichen sind die erhobenen Fäuste oder Knüppel.

Diese negative Charakterisierung wird allerdings in einigen Gegenüberstellungen, also über das Bild, zugunsten des Adels relativiert: hier der hämische, Jeanne verspottende Pöbel in der Stadt, dort der König mit seinem Gefolge im Sonnenschein; hier die Würde der gefangenen Aristokraten, dort die Hektik, das Durcheinander und Ungezügelte der Aufrührer (s. Inhaltsbeschreibung). Die Aufständischen selbst sind deutlich in zwei Lager gespalten: während man die Motive des Schusters Paillet (und seiner relativ »gesitteten« Mitverschwörer) noch verstehen kann, läßt der Aufruhr des zerlumpten Pöbels nur auf seine Zerstörungswut schließen. Aber auch Paillet wird durch seine fanatische Entschlossenheit, spätestens gegen Ende des Films, in Frage gestellt, als er seinen Freund (der ihn zuvor befreit hat!) als Verräter erschießt.

Der *König,* der offenbar mit dem Aufstand direkt nichts zu tun hat (»Nieder mit der Dubarry«), wird als etwas vertrottelter (er spielt »Blindekuh«), sich aber seiner Macht durchaus bewußter Lebemann gezeigt, der seine Zeit mit allerlei Angenehmem verbringt und nur nebenbei Regierungsgeschäfte erledigt. Jeanne gegenüber wird er als liebender »Ehemann« geschildert, der sich von ihr herumkommandieren läßt. Vor allem in der Sterbeszene hat man Mitleid mit ihm, als er mit aufgedunsenem Gesicht, verzweifelt und weinend bettelt, »noch einmal seine Jeanne sehen zu dürfen«. Daß ausgerechnet die hübsche, »unschuldige« *Jeanne* (s. Tribunal-Sequenz) vom Volk so heftig attackiert wird, ist ihr und dem Zuschauer nicht einsichtig. Ihr Verhalten ist allenfalls in moralischer Hinsicht etwas »anstößig«, aber unter Berücksichtigung ihrer Situation (arm – hilflos – schön) verständlich. Am positivsten wird *Armand* charakterisiert: Er ist aufrichtig, gutgläubig und ritterlich (er opfert sich für seine Geliebte, obwohl sie ihn betrogen hat). Für seine Teilnahme an der Revolution hat er, neben der erlebten Armut seines Freundes Paillet, einen persönlichen Grund. Seine »Anständigkeit« führt dann auch dazu, daß er während des Aufstandes zeitweilig der Zögernde, manchmal auch der Abwiegelnde ist und letztlich sogar aus Liebe zum Verräter wird.

Die Revolution – wie die französische das Ergebnis von Klassenauseinandersetzungen – wird hier vordergründig zum Beiwerk, um historische Kostüme, Pracht, Ausstattung vorzuführen, darüber hinaus aber zum direkten Anlaß: »In jener Zeit politischer Unruhen (1919, H. K.) sahen die Berliner fast täglich gewaltige Massenkundgebungen durch die Straßen der Stadt ziehen; der Film ließ ein kaum minder zahlreiches Aufgebot aufsässiger Pariser über die Leinwand ziehen, um damit ein anschauliches Bild von der Französischen Revolution zu geben.«[186] Die im Film gezeigte Revolution richtet sich, wenn sie neben den primären individuellen Motiven überhaupt gesellschaftlich »erklärt« werden kann, nicht gegen den Feudalismus (wie 1789) als der damals herrschenden gesellschaftlichen Macht, sondern nur gegen die *besonderen Auswüchse* dieser Herrschaft (Prunksucht, Eigennutz, Willkür etc.). Dabei ist *diese* Revolution bereits schon durch die Dummheit, Brutalität und Wildheit der Massen, die daran (notwendigerweise) beteiligt sind, kompromittiert! Das besondere Verhältnis des Films zur Realität im Deutschland von 1919 liegt also darin, daß reale Erfahrungen der Menschen aufgegriffen, z. T. vordergründig als richtig bestätigt, aber im Verlauf der Handlung (auch über das Bild) wieder erheblich in Frage gestellt, ja sogar ins Gegenteil verkehrt werden. Dieses geschieht nicht in einer offenen, direkten, »propagandistischen« Weise, sondern verdeckt, unter der angenehmen, spannenden, unterhaltsamen Hülle verborgen. Die Projektion der Ereignisse der Novemberrevolution auf einen historischen Stoff, der zudem noch im Ausland spielt, ermöglichte es, das in der Bevölkerung vorhandene Mißtrauen gegen absolutistische Ordnungsmächte als durchaus scharfe Kritik im Film aufzunehmen. Die in der Fachliteratur (z. B. bei Kracauer, Eisner, Toeplitz) vieldiskutierte Frage, inwieweit hierbei ein bewußter Versuch zur Herabsetzung Frankreichs (oder Englands in *Anna Boleyn,* 1920) beabsichtigt ist, erscheint in diesem Zusammenhang sekundär. Es geht bei der Darstellung von Auswüchsen der Herrschaft als Tatsache, darum, die unmittelbaren Erfahrungen des Publikums aufzunehmen, aber gleichzeitig in eine historische und lokale Ferne zu rücken. Daß hierbei vorhandene Ressentiments beim deutschen Publikum sich möglicherweise positiv auf den finanziellen Erfolg auswirken, mag zusätzlich eine Rolle spielen, ist aber keineswegs der primäre Grund für diese Stoffauswahl.

Ein Vergleich mit den weiteren Genres des künstlerischen Films dieser Phase macht deutlich, daß diese Methode zwar hier in einer spezifischen Form auftritt, keineswegs aber eine Ausnahme war. So sehr sich z. B. die phantastischen, die expressionistischen und die naturalistischeren Kammerspielfilme in Gestaltung und Charakter der erzählten Geschichte voneinander unterscheiden, so deutlich liegt ihnen in der Regel dieselbe Aussage zugrunde: Der Mensch kann seinem Schicksal, der Macht der Tyrannen und übermenschlichen Wesen oder der in den Urgründen seiner eigenen Seele verborgenen nicht entrinnen. Werden im phantastischen Film die vorhandenen Unsicherheiten, realen Ängste usw. in das Reich des letztlich nicht mehr Erklärbaren und daher von tatsächlichen Menschen nicht mehr zu Verantwortenden abgeleitet, so ist der Kammerspielfilm schon näher an der Realität. Die dort gezeigten Handlungen werden immerhin von als solchen erkennbaren Menschen vollzogen, aber auch sie sind willenlose Objekte der eigenen, »dunklen Triebe«. Der historische Ausstattungsfilm kommt den direkten Erfahrungen der Menschen wohl am nächsten: er greift konkrete Ereignisse, Erlebnisse wie »Bankrott der Monarchie«, Armut und Reichtum auf, lenkt sie aber nicht auf die realen Gründe, sondern eben auf die besonderen »Entartungen«, legt also nicht die gesellschaftlich wirkenden Kräfte bloß, sondern verschleiert sie. Das Auflehnen gegen diese Gewalten entspringt nicht etwa gesellschaftlicher Notwendigkeit, sondern persönlichen Gründen, wie verschmähter Liebe, Verlust der Geliebten, oder nicht näher bestimmter Zerstörungswut.

Die Auflehnung selbst ist brutal und gemein. So wird unter dem Deckmantel der Historie, der spannenden Unterhaltung, handfeste bürgerliche Ideologie vermittelt. Ein direktes Verhältnis dieser Filme zu der sie umgebenden Realität ist durchaus vorhanden, allerdings in einer die Erkenntnis ihrer Veränderbarkeit verhindernden Form.

Die hier festgestellte Methode der Ideologievermittlung wird von nun an – später z. T. erheblich weiterentwickelt – als »unpolitische«, künstlerisch anspruchsvolle »Unterhaltung« zur Grundlage des bürgerlichen Films.

3.4.
Der Film in der Endphase der Weimarer Republik

3.4.1.

Mit Einführung der Rentenmark im November 1923 begann für die deutsche Wirtschaft, gestützt durch amerikanisches Kapital, eine Phase des relativen Aufschwungs. Der Rückgang der Arbeitslosenzahlen und die sich allgemein abzeichnende Konsolidierung bei gleichzeitig wachsendem Einfluß der Reaktion auf die Entwicklung der Weimarer Republik führte zu einer gewissen innenpolitischen Beruhigung.

Die Auswirkungen der Weltwirtschaftskrise 1929 (1930: 4,4 Millionen Arbeitslose) ließen allerdings die gesellschaftlichen Widersprüche wieder verschärft hervortreten. Mittlerweile hatte sich der marxistische Flügel innerhalb der Arbeiterbewegung organisatorisch und programmatisch erheblich entwickelt. Da auch die SPD durch den Druck der Parteibasis in ihren Kompromißmöglichkeiten deutlich eingeschränkt war und die bürgerlichen Parteien in den Wahlen ihre Massenbasis restlos verloren hatten, spitzte die Situation sich zu: Die reaktionären Kräfte und das Kapital versuchten, dieser Entwicklung durch Unterstützung der – mit pseudo-sozialistischen Parolen antretenden – NSDAP Herr zu werden (»Harzburger Front«, 1931). So konnte Hitlers Partei in den Wahlen von 1930 ihren Anteil im Reichstag von 12 auf 107 (!) Sitze erhöhen. Die zur Abwehr der drohenden faschistischen Gefahr notwendige Aktionseinheit der Arbeiterparteien (SPD/KPD) kam nicht zustande. »Die Stabilisierung der Wählerstimmen (der SPD, H. K.) auf 21 %, der Anstieg der Stimmen der KPD auf fast 17 % in den November-Wahlen 1932 bei gleichzeitigem Rückgang der NSDAP von 37,1 % im Juli 1932 auf 33,1 % im November konnte nichts mehr retten ... Die herrschenden Klassen, überzeugt, daß die beiden Parteien der Arbeiterbewegung keine Einheitsfront bilden und keinen Bürgerkrieg riskieren würden, brachten Hitler zur Macht, um den weiteren Zerfall der nationalsozialistischen Bewegung, ihrer wichtigsten Hilfstruppe gegen die Arbeiterbewegung, unter allen Umständen zu vermeiden.«[187] Am 30. Januar 1933 wurde Adolf Hitler zum Reichskanzler ernannt, am 9. März erfolgte die widerrechtliche Annullierung der KPD-Reichstagsmandate, im Mai wurden die Gewerkschaften und im Juni die SPD verboten.

3.4.2.

Für die deutsche Filmindustrie allerdings ergaben sich, im Unterschied zur allgemeinen wirtschaftlichen Belebung durch die Währungsreform (1923), nachteilige Folgen. Die während der Inflationsjahre außerordentlich günstigen Ertragsbedingungen waren schlagartig verschwunden. »Über Nacht drängten bei konsolidierten Wechselkursen wieder die großen ausländischen Filmindustrien auf den deutschen Markt, während zugleich die deutschen Exportchancen sanken.« [188] Besonders amerikanische Produktionen konnten sich auf dem deutschen Markt durchsetzen (40% Marktanteil). Von seiten des Staates wurde durch Kontingentierung versucht, die Flut ausländischer Filme einzudämmen und die deutschen Firmen zu stützen. Dennoch verschlechterte sich die Situation erheblich. 1926 mußte z. B. die UFA, da deutsche Geldgeber sich nicht fanden, durch die amerikanischen Filmkonzerne »Metro-Goldwyn-Mayer« und »Paramount« aufgefangen werden. »Ziel ihres (der amerikanischen Konzerne, H. K.) Arrangements mit deutschen Filmfirmen ... war es, durch Einschleusen von Kapital die deutsche Filmindustrie immer mehr in Abhängigkeit zu bringen und damit die damals bedeutendste ausländische Konkurrenz entscheidend zu schwächen.« [189] Da die Schwierigkeiten damit nicht beseitigt waren, übernahm 1927 der Konzern des Deutschnationalen Alfred Hugenberg, »der damals bereits das Radio sowie zahllose Verlage, Presseagenturen und Zeitungen kontrollierte« [190], die Sanierung der UFA. Die bereits 1926 in den USA erfolgte Umstellung auf den Tonfilm stellte die deutsche Filmindustrie während der Weltwirtschaftskrise vor die doppelte Schwierigkeit, »einerseits eine breite Amortisationsbasis für die erheblich gestiegenen Herstellungskosten zu finden, andererseits sinkende Einnahmen der Kinos als Folge des sich verringernden Volkseinkommens zu verkraften. Es zeigte sich, daß kaum ein deutsches Filmunternehmen dieser doppelten Belastung gewachsen war.« [191] Als Konsequenz aus dieser Entwicklung ergaben sich weitere Konzentrationsprozesse, weiter wachsender Einfluß der Banken und vor allem der Elektrokonzerne, die im Besitz der Tonfilm-Patente waren.

3.4.3.

Die erschwerten Geschäftsbedingungen der deutschen Filmindustrie führten zu einer noch mehr als bisher auf Publikumserfolge bedachten Unternehmenspolitik und in der Folge zu steigender Produktion von Durchschnittsfilmen. »Für die Filmproduzenten spielte der Expressionismus nicht mehr die Rolle eines Sicherheitsventils, das vor einem revolutionären Aufstand schützte. Schließlich waren die Filmschöpfer selbst der hektischen Suche nach Wegen, wie das zukünftige Schicksal der Welt im Inneren der eigenen Seele zu lösen sei, überdrüssig. Für das deutsche Kleinbürgertum verlief das Leben in normalen Bahnen... in die ruhige Atmosphäre der wirtschaftlichen Stabilisierung paßten keine Gespenster und Tyrannen, kein verworrenes Aufbegehren und keine Phantastik expressionistischer Gestalten und Dekorationen ... Das künstlerische Experiment wurde solange toleriert wie es in Mode und populär war und den Filmverkauf erleichterte ... In der Zeit der relativen Stabilisierung machte die Virtuosität den sicheren Mustern des kommerziellen Films Platz.«[192] In der (quantitativ verringerten) Produktion künstlerischer Filme lassen sich ähnliche Tendenzen wie in der Malerei und in der Literatur dieser Zeit – der Phase der »neuen Sachlichkeit« – feststellen. Wie dort sind auch im Film zwei Strömungen zu unterscheiden, die sich beide als Reaktion auf die expressionistische Wendung nach »innen« durch eine nüchterne Hinwendung zur Wirklichkeit auszeichnen: einerseits eine objektivistische, rationalsachliche, »unsentimentale« und andererseits eine die Oberfläche tendenziell durchbrechende Strömung mit sozialkritischem Engagement und weitergehend, in den beginnenden proletarischen Filmproduktionen, mit realistischer Zielsetzung.

Die erste dieser beiden Strömungen fand ihren adäquaten Ausdruck in jenen Querschnittsfilmen (s. dazu unten S. 45ff.), die im wesentlichen noch der Erscheinungsebene der Realität verhaftet blieben, aber z.B. mit *Menschen am Sonntag* (1928) ein weiterreichendes Interesse andeuteten.[193]

Von der zweiten Richtung innerhalb der bürgerlichen Produktion sind vor allem die Filme von G. W. Pabst zu nennen (*Die freudlose Gasse,* 1925; *Die Liebe der Jeanne Ney,* 1927; *Tagebuch einer Verlorenen,* 1929 etc.). Pabst knüpfte an die Traditionen des Kammerspielfilms an und entwickelte dieses Genre weiter durch deutlich sozialkritische Aspekte und durch die Einbeziehung der (formalen) Möglichkeiten des sowjetischen Films. »Pabst verwendet vor allem die Montage ›in der Bewegung‹, so daß der Zuschauer den Schnitt nicht bemerken soll ... Auf diese Weise verliert das dargestellte Leben seine Widersprüche ... Pabst war nur ein Beobachter und bemühte sich nicht, ein bewußter Richter seiner Zeit zu sein ... Wie die anderen Anhänger der Neuen Sachlichkeit beschrieb Pabst nur Leben ... Nur manchmal faßte er sein Schaffen als Aussage eines gesellschaftlich und politisch engagierten Künstlers auf.«[194] Trotz der feststellbaren Anklänge an *Der letzte Mann* (Murnau, 1923) oder *Die Straße* (Grune, 1923) geht Pabst mit seinen Filmen in der sozialkritischen Darstellung der Wirklichkeit erheblich weiter als diese. So schildert er in *Die freudlose Gasse* (1925) sehr eindringlich die Not, den Hunger, »den Ausverkauf der moralischen Werte« (Kracauer) des Bürgertums als Auswirkungen der Inflation. Dieser Film »behandelt den schroffen Gegensatz zwischen rücksichtslosen Kriegsgewinnlern und verarmtem Bürgertum, zwischen teuren, lichterglänzenden Restaurants und trüb erleuchteten Wohnungen, in denen Not und Hunger zu Hause waren, zwischen lärmendem Vergnügungstaumel und lautlosem Sich-Verkriechen«[195]. Die damalige Wirkung des Films mag man daran ermessen, daß er in England verboten wurde und in Frankreich, Österreich und Italien nur in verstümmelten Fassungen lief. Die häufig sehr scharfsichtigen Schilderungen wurden allerdings – zum Teil durch direkte Eingriffe der Produktionsfirma, wie im Falle des *Liebe der Jeanne Ney* durch die UFA – in ihrer Aussage durch einen »leichtfertigen Optimismus« (Kracauer) oder durch ein aufgesetztes Happy-End *(Freudlose Gasse)* relativiert. »Pabst war mutig genug, die Furchtbarkeit sozialen Elends durch überzeugende Einzelbeispiele zu belegen, ging aber den Schlußfolgerungen aus dem Weg, die sich aus seinem Filmbericht ziehen ließen.«[196]

Hierin ähnlich, aber »im Realismus des Milieus und der Menschentypen« (Toeplitz) und der Hinwendung zu proletarischer Wirklichkeit weitergehend, sind die durch Zille inspirierten Filme von G. Lamprecht: *Die Verrufenen* (1925) und *Die Unehelichen* (1926). Auch hier werden keine Konsequenzen aus dem geschilderten Elend gezogen. In dem Film *Die Verrufenen* lösen sich die sozialen Probleme nach einer sehr scharfen Darstellung ebenfalls in einem Happy-End auf.

Von den (in dieser Phase beginnenden) proletarischen Filmproduktionen sind vor allem *Jenseits der Straße* (Leo Mittler, 1929) und der erste realistische deutsche Spielfilm *Mutter Krausens Fahrt ins Glück* (Piel Jutzi, 1929) zu nennen.

Die mit der Weltwirtschaftskrise wieder stärker aufbrechenden gesellschaftlichen Widersprüche fanden sehr bald ihre Entsprechung im Film: Die bereits in den Kammerspielfilmen und einzelnen Produktionen der Stabilisierungsphase mehr oder weniger latent vorhandenen sozialkritischen Aspekte traten klarer hervor, und die Arbeiterorganisationen begannen, dem Einfluß der reaktionären Ideologie in den bürgerlichen Filmen der Zeit mit eigenen Produktionen entgegenzuwirken – so neben der KPD und den ihr nahestehenden Organisationen auch die SPD (mit den Filmen *Brüder,* 1929, und *Lohnbuchhalter Kremke,* 1930).

Mit Beginn der Tonfilmära Anfang der 30er Jahre setzte sich diese Entwicklung fort, im bürgerlichen Film besonders mit weiteren Arbeiten von G. W. Pabst (*Westfront 1918,* 1930, *Kameradschaft,* 1931). Zwar gelangte Pabst hier deutlich über das bloße Registrieren der gezeigten Wirklichkeit hinaus, blieb aber noch bei realistischen *Tendenzen* stehen; in *Westfront 1918* schildert er zwar das Grauen des Krieges, hinterfragt aber nicht die »Kausalzusammenhänge« (Brecht), die gesellschaftlichen Bedingungen und Ursachen, und weist keine konkrete Alternative. So entsteht der erste deutsche durchgängig realistisch konzipierte Tonfilm *Kuhle Wampe* (1932) – ebenso wie vorher der realistische Stummfilm *Mutter Krausens Fahrt ins Glück* – im Rahmen der proletarischen Filmproduktion.

Die hier geschilderte Entwicklung darf aber nicht über die vergleichsweise geringe politische Wirkungsmöglichkeit dieser Filme hinwegtäuschen. Die verschärft gehandhabte administrative Zensurpraxis auf Grundlage einer reaktionären Auslegung des Reichslichtspielgesetzes[197] führte nicht nur zu direkten Aktionen gegen die fertigen Filme (in Form von Schnittauflagen, Aufführungsverboten etc.), sondern bereits während der Herstellung in Form von Selbstzensur oder Einflußnahmen der (bürgerlichen) Produktionsfirma zu einer Minderung der politischen Aussage. Hinzu kommt, daß den Produktionen mit sozialkritischer oder realistischer Tendenz eine schon rein zahlenmäßig erdrückende Übermacht offen reaktionärer, nationalistischer oder auch scheinbar unpolitischer Lustspiele und Unterhaltungsfilme gegenüberstand. Die oben genauer beschriebene Konzeption der »versteckten« Vermittlung bürgerlicher Ideologie im Spielfilm war mittlerweile weiterentwickelt worden und fand u. a. in »fröhlichen« Tonfilmoperetten (*Die drei von der Tankstelle,* 1930; *Der Kongreß tanzt,* 1931; *Die drei von der Stempelstelle,* 1932; *Ein blonder Traum,* 1932) ihren besonders wirksamen Ausdruck. So wurde der wirtschaftliche Ruin vieler Menschen, die Arbeitslosigkeit, Not und Hoffnungslosigkeit, in Tanz und Gesang aufgelöst oder durch »Luftschlösser« (Kracauer) »harmonisiert«. »Ein beliebtes Ablenkungsmanöver bestand darin, daß man behauptete, die Benachteiligten selbst seien mit ihrem Schicksal vollauf zufrieden. In dem UFA-Lustspiel *Ein blonder Traum* (1932) waren die Hauptfiguren zwei Fensterputzer und eine Zirkusakrobatin ... In ihrer Armut sahen die drei sich gezwungen, Unterkunft in einem alten, auf einer Wiese abgestellten Eisenbahnwaggon zu suchen. Beklagten sie sich über ihre Not? Das Lied, in dem sie ihren beneidenswerten Gefühlen Ausdruck gaben, lautete ungefähr folgendermaßen: Wir zahlen keine Miete mehr, wir haben unser Heim bei Mutter Natur aufgeschlagen, und wenn unser Nest auch noch so klein ist, wir machen uns keine Sorgen mehr.« [198]

Der weit fortgeschrittene Konzentrationsprozeß in der deutschen Filmindustrie (Hugenberg-Konzern etc.), das Vorhandensein eines wirksamen staatlichen Kontrollsystems (Reichslichtspielgesetz) und das entwickelte ideologische Konzept des bürgerlichen Films ermöglichten es dem Nationalsozialismus, relativ mühelos das Instrument der »nationalen Propaganda« als wichtiges Beinflussungsmittel zu übernehmen. So verwundert es nicht, daß die überwiegende Zahl der während des deutschen Faschismus produzierten Filme keine offenen Propagandafilme waren, sondern lustige, spannende, »unterhaltende« Spielfilme.[199]

[illegible]

[illegible]

Teil II

Reinhold Happel und Margot Michaelis

Wem gehört die Welt? – Filme der Arbeiterbewegung in der Weimarer Republik

1.
Grundlagen und Notwendigkeit eines oppositionellen Films

1.1.
Die Vorherrschaft des bürgerlichen Films

Während der Film als Träger bürgerlicher Ideologie in den 20er Jahren durch erhebliche horizontale und vertikale Konzentrationsprozesse zur Industrie heranwächst, begleitet von ähnlichen Prozessen im Presse- und Rundfunkwesen (z. B. Hugenberg-Konzern), und somit ein mächtiges Instrument der »Massenbeeinflussung« entsteht, entwickelt sich eine proletarische Filmproduktion nur ansatzweise und zögernd. Dafür lassen sich im wesentlichen drei Gründe anführen:

– Die Wirkungsmöglichkeit des Films wird in den verschiedenen Gruppierungen der Arbeiterbewegung unterschiedlich und generell sehr lange unterschätzt, so daß die Einsicht in die Notwendigkeit einer aktiven Filmverwendung sich erst gegen Mitte der 20er Jahre durchsetzen kann.

– Gerade in der Phase der entwickelten Filmindustrie und aufgrund der relativ hohen Qualität des bürgerlichen Films, sind für einen effektiven Filmeinsatz erhebliche finanzielle und organisatorische Aufwendungen erforderlich.

– Bereits seit Beginn dieser Aktivitäten macht sich die Tatsache, daß die meisten Theater im Besitz großer Filmkonzerne oder von ihnen abhängig sind, als sehr hinderlich für die Verbreitungsmöglichkeit proletarischer Filme bemerkbar. Für den Bereich der Distribution ist allerdings die staatliche Filmzensur das wirkungsvollste Kampfmittel gegen die beginnende Produktionstätigkeit der Arbeiterorganisationen. Die Spaltung der Arbeiterbewegung in zwei sich bekämpfende Parteien (SPD und KPD) schwächt ihre Kraft erheblich.

Da sich die unterschiedliche Einschätzung vom Charakter des Weimarer Staates auch in der Kultur- und Filmpolitik der SPD und der KPD deutlich niederschlugen, sollen beide Ansätze im folgenden umrissen werden.

1.2.
Die Sozialdemokratie und der Film

1.2.1.

Die Verbundenheit der Sozialdemokratie mit dem Weimarer Staat bestimmte neben der allgemeinen politischen Praxis auch die Ausrichtung ihrer kultur- und bildungspolitischen Aktivitäten. Dabei setzten sich innerhalb der SPD Vorstellungen durch, die im Kern von der Klassenneutralität der Bildung und Kultur ausgingen. Zwei Aspekte können als wesentlich für die Arbeit der Partei bezeichnet werden.

Zum einen setzte man sich für die gleichberechtigte Teilhabe aller »Volksgenossen« an den Bildungs- und Kulturgütern ein[1], als deren vordringliches Ziel »die Förderung von Wissen, die Hebung der Kultur und die Steigerung des Lebensgefühls der Arbeiter«[2] angesehen wurde.

Zum anderen begriff die SPD die von ihr propagierte »Erneuerung des kulturellen Lebens« als eine alle gesellschaftlichen Klassen und Schichten umfassende Aufgabe, die sich »erstens aus dem übergreifenden Solidaritätsbewußtsein aller Menschen (ergeben soll) – wir wollen keine Klassenkultur – und zweitens aus der Besinnung auf Echtheit und Wesenhaftigkeit des gesamten menschlichen Ausdruckslebens...«[3]

Als ein geeignetes Instrument zur Vermittlung dieser neutralen, über den Klassen stehenden Bildungsideale erschienen die in den 20er Jahren in großer Zahl gegründeten Volkshochschulen. Hier sollten in möglichst objektiver Form verschiedenste Bildungsinhalte vermittelt werden[4], eine »Bildung an sich«, mit deren programmatischer Unterstützung die SPD sich zunehmend bürgerlichen Bildungsidealen annäherte.

Ähnliche Tendenzen zeigten sich auch in der Arbeit der von der SPD maßgeblich beeinflußten Theatervereinigungen, dem »Deutschen Arbeitertheater-Bund« und der »Volksbühnenbewegung«. Nach den Vorstellungen des »Arbeitertheater-Bundes« sollte das Theater frei von politischen oder gar parteipolitischen Einflüssen »eine reine Kunststätte werden. Nach keiner Seite hat es eine Verbeugung zu machen, und es wirkt in der freien Gesellschaft, losgelöst, befreit von jeglichem Byzantismus, wahrheitsgetreu, edel und rein«[5]. Bis 1928 blieb – trotz heftiger Debatten im »Arbeitertheater-Bund« – diese Zielsetzung die Grundlage der Arbeit.

Unter vergleichbaren Gesichtspunkten vollzog sich die Arbeit der

»Volksbühnenbewegung«, einer Besucherorganisation zur Förderung wertvoller Theateraufführungen, die mit ihren zeitweise 600 000 Mitgliedern zu den größten von der SPD unterstützten Kulturorganisationen zählte. Im Mittelpunkt ihres Aufgabenfeldes stand – unter Wahrung (partei)-politischer Neutralität – die Heranführung des Proletariates an die wertvolle Theatertradition.[6]

Die Problematik dieser Bildungs- und Kulturarbeit der SPD vor allem im Bereich der massenpolitischen Arbeit verband sich eng mit der allgemeinen Verkennung der politischen Entwicklung der Weimarer Republik durch die Sozialdemokratie. Die SPD verzichtete – ausgehend von der Theorie einer Überparteilichkeit und Neutralität der Bildung und Kultur – auf die konsequente Auseinandersetzung mit der Reaktion und neutralisierte damit die politische Wirkungskraft ihrer Kultur- und Bildungsarbeit, was in Anbetracht der politischen Entwicklung insbesondere gegen Ende der 20er Jahre einer weiteren Erstarkung der Reaktion günstige Voraussetzungen bot. Die vor allem auf der Parteiebene im Rahmen des »Sozialistischen Kulturbundes« entwickelten Aktivitäten zur Verbreitung sozialistischen Gedankengutes ließen zwar auf konsequentere Ansätze schließen, zeigten jedoch zugleich die widersprüchliche Haltung der Sozialdemokratie zu einer bewußten, auf die sozialistische Umwandlung der Gesellschaft ausgerichteten Strategie in der Kulturarbeit auf.

1.2.2.

Hatte die SPD aufgrund der wachsenden Massenwirkung des Films, der zu einem »Mittel der Geschmacksverrohung und zum Werkzeug kulturreaktionärer Bestrebungen« zu verkommen drohe[7], die Notwendigkeit einer aktiven, eigenständigen Filmarbeit erkannt, so nahm diese ab Mitte der 20er Jahre konkrete Formen an. Neben der Forderung, den Film innerhalb der Parteiarbeit als Propagandamittel im Dienste »fortschrittlicher politischer oder sozialer Ideen« und als »wertvolle Waffe« im Rahmen der Parteiwerbung einzusetzen, stand im Mittelpunkt ihrer Vorstellungen die Schaffung und Durchsetzung eines »vom republikanischen und sozial-fortschrittlichen Geist« erfüllten Filmes.[8]

Dieses Ziel sollte als »Reform« des Kinos, die sich gegen den reaktionären, ästhetisch wertlosen Film richtete, unter weitgehender Beibehaltung der kapitalistischen Struktur der Filmwirtschaft realisiert werden. Der angestrebten Eigenproduktion von Spielfilmen maß man in diesem Rahmen vor allem unterstützende Wirkung bei, da aufgrund des erforderlichen Kostenaufwandes eine größer angelegte Filmproduktion nicht möglich erschien.

Das Schwergewicht der Arbeit legte man daher auf die Förderung und Auswahl künstlerisch und inhaltlich wertvoller Filme der bürgerlichen Produktion. Förderungswürdig sollten im Prinzip alle künstlerisch anspruchsvollen Filme sein, mit Ausnahme offen reaktionärer Bildstreifen. Denn »das wahrhaft Künstlerische wird immer soviel Bereicherung unseres Wissens um Menschen und Leben bringen, daß die besondere weltanschaulich bedingte Blickeinstellung des Künstlers daneben keine Rolle mehr spielt«.[9]

Über die Organisierung des Filmpublikums im Kampf für den künstlerisch wertvollen Film und mit kommunaler und staatlicher Unterstützung beabsichtigte man, langfristig Einfluß auf das Kinoprogramm und letztlich auch auf die Produktionssphäre erreichen zu können.

Diese Vorstellungen einer »Reform« des Kinos trugen allerdings stark illusionäre Züge. Sie ließen die grundsätzliche Funktion des bürgerlichen Filmes, die politisch-ideologische Massenbeeinflussung im Sinne der bürgerlichen Filmindustrie, weitgehend außer acht, da die Frage der Kontrolle der Filmproduktion losgelöst von der Frage der kapitalistischen Struktur der Filmwirtschaft behandelt wurde.

Etwa ab Mitte der 20er Jahre begann die SPD mit einer kontinuierlichen kulturpolitischen Arbeit im Bereich des Films.[10] Im Mittelpunkt stand die Verleihtätigkeit und die Durchführung von Filmveranstaltungen. Den organisatorischen Rahmen bildete der 1926 in Berlin gegründete »Film- und Lichtbilddienst«. Das ständig erweiterte Programm dieser zentralen Verleihinstitution umfaßte neben Lehr-, Dokumentar-, Propaganda- und Agitationsfilmen den »künstlerisch wertvollen« bürgerlichen Unterhaltungsfilm (z. B. *Westfront 1918* von G. W. Pabst), die großen russischen Filme (Eisensteins *Panzerkreuzer Potemkin*) oder auch Produktionen der KPD-orientierten »Prometheus GmbH« *(Mutter Krausens Fahrt ins Glück)*. Darüber hinaus organisierte der »Film- und Lichtbilddienst« die Ausbildung wie den Einsatz mobiler Vorführteams. Ausgestattet mit eigenen Vorführgeräten sollten sie in Zusammenarbeit mit örtlichen SPD- oder Gewerkschaftsorganisationen eine flexiblere, unabhängigere Filmarbeit gewährleisten. Denn in der Kooperation mit dem Kinogewerbe war man insbesondere bei der Vorführung kritischer Filme häufig Behinderungen ausgesetzt, beispielsweise regionalen Boykottmaßnahmen oder willkürlichen Zensurschnitten durch einzelne Kinotheaterbesitzer.

Neben diesem Aufgabenbereich bemühte die SPD sich entsprechend den ihr zur Verfügung stehenden finanziellen Mitteln auch um die Produktion eigener Filme, mit deren Herstellung ihr nahestehende Filmemacher und kleinere Filmunternehmen beauftragt wurden. Um die Produktionskosten möglichst niedrig zu halten, bediente man sich weitgehend der freiwilligen, unentgeltlichen Mitarbeit von SPD- oder Gewerkschaftsmitgliedern, die sich beispielsweise als Darsteller zur Verfügung stellten. Bei den Produktionen handelte es sich überwiegend um kürzere dokumentarische Filmstreifen, die in propagandistischer Weise die Arbeit sozialdemokratischer oder gewerkschaftlicher Organisationen darstellten, oder um agitatorische Wahlkampffilme. Mit der Herstellung von Spielfilmen versuchte die Partei, ihre Forderung nach Schaffung »künstlerisch wertvoller« und »die sozialistische Weltanschauung vermittelnder« Filme selbst zu verwirklichen. So entstanden die Filme *Die Schmiede* (1924), *Freies Volk* (1926), *Brüder* (1929) und *Lohnbuchhalter Kremke* (1930). Gemeinsam ist ihnen allen das Bestreben, die Lebens- und Arbeitsbedingungen der Arbeiter oder – bezogen auf *Lohnbuchhalter Kremke* – der kleinbürgerlichen Schichten unter kapitalistischen Verhältnissen darzustellen, vor allem aber die Notwendigkeit des gemeinsamen Handelns zur Durchsetzung der Interessen der Arbeiterbewegung, etwa die gewerkschaftliche Organisierung zu propagieren.

Lohnbuchhalter Kremke z. B. stellt am Schicksal eines Angestellten das Problem der Arbeitslosigkeit dar, ein sehr wesentliches gesellschaftliches Problem der Weimarer Republik, insbesondere seit der Weltwirtschaftskrise. Kremke, aufgrund von Rationalisierungsmaßnahmen arbeitslos geworden, findet keinen Ausweg aus seiner hoffnungslosen Lage und begeht schließlich Selbstmord. Den Abschluß des Films bildet die Darstellung eines Demonstrationszuges als Ausdruck des gemeinsamen Handelns von Arbeitern für die Forderung nach Arbeit und damit als Alternative zu der individuellen Handlungsweise des Kremke.

Diese Schlußsequenz offenbart zugleich sowohl in formaler als auch inhaltlicher Hinsicht die Schwäche des Films. Denn obwohl die existenzbedrohende Auswirkung kapitalistischer Produktionsverhältnisse auf die arbeitende Bevölkerung durchaus schlüssig entwickelt wird, wirkt gerade die als Alternative konzipierte »Demonstrationssequenz«

stark aufgesetzt, da sie sich nicht aus dem Filmgeschehen heraus entwickelt. Die Alternativlösung bleibt – unterstützt durch die plakative Gestaltung – auf einen sehr indifferenten, unkonkreten Appell zur Solidarität beschränkt. Eine Problematisierung der Stoßrichtung solidarischen Handelns, die sich eigentlich logisch ergebende Schlußfolgerung nach der Bekämpfung und Beseitigung der Ursachen von Arbeitslosigkeit, wird zudem überhaupt nicht geleistet.[11]

Diese Tendenzen einer politischen Indifferenz in der Aussage treten mehr oder minder deutlich auch in den anderen Spielfilmen der SPD-Produktion zutage. Sie können im Grunde genommen als Spiegelbild jener politischen Handlungsunfähigkeit der SPD bezeichnet werden, die auf ihrer oben beschriebenen Fehleinschätzung der gesellschaftlichen Verhältnisse in der Weimarer Republik beruhte.

1.3.
Der Film und die KPD

1.3.1.

Aus dem »Spartakusbund« hervorgegangen und an der Jahreswende 1918/19 gegründet, führte die KPD die Traditionen des revolutionären Flügels der Sozialdemokratie weiter, indem sie sich programmatisch die »Verwirklichung der sozialistischen Gesellschaftsordnung« durch »vollständigen Umbau des Staates und eine vollständige Umwälzung in den wirtschaftlichen und sozialen Grundlagen der Gesellschaft« zum Ziel setzte. Die »Befreiung der Arbeiterklasse« sollte »das Werk der Arbeiter selbst sein«[12]. Damit war auch der Rahmen für einen umfassenden Kulturbegriff gesteckt, nach dem die Kunst als Teil des politischen Kampfes angesehen wurde, da mit dem Ringen um eine demokratische Kultur zugleich die Voraussetzungen für die Aneignung aller demokratischen Kulturtraditionen und -werte der Menschheit erkämpft werden müssen. »Solange die beherrschten Klassen sich ihres Gegensatzes zu den Herrschenden nicht klar bewußt sind, nicht danach trachten, ihn aufzuheben, können sie auch für die Kunst keine neuen gesellschaftlichen Entwicklungsmöglichkeiten, keinen neuen weitreichenden Inhalt schaffen«[13], hatte Clara Zetkin bereits 1910/11 festgestellt. Über die Konkretisierung dieser allgemeinen Vorstellungen gab es innerhalb der KPD jedoch noch intensive Auseinandersetzungen, die sich vor allem um die Frage des kulturellen Erbes, der eigenen Kultur und damit die Frage des Bündnisses – insbesondere mit der Sozialdemokratie – bewegten.

Trotz teilweise recht kontroverser Diskussionen entwickelt sich nun, ausgehend von der KPD und ihren Verbündeten, eine breite Kulturarbeit, die gegen Ende der 20er Jahre infolge politischer Klärungsprozesse einen gewaltigen Aufschwung erfährt. So ruft der 11. Parteitag der KPD 1927 mit einer »Roten Kulturkampffront« erstmals zu einer kulturellen Einheitsfront gegen »Kultur- und Schulreaktion« auf.[14]

Inspiriert und getragen wird diese Kulturarbeit von Berufskünstlern, die sich unter dem Eindruck der russischen Oktoberrevolution und der Novemberkämpfe in Deutschland der Arbeiterbewegung angeschlossen haben. Gemeinsam mit Kulturschaffenden, die aus der Arbeiterbewegung selbst hervorgegangen sind, organisieren sich diese Künstler gegen Ende der 20er Jahre in Verbänden wie der »Asso« (Assoziation revolutionärer bildender Künstler Deutschlands)[15] und dem »Bund proletarisch revolutionärer Schriftsteller«[16] und wirken mit an der Bildungsarbeit, die sich über die parteiinterne Schulung hinaus in der »marxistischen Arbeiterschule« (MASCH)[17] an breite Bevölkerungskreise wendet. Darüber hinaus entsteht eine Fülle kultureller Massenorganisationen zur Förderung der Kunstproduktion und bewußten Kunstrezeption der arbeitenden Bevölkerung. Um die Parteipresse und die Publikationen des von Münzenberg geleiteten Verlages[18] bilden sich Arbeiterkorrespondenten-, -zeichner- und -fotografenbewegungen.[19] Im Bereich des Theaters entsteht mit der »Agitprop-Bewegung« ein neuartiges Arbeitertheater direkt aus der politischen Praxis.[20]

Für alle diese Organisationen und Aktivitäten gilt, daß Kunst und Politik, Kunst und Leben zusammengehören, daß die Kunst parteilich als »Waffe im Klassenkampf« begriffen wird, als Aneignung der Wirklichkeit im Interesse der arbeitenden Menschen.

1.3.2.

In diesem Sinne vollzog sich etwa ab 1920 die Entwicklung einer eigenständigen proletarischen Filmtheorie und -praxis vor allem in der Auseinandersetzung mit der Konzeption und den Methoden des bürgerlichen Films, seiner inhaltlichen und formalen Gestaltung, seiner wirtschaftlichen und ideologischen Abhängigkeit von den Verwertungsinteressen des Kapitals. Da der Film zum Unterhaltungsmedium der breiten Bevölkerung aufgestiegen war, ergaben sich für die Filmindustrie bedeutende Möglichkeiten zur ideologischen Beeinflussung der Massen. Die Ablenkung und Verschleierung von gesellschaftlich relevanten Problemen und die Propagierung chauvinistischen und reaktionären Gedankengutes wurde als wesentliche Funktion bürgerlicher Filme erkannt. Daraus leiteten die proletarischen Organisationen die Forderung ab, »ein so überaus wichtiges Propagandamittel, das bis heute ausschließlich Monopolbesitz der herrschenden Klassen ist, dem Gegner zu entreißen und gegen ihn zu gebrauchen«[21]. Alle Mittel und Möglichkeiten des Mediums sollten genutzt werden, das heißt der proletarische Film sollte nicht nur agitatorische sondern auch künstlerische Qualitäten besitzen, um so ein adäquates Gegengewicht zum bürgerlichen Film darzustellen. »Und da sollen nicht etwa nur gelehrte soziologische Vorträge illustriert werden. Damit können wir das müde, zerstreuungsbedürftige Proletariat nicht aus dem Bann der bürgerlichen Prunkfilme herauslocken. Unsere Filme müßten mindestens so interessant und aufregend sein wie diese. Und vor allem begeisternd! Klassenbewußtsein und Kampflust weckend.«[22] Ausgehend von den subjektiven Unterhaltungsbedürfnissen der Massen sollte der Film in volkstümlicher Weise das Geschichts- und Menschenbild, »die Klassenlage des Proletariats darstellen und gleichzeitig den revolutionären Ausweg zeigen«[23].

Ziel proletarischer Filmpraxis war die Darstellung gesellschaftlicher Realität, Aufdeckung gesellschaftlicher Zusammenhänge und das Aufzeigen von Alternativen für die Arbeiterklasse. Damit stand der proletarische Film in einem direkten Bezug zur politischen Praxis.

Erste Schritte zur Realisation dieser filmpolitischen Forderungen der revolutionären Arbeiterbewegung unternahm die IAH (Internationale Arbeiterhilfe, gegr. 1921). Im Rahmen der internationalen Hilfskampagne gegen die Hungerkatastrophe in der Sowjetunion setzte sie den Film als propagandistisches Mittel ein und begann mit Filmen wie *Die Wolga hinunter* und *Hunger in Sowjetrußland* 1922 den Aufbau eines internationalen Verleihsystems mit vorwiegend russischen Dokumentarfilmen, die die internationale Solidarität mit dem sich entwikkelnden Sozialismus in der Sowjetunion fördern sowie die Arbeit der IAH dokumentieren sollten.[24] Ab 1925 fing man auch in Deutschland mit der Herstellung erster eigener Filme an. Diese ersten im Auftrag der IAH, der KPD oder des RFB (Rotfrontkämpferbundes) gedrehten wochenschauartigen Streifen dienten vor allem der direkten politischen

Propaganda und beinhalteten die Darstellung der klassenbewußten Arbeiterbewegung und ihrer Organisationen. Neben diesen auch weiterhin verbreiteten dokumentarischen Agitprop-Streifen begann man so bald wie möglich mit der Herstellung proletarisch-realistischer Spielfilme als Alternative zum bürgerlichen Unterhaltungsfilm. Es gelang allerdings nicht sofort in allen Filmen, die eigenen Vorstellungen konsequent zu verwirklichen. Filme wie *Schinderhannes* (1928) oder *Jenseits der Straße* (1929) blieben teilweise in der Tradition des fortschrittlich-bürgerlichen Films befangen. Erst mit den beiden Spielfilmen *Mutter Krausens Fahrt ins Glück* (1929) und *Kuhle Wampe* (1932) gelang es, zu einer wirklich neuen Qualität im Sinne des proletarischen Realismus vorzudringen.

Den organisatorischen Rahmen der Filmarbeit bildete die »Prometheus Film-Verleih und Vertriebsgesellschaft«, die 1926 mit einem Stammkapital von nur 10000 Mark gegründet wurde.[25] Bei dieser schwachen finanziellen Basis, die den Aufbau eines vollständigen Produktionsapparates nicht ermöglichte, blieb man jedoch noch abhängig von den bürgerlichen Studios, Kopieranstalten und vor allem Geldgebern. Wenn trotzdem eine relativ kontinuierliche proletarische Filmarbeit in Deutschland möglich wurde, so war das vor allem auf die Kooperation mit der sowjetischen Filmproduktion (»Meshrabpom Russ«, Moskau) zurückzuführen, sowie auf die weitgehende freiwillige und unentgeltliche Mitarbeit aller an der Filmherstellung Beteiligten.

Trotz großer Schwierigkeiten versuchte die »Prometheus«, über den kommerziellen Filmbetrieb breite Bevölkerungskreise vor allem mit dem proletarischen Spielfilm zu erreichen, während die 1927 gegründete »Weltfilm-GmbH« den Vertrieb der eigenen und der sowjetischen Produktionen innerhalb der Partei- und der verbündeten Massenorganisationen übernahm.[26]

Aufgrund der großen Behinderung im herkömmlichen Vertriebsapparat sah man sich gezwungen, Alternativkonzeptionen zu entwikkeln, um den Film an die Arbeitermassen heranzubringen. So mietete man für einzelne Vorstellungen oder Tage Kinos an und führte die Veranstaltungen unter eigener Verantwortung durch. In Zusammenarbeit mit den politischen Organisationen veranstaltete die »Weltfilm« ganze Tourneen oder einzelne Veranstaltungen mit eigenen Vorführgeräten, deren flexible Einsatzfähigkeit sich besonders in der direkten politischen Auseinandersetzung, etwa im Wahlkampf oder bei Streiks, bewährte.[27]

Weitere Unterstützung erfuhr die Filmarbeit über die Organisation der Zuschauer, den 1928 gegründeten »Volksfilmverband«, dem auch namhafte bürgerlich-demokratische Künstler (Heinrich Mann als Vorsitzender) angehörten. Der Verband setzte sich die Förderung des fortschrittlichen und künstlerisch wertvollen Films zum Ziel.[28]

Die KPD selbst initiierte auf dem Weddinger Parteitag 1929 den Zusammenschluß aller ihr nahestehenden Kulturorganisationen in der IfA (Interessengemeinschaft für Arbeiterkultur), zu der auch die Einrichtung einer »IfA-Filmabteilung« gehörte, die vor allem den direkten Kampf der Arbeiter gegen den bürgerlichen Film organisieren sollte.[29]

Die Herstellung proletarischer Spielfilme in Deutschland – als sichtbarer Ausdruck der Forderung nach einem Film, der die Interessen der Arbeiterklasse darstellen sollte – war sicherlich eine der wesentlichen Leistungen der Arbeiterkulturbewegung. Aufgrund der bestehenden gesellschaftlichen Verhältnisse gelang es freilich nicht, über einzelne Produktionen hinauszukommen. Noch vor der Zerstörung der Weimarer Republik durch den Faschismus, nämlich schon 1931, mußte die »Prometheus« Konkurs anmelden; mitten in den Dreharbeiten zu *Kuhle Wampe* wurden ihr die Kredite gesperrt. Damit war in einer Phase allgemeiner Zuspitzung der politischen und wirtschaftlichen Krise eine entscheidende Grundlage der proletarischen Filmarbeit liquidiert. Die Sozialdemokratie, in ihrer Filmarbeit im wesentlichen auf kleine, von der Konkurrenz besonders hart bedrohte bürgerliche Produktionsstätten angewiesen, stellte bereits gegen Ende der 20er Jahre ihre Versuche ein. Der Faschismus beendete vorläufig jede proletarische Filmarbeit in Deutschland.

2.

›Mutter Krausens Fahrt ins Glück‹
Eine exemplarische Analyse

von Margot Michaelis

Will man es nicht bei der einfachen These belassen, daß im Rahmen der mit der KPD verbundenen Kulturarbeit auch realistische Filme entstanden sind, erscheint es notwendig, die gemeinten Produktionen genauer auf ihren Gehalt und insbesondere auf ihr Verhältnis zur Wirklichkeit zu untersuchen. Da nur eine Feinanalyse einem Film – wie jedem anderen Kunstwerk – in seiner Differenziertheit gerecht werden kann, sollen im folgenden exemplarisch die Filme *Mutter Krausens Fahrt ins Glück* und – in einem weiteren Aufsatz – *Kuhle Wampe* einer genaueren Untersuchung unterzogen werden. Beide gelten in der Filmgeschichte als die zentralen Spielfilmproduktionen der proletarischen Kulturbewegung in den 20er Jahren und scheinen daher besonders geeignet für eine exemplarische Analyse unter der vorgenannten Problemstellung.

Der Film *Mutter Krausens Fahrt ins Glück* (im folgenden kurz: *Mutter Krause*) wurde 1929 im Auftrag der Prometheus Film-Verleih und Vertriebs-GmbH[30] unter der Regie von Piel Jutzi hergestellt und am 30. Dezember desselben Jahres im Berliner »Alhambra« am Kurfürstendamm uraufgeführt. Die Künstler Otto Nagel, Käthe Kollwitz und Hans Baluschek hatten das Protektorat übernommen. Es handelt sich um einen Stummfilm, weshalb er für unsere heutigen Sehgewohnheiten zuweilen recht übertrieben melodramatische Züge trägt. Bei der Premiere im »Alhambra« spielte das Kino-Orchester unter der Leitung von Paul Dessau die Musikillustration, die allerdings nicht mehr bekannt ist. »Die Prometheus hatte keine spezielle Film-Komposition in Auftrag gegeben, so daß Dessau im wesentlichen eine Kompilation bekannter Musikstücke spielen ließ.«[31]

Der Film erzählt die Geschichte einer Arbeiterwitwe – Mutter Krause –, die mit ihren beiden gerade erwachsenen Kindern Erna und Paul in einer Hinterhofwohnung des Berliner Nordens (Wedding) lebt. Wohnküche und Zimmer teilt die Familie mit einem zwielichtigen

Untermieter (dem »Schlafburschen« [32]) und dessen Braut, einem »Straßenmädchen« mit einer kleinen Tochter.

Mutter Krause ist Zeitungsausträgerin und verdient den Lebensunterhalt der gesamten Familie, da beide Kinder arbeitslos sind. Es entwickelt sich eine tragische Geschichte, in der der Sohn, als er der Mutter beim Kassieren des Zeitungsgeldes behilflich sein soll, in eine Kneipe gerät und das gesamte – in der Zeitungsfiliale abzuliefernde – Geld vertrinkt. Es werden mehrere Versuche der handelnden Personen gezeigt, das fehlende Geld aufzutreiben. Die »anständige« Mutter Krause sucht vergebens legale Wege, während Sohn und Tochter – von den Untermietern verleitet – auf andere Weise probieren, den Schaden zu beheben. Paul unternimmt gemeinsam mit dem Schlafburschen einen Einbruch in eine Pfandleihe, Erna macht einen Versuch zur Prostitution, schreckt allerdings im letzten Augenblick davor zurück. Der Film endet mit der Festnahme des Sohnes und dem verzweifelten Selbstmord der Mutter Krause.

Soweit könnte es sich, zumindest vom Inhalt her, um einen der damals relativ häufigen sozialkritischen »Straßenfilme« handeln. Erst eine parallel sich entwickelnde Handlung gibt diesem »Drama« die entscheidende Wendung: Erna lernt den »klassenbewußten Arbeiter Max« kennen, mit dem sie an einer großen Arbeiterdemonstration teilnimmt. Mit Ernas Entwicklung im Laufe des Films wird als Gegenpol zu Selbstmord und Kriminalität ein anderer Ausweg gewiesen, womit eine politische Tendenz anklingt, die dem sozialkritischen Film bisher gefehlt hatte.

Die gesamte Handlung spielt im Originalmilieu des Berliner Wedding, um möglichst lebensnah ein ganz bestimmtes »Milljöh« zu schildern: das des Berliner Malers und Zeichners Heinrich Zille. Der Film ist bewußt als »Zille-Film« konzipiert und stellt – kurz nach Zilles Tod (am 9. August 1929) gedreht – quasi eine Ehrung seiner Verdienste für das Proletariat dar. Welches Verhältnis die linke Bewegung damals zu Zille hatte, zeigt am besten ein Nachruf, der 1929 im *Eulenspiegel,* einer satirischen, der KPD nahestehenden Zeitschrift, erschien: »... Es gibt ja kaum einen Menschen, dem der Name Heinrich Zille nicht bekannt ist. Als Proletarier geboren – als Proletarier gelebt – als Proletarier gestorben. Ein Ankläger gegen die falsche Gesellschaftsordnung, ein Kämpfer für die Befreiung der Unterdrückten und Ausgebeuteten. Die ›guten‹ Bürger wollten in ihm ihren Spaßmacher sehen – Zille selbst hat sich sein Leben lang dagegen verwahrt.

Das, was er darstellte, war bittrer Ernst: ›das Leben der Menschen, die nichts besitzen und nichts bekommen‹. Offen bekannte er sich zur klassenbewußten Arbeiterschaft. Heinrich Zille! Was irdisch an Dir war, ist zu Grabe getragen worden. Du, als Mensch und Künstler, Du lebst in Deinen Werken fort. Dein Name bleibt tief eingegraben in Millionen Herzen des Proletariats ...« [33]

Allerdings war der Tod Zilles nicht der einzige Anlaß, gerade einen »Zille-Film« herzustellen. Bereits zu Zilles Lebzeiten hatte es Überlegungen gegeben, einen »proletarischen« Zille-Film zu drehen. Im bürgerlichen Kulturbetrieb und vor allem im bürgerlichen Film kam gegen Ende der 20er Jahre eine regelrechte »Zille-Welle« auf, es gab »Zille-Bälle«, »Zille-Kneipen« und eben auch »Zille-Filme«. Dieser im offiziellen Filmgeschäft eingeschlagenen Vermarktung des Künstlers wollte die Prometheus nun einen »wirklichen Zille-Film« entgegensetzen.

Insofern war dieser Film in besonderer Weise auch eine Reaktion auf den bestehenden Filmmarkt, wie sie bereits von Theoretikern der KPD gefordert worden war, nämlich als »Gegenangriff auf die bürgerliche Agitation« [34], als eine »im Dienste des Klassenkampfes, im Dienste der proletarischen Revolution betriebene kritische Auseinandersetzung mit der bürgerlichen ... Kunst« [35]. Damit war zumindest ein realistischer Anspruch für den Film formuliert, dessen Umsetzung allerdings erst die genauere Untersuchung überprüfen kann.

2.1.
Vorläufer von ›Mutter Krause‹ in der bürgerlichen und proletarischen Filmproduktion

2.1.1.

Im Bereich des »künstlerischen Films« vollzog sich nach 1924 eine Weiterentwicklung, die – ähnlich wie in der bildenden Kunst – den Übergang vom Expressionismus zur »Neuen Sachlichkeit« markierte.[36] Im Zusammenhang damit entstanden innerhalb des bürgerlichen Films die sogenannten »Zille-Filme«, die zugleich eine Mode im bürgerlichen Kulturbetrieb erfolgreich aufgriffen. »Zille-Filme hatten Erfolg beim Publikum, sie zählten zu den sicheren Geschäften der deutschen Produktion und schnell war eine ganze Welle von Zille-Filmen entstanden. Ein kleinbürgerliches Publikum konsumierte sie als amüsante, exotische Erzählungen aus einer Welt, zu der man Gott sei Dank nicht gehörte. Zilles ›Milljöh‹ war während einer bestimmten Zeit bei der deutschen Bourgeoisie ›in Mode‹ – niemand fragte mehr den Mann, der seinen Namen für diese zweifelhafte Vorliebe hergeben mußte: Heinrich Zille. Man veranstaltete sogenannte Zille- oder auch Lumpenbälle, wo sich der Herr Kommerzienrat aus Wilmersdorf oder der Herr Assessor aus Charlottenburg mal einen Abend als ›Zille-Typen vom Wedding‹ amüsieren konnten. Aus dem Elend von Millionen wurde auch noch auf diese pervertierte Art Profit gezogen.« [37]

Dies galt besonders für die Filme, die sich als Teil des bürgerlichen »Massenschunds« auf recht primitive Weise dieser Welle anschlossen.[38] Im »künstlerischen« Film stellten die »Zille-Filme« allerdings in ihrer Hinwendung zum Leben der unteren Schichten eine positive Ausnahme des offiziellen Kinobetriebs der 20er Jahre dar.

So entstand der Film *Die Verrufenen* (1925) unter der Regie von G. Lamprecht tatsächlich nach Anregungen Heinrich Zilles. Von den jüngeren Filmgeschichten wird ihm, ebenso wie in der zeitgenössischen Rezeption, ein »gewisses Maß an Realismus« zugesprochen, obwohl die Wertungen durchaus unterschiedlich ausfallen. Auch die Filmzeitschrift des Volksfilmverbandes »Film und Volk« kündigte ihn 1929 als Zille-Film an und die KPD-nahe Weltfilm nahm ihn in ihren Vertrieb.[39]

Der Film erzählt die Geschichte eines »aus dem Zuchthaus entlassenen Ingenieurs, für den sich in der bürgerlichen Gesellschaft keine Tür mehr öffnet« [40]. Er endet mit einem Happy-End, das seine Aussage relativiert. Von Knietsch wird besonders die unromantische Darstellung des einzelnen Elends hervorgehoben, mit der Menschen und Umgebung ohne »die billigen Effekte chargierender Elendsmalerei« genau erfaßt werden.[41] In der zeitgenössischen Rezeption der linken Presse wurde der Film nicht unbedingt so verstanden. Während E. Hoernle im *Film-Kurier* durchaus positive Seiten an ihm erkannte [42], hielt ihn O. Steinicke in der *Roten Fahne* für eine geradezu gewalttätige Verfälschung Zilles mit einigen – zugegeben – realistischen Einsprengseln.[43]

Toeplitz wird diesem Film wohl am ehesten gerecht, wenn er ihn einerseits als einen Fortschritt im bürgerlichen Filmschaffen bezeichnet, aber zugleich die Inkonsequenz dieser Filmproduktion aufzeigt: »Der kapitalistische Produzent konnte sich das nicht erlauben und ließ – wie im Falle des Films *Die Verrufenen* – die Handlung lieber mit der Avancierung des Arbeiters zum Ingenieur und dessen Heirat mit der Schwester des Fabrikanten enden.«[44]

Trotz dieser Inkonsequenz ist *Die Verrufenen* zunächst ansatzweise als inhaltlicher Vorläufer von *Mutter Krause* einzustufen. Es handelt sich darüber hinaus um einen ersten Versuch, Rollen mit Laien zu besetzen und Aufnahmen in Originalmilieu zu machen. Darin entspricht er auch den Anschauungen der Neuen Sachlichkeit.[45]

Weitere Filme, wie *Die da unten* (1926, Regie Victor Janson) und *Die Gesunkenen* (1926, Regie Walter Fein), »liefen lediglich einer populären Mode hinterdrein, waren unengagierte kommerzielle Spekulationen mit Hinterhofromantik und Lumpenbällen«[46].

2.1.2.

Aus der Abhängigkeit des offiziellen Films vom Kapital, die es auch fortschrittlichen Künstlern nicht ermöglichte, innerhalb des bürgerlichen Filmwesens eine konsequente Darstellung gesellschaftlicher Widersprüche zu liefern, ergab sich zwangsläufig die Notwendigkeit einer kapitalunabhängigen, proletarischen Alternative. Sie wurde, wie wir (R. Happel und ich) in unserem Aufsatz »Oppositionelles Filmschaffen im Rahmen der Arbeiterkulturbewegung der Weimarer Republik« entwickelt haben, gegen Ende der 20er Jahre tatsächlich aufgebaut. Zwei Filme der ersten Produktion erscheinen in besonderer Weise als Wegbereiter von *Mutter Krause:* die 1929 von Piel Jutzi gedrehte Reportage *Hunger in Waldenburg* und der Spielfilm von Leo Mittler *Jenseits der Straße*, ebenfalls 1929.

Hunger in Waldenburg wurde 1929 für die Solidaritätsaktion der Internationalen Arbeiter-Hilfe (IAH)[47] zugunsten der notleidenden Waldenburger Arbeiter gedreht.[48] Als Produzenten traten der Volksfilmverband und die Weltfilm für den Verleih der Weltfilm und der Prometheus auf.[49] Regie und Kamera führte Piel Jutzi unter der Gesamtleitung von Leo Lenia.[50]

Der Film versucht, in einer bis dahin einmaligen Verbindung von Reportage und Spielfilm Aussagen über Leben und Bewußtsein der hungernden Arbeiter im schlesischen Kohlerevier Waldenburg zu machen.[51]

»Mit dem Kontrast von Herrenhaus und elender Weberhütte in Niederschlesien setzt der Film ein. Ein junger Weber verläßt sein Heimatdorf und sucht in Waldenburg vergeblich Arbeit als Bergmann. Hungrig steht er vor einem Geschäft, vor dem eine Kiste mit Fischen ausgestellt ist. Nach längerem Zögern stiehlt er den Fisch. Ein Arbeiter, der dies sah, zeigt ihn nicht an, veranlaßt ihn aber, den Fisch zurückzulegen. Eine Arbeiterwitwe, Mutter von drei Kindern, nimmt den jungen Weber auf. Der Film beschreibt die erbärmlichen Wohnverhältnisse der Waldenburger Arbeiter. Die Familie hungert. Es entsteht eine intime Beziehung zwischen dem jungen Mann und der Witwe. Im Haus wird über die beiden geklatscht. Da weiterhin keine Arbeit zu finden ist, kann die Miete nicht bezahlt werden. Es kommt zum Streit mit dem Hauswirt, der die Familie exmittieren lassen will. Bei der Schlägerei unterliegt der vom Hunger geschwächte Arbeiter. Er wird die Treppe hinabgestürzt und stirbt.«[52]

Inhalt und Tendenz des Films weisen bereits weit über kleinbürgerliche Milieudarstellungen hinaus. Das wird besonders deutlich an den Dokumentaraufnahmen, die in großer Eindringlichkeit ein Bild des Lebens der Arbeiter geben. Deutliche Schwächen zeigt der Film allerdings da, wo die »naturalistisch-psychologisch« (Gersch) angelegte Handlung von Laiendarstellern nicht mehr glaubhaft bewältigt werden kann. Durus, der Filmkritiker der *Roten Fahne*, nennt ihn (1930) »trotzdem einen wichtigen Film, da (er) der erste Reportagefilm in Deutschland mit ernsten sozialen Absichten (ist). Gestaltungsprinzipien der sowjetischen Regisseure (sind) angewandt, doch ohne die ideologisch-formale Konsequenz der Russen... Doch die entscheidende Halbheit: Das Sein der Arbeiter (wird) teilweise sentimental verfälscht, ihre Natürlichkeit stellenweise zu einer schlimmen Theaterei mißbraucht.«[53]

Hinzu kommt, daß der Film erst nach erheblichen Schnitten, die insbesondere die Aufdeckung der Hintergründe des Elends betrafen, von der Zensur freigegeben wurde.[54]

In seinem Versuch, Spielhandlung und Reportage zu verknüpfen, sowie in seiner eindeutigen Tendenz ist *Hunger in Waldenburg* der entscheidende Vorläufer von *Mutter Krausens Fahrt ins Glück.*

Nicht ganz so deutlich ist dies bei dem Prometheus-Film *Jenseits der Straße* (1929) von Leo Mittler. In weit stärkerem Maße als *Mutter Krause* schildert er das Leben des Lumpenproletariats, das Dirnen- und Bettlermilieu. In seiner sozialen Tendenz aber steht er (bis auf die realistische, dokumentarische Darstellung des Elends der Hamburger Arbeitslosen) noch deutlich in der Tradition des sozialkritischen »Straßenfilms«.[55]

2.2.
Entstehung und Wirkung

2.2.1.

Als Weiterentwicklung der proletarischen Filmtraditionen gilt der Film *Mutter Krause* in der Filmgeschichte zugleich als der erste Versuch, einen proletarisch-realistischen Spielfilm in deutscher Produktion herzustellen.[56]

Von den Autoren Jan Fethke und Willy Döll, die bereits das Drehbuch für den Prometheus-Film *Jenseits der Straße* verfaßt hatten, lag der Prometheus 1929 ein Szenarium für einen »Zille-Film« vor, zu dessen Mitarbeit der Zille-Freund und Berliner Maler Otto Nagel gewonnen wurde.[57] Von Nagel wird berichtet, er habe unabhängig davon bereits seit längerem mit dem Gedanken gespielt, dem von bürgerlichen Kreisen entfachten »Zille-Rummel« einen »wirklichen Zille-Film« entgegenzusetzen. In einem Interview zur Entstehungsgeschichte des Films berichtet dazu seine Frau, Walli Nagel: »Zille war Mode geworden, sein Name hatte hohen Wert in der bürgerlichen Kunstwelt. Aber nicht für diese Welt malte Zille, er war alles andere als ein Romantiker der Hinterhöfe. So schimpfte er auch oft über diese sogenannten Zille-Filme, die durch die Kinos zogen und nichts mit ihm gemein hatten. Mein Mann und Zille sprachen deshalb immer wieder von einem noch ganz ungenauen Projekt eines wirklichen, eines realistischen Zille-Films.« Wie Walli Nagel weiter berichtet, entstand die Idee zu dem Film an Zilles letzter Geburtstagsfeier. »Am Abend begann er (Zille, MM) dann plötzlich, die sehr traurige Geschichte vom Selbstmord seines Großvaters zu erzählen. Es gab da irgendeine Ungenauigkeit in seinem Leben, es fehlte etwas Geld, und der Großvater wußte nicht, wie er es beschaffen sollte. Und da zog er den schwarzen Anzug an (der sonst immer nur zu Hochzeiten und Begräbnissen getragen wurde), nahm seinen Zylinder, setzte ihn auf, zog sich alte Glacéhandschuhe an, ging auf den Boden und erhängte sich.«[58]

Diese Geschichte ergab die Grundlage der Filmidee. Otto Nagel und Karl Haacker, der Produktionsleiter und Architekt der Prometheus, verfaßten gemeinsam ein Exposé, das von den Autoren Fethke und Döll zu einem Drehbuch verarbeitet wurde. Als Regisseur schlug die Prometheus den Kameramann Piel Jutzi vor.

Die gesamte Anlage des Films, der größtenteils in authentischem Milieu gedreht werden sollte, widersprach der im bürgerlichen Film üblichen Verwendung publikumswirksamer Stars. Statt dessen bemühte sich das Prometheus-Kollektiv um Mitglieder linker Theatergruppen, die neben den zahlreichen Laiendarstellern die Hauptrollen spielen sollten. Holmes Zimmermann, Darsteller des Sohns Paul, war bereits seit längerem ein Mitarbeiter Piel Jutzis. Ilse Trautschold als »Tochter« und Friedrich Gnaß, der den »klassenbewußten Arbeiter Max« verkörpert, gehörten ebenso wie Gerhard Bienert (»Schlafbursche«) von der Piscator-Bühne zur linken Theaterbewegung. Vera Sacharowa, das »Straßenmädchen«, arbeitete als Modell bei Otto Dix. Fee Wachsmuth, das Kind, hatte bereits in G. Lamprechts Zille-Film *Die Unehelichen* mitgewirkt. Die Hauptdarstellerin des Films, Alexandra Schmidt, die die Mutter Krause spielt, war viele Jahre lang als Komparsin im Ensemble des Berliner Staatstheaters aufgetreten.

Als weitere Mitarbeiter gewann Otto Nagel Käthe Kollwitz und Hans Baluschek, die ebenfalls mit dem verstorbenen Zille befreundet gewesen waren und gemeinsam das Protektorat über den Film übernahmen.[59]

Aufgrund der sehr geringen finanziellen Mittel der Prometheus mußte der Film unter großen persönlichen Opfern der Mitwirkenden und in sehr kurzer Zeit gedreht werden. Während 1928 die Herstellungskosten eines üblichen Spielfilms bereits eine durchschnittliche Höhe von 175000 Mark erreicht hatten[60], betrugen die Produktionskosten für *Mutter Krause* lediglich 60000 Mark.[61] Diese außerordentliche Leistung war nur möglich, weil keiner der Beteiligten ein nur vordergründiges oder gar finanzielles Interesse an diesem Film hatte. Walli Nagel erinnert sich: »Wir waren ein sehr gutes Kollektiv fast ausschließlich junger frischer Menschen, die der Sache wegen zusammengekommen waren und nicht des Geldes wegen. Da gab es keinen Spartengeist, da fühlten sich alle für das Ganze verantwortlich. Die Improvisation spielte hier eine große Rolle... Jeder, der an diesem Film mitgearbeitet hat, brachte viel Persönliches mit ein.«[62]

2.2.2.

Um der Funktion des zu untersuchenden Films näherzukommen, gilt es zu klären, welche Voraussetzungen zur künstlerischen Gestaltung der gesellschaftlichen Realität mit den Vorstellungen und künstlerischen Programmen der beteiligten Künstler gegeben waren. Dies scheint vor allem auch deshalb wichtig, da ein Kunstwerk, als eine durch das Subjekt des Künstlers widergespiegelte Interpretation objektiver Realität, immer »Selbstausdruck der Gesellschaft« *und* »Selbstausdruck des Künstlers« zugleich ist.[63] Dabei muß der Film, der ja in einem langwierigen, widerspruchsvollen und von vielen Faktoren abhängigen Herstellungsprozeß entsteht, nicht ohne weiteres die künstlerischen und ideologischen Positionen und Erwartungen der Künstler selbst erfüllen, denn der Wunsch, ein realistisches Kunstwerk herzustellen, bringt es noch nicht hervor.

Die Konzeptionen eines Künstlers lassen sich einerseits aus Äußerungen zu künstlerischen aber auch weltanschaulichen Fragen, andererseits aus der kunsthistorischen und politischen Einschätzung seines bisherigen Werkes direkt entfalten. Da sich Äußerungen der an *Mutter Krause* beteiligten Künstler im Sinne eines theoretisch formulierten Programms nur in Ansätzen finden, ist hier – anders als zum Beispiel bei Brecht – in erster Linie die Einschätzung ihrer vorangegangenen künstlerischen Arbeit aufschlußreich.

Neben Heinrich Zille, dessen Werk den Anlaß gab, haben Otto Nagel und Käthe Kollwitz mit ihren künstlerischen und weltanschaulichen Vorstellungen entscheidenden Einfluß auf den Film genommen.[64]

Zille, Baluschek und Käthe Kollwitz gehören derselben Generation an, künstlerisch und historisch kann man sie als »Nachgeborene des Naturalismus« (Hamann, Hermand) bezeichnen. Damit ist gemeint, daß sie zwar der Tradition des Naturalismus entstammen, ihre Kunst also naturalistische Züge trägt, sie aber dennoch darüber hinausgehen. Hamann und Hermand, die diese drei Künstler meistens in einem Zuge nennen, fassen ihren Ansatz folgendermaßen zusammen: »Um diese Tendenzen auf eine Formel zu bringen und damit das Verbindende dieser Künstler zu betonen, könnte man sagen, daß Baluschek, Zille und die Kollwitz einen Naturalismus verkörpern, der sich nicht mehr mit der mechanischen Wiedergabe bestimmter Naturausschnitte zufriedengibt, sondern die Tendenzen der 80er Jahre in einem gesellschaftskritischen Sinne aktiviert und so zu einem sozialen Realismus erhebt.«[65]

Zunächst einmal – und nicht unbedingt auf die Kunst bezogen – unterscheiden sich die drei Künstler durch ihre eindeutige Haltung zu den arbeitenden Menschen, d. h. durch ihre Parteilichkeit, von der Mehrheit der naturalistischen wie der bürgerlichen Künstler überhaupt. Unterschiedlich in den einzelnen Biographien und je bezogen auf die konkret historische Entwicklung, mußte dieser Standpunkt künstlerisch zu einer Abkehr von der »sachlich-mechanistischen« oder »zynisch-antibürgerlichen«[66] Prolet- und Milieumanier des Naturalismus führen. Daher erscheint in ihrer Kunst die Arbeiterklasse nicht mehr als mitleiderregende Staffage einer antibürgerlichen Protestbewegung, sondern als eigenständiges Thema einer bereits in Ansätzen kämpferischen Kunst.

Für eine Reihe bürgerlicher Künstler brachten die Erfahrungen der Novemberrevolution von 1918 mit den sich zuspitzenden Klassenauseinandersetzungen die entscheidende Erkenntnis, auf welcher Seite der gesellschaftlichen Kämpfe sie ihre Fähigkeiten einsetzen müßten. Viele schlossen sich konsequenter als vorher der Arbeiterbewegung an. Zu ihnen gehörten auch Baluschek, Kollwitz und Zille, die in ihrer Kunst ja längst eindeutig Stellung bezogen hatten. So antwortete Baluschek einmal auf die Frage, was ihn zu seiner Weltanschauung gebracht habe: »Das Gefühl der Pflicht gegen die Unterdrückten und Ausgebeuteten«[67], und Käthe Kollwitz schrieb 1920 in ihr Tagebuch: »Ich fühlte, daß ich mich doch nicht entziehen dürfte der Aufgabe Anwalt zu sein. Ich soll das Leiden der Menschen, das nie ein Ende nimmt, das jetzt bergegroß ist, aussprechen... Man sagt, daß man sich durch Arbeit erleichtert. Aber ist das eine Erleichterung, wenn trotz meines Plakates täglich Menschen in Wien Hungers sterben? Wenn ich das weiß?...«[68]

Auch Heinrich Zille, dem damals wie heute immer wieder sein politisch konsequenter Standpunkt abgesprochen wurde, schrieb 1924 auf eine Rundfrage der *Welt am Abend*: »Ich bin seit meinem 14. Lebensjahr (1872) Sozialist. Seit 1914 nicht mehr. Seitdem die ›Kommunisten‹ das sagen und verfolgen, was früher die Sozialisten tun wollten, aber nicht getan, bin ich Kommunist. Eigentlich stehe ich abseits – ich gebe Hungernden und Darbenden – die ich kenne – ich habe mit meinen Sprüchen vielleicht was getan, vielleicht –? Aber wenn ich helfen kann, tu ich's am liebsten in den hungernden Mund – gleich – nicht auf Vertröstung wie es 1914 war...«[69]

Diese Künstler nahmen also deutlich Stellung für das Proletariat, obwohl sie ihre Themen häufig noch aus dem Bereich des Naturalismus wählten: die Darstellung des (Arbeiter-)*Milieus* mit seinenRanderscheinungen im Lumpenproletariat; die Welt der Kleinganoven, der Dirnen und Zuhälter neben dem klassenbewußten Arbeiter; die grauen Mietskasernen und die einfachen Vergnügen der Rummelplätze, Laubenkolonien, Kneipen und Destillen; das Leben in der Großstadt, die

Masse Mensch. Bei Käthe Kollwitz herausragend das Thema der Frau und Mutter. Darüber hinaus fand allerdings die Darstellung des proletarischen Kampfes (zum Beispiel im »Weberaufstand« von Kollwitz) in ihren Werken Platz und durchbrach auch thematisch den Ansatz des Naturalismus.

Entscheidend ist jedoch nicht so sehr die Wahl des Themas, sondern die Art und Weise, wie ein solches Thema bearbeitet und aufgefaßt wird. Hier aber gehen die Künstler weit über die bloße Feststellung von Tatsachen oder die ins Romantische verklärte Proletarierschau des Naturalismus hinaus. Der Mensch wird nicht mehr als die Funktion seines Milieus, als wehrloses Opfer seiner schlechten Umwelt oder als deren unveränderbarer Teil angesehen, sondern als handelnde – auch leidende – Person. Zugleich tritt mit einer größeren Verallgemeinerung, die dem Naturalismus mit seiner einfachen Wirklichkeitswiedergabe nicht möglich ist, eine neue Qualität in den Werken dieser Künstler auf. So schreiben Hamann/Hermand zum Beispiel über Käthe Kollwitz: »Jeder Mensch wird unter ihren Händen zum Mahnmal des Elends: ›Gretchen‹ verkörpert die Schwangeren, eine ›Hungernde‹ steht für die Legionen der unterernährten Heimarbeiterinnen, eine ›Zertretene‹ symbolisiert die politische Entrechtung des vierten Standes.«[70]

Von ähnlicher Intensität sind die Arbeiterdarstellungen Baluscheks, in denen noch in der Darstellung der »Masse« individuelle »Typen« gestaltet werden.[71] Zille wandte in seiner komisch-satirischen Auffassung und durch Zuspitzungen der Aussage in oft boshaften Untertiteln eine sehr eigene Methode der Verallgemeinerung an. Er »konfrontierte den Bourgeois mit den Resultaten seiner Klassenherrschaft und sprach ihn schuldig, nicht mit pathetischen Worten, sondern mit Witzen, hinter deren zynischen Pointen sich Empörung verbarg, oft auch der lodernde Zorn eines Wissenden, der das System der Ausbeutung durchschaute und seine Vernichtung herbeisehnte.«[72]

Den größten Anteil an der Entstehung und Fertigstellung des Films hatte der proletarische Berliner Maler Otto Nagel. Als Tischlersohn im Wedding geboren, selbst als Arbeiter und später als freischaffender Künstler von Armut und Wohnungselend betroffen, könnte sein Leben das Vorbild sein für den Film *Mutter Krause*. Bereits 1908, also mit 14 Jahren, war er politisch organisiert, seit 1918 in der KPD, wo er ebenso wie in anderen proletarischen Organisationen eine rege Aktivität im kulturpolitischen Bereich und auch darüber hinaus entfaltete.

In dieser Hinsicht war Nagel sicher der konsequenteste der beteiligten Künstler.[73]

Seine künstlerische Entwicklung entspricht zunächst der kulturpolitischen Unklarheit, wie sie zu seiner Zeit in den Organisationen der linken Bewegung herrschte.[74] So war Nagel zwar stark beeinflußt von den verschiedenen Richtungen der zeitgenössischen »Moderne« (die von einigen Künstlern und Kunsttheoretikern der jungen Arbeiterbewegung als revolutionäre Alternative betrachtet, von anderen völlig abgelehnt wurde), verfügte aber in all seinen künstlerischen Phasen über eigene Ausdrucksformen und fand schließlich Mitte der 20er Jahre – parallel zu den politischen Klärungsprozessen in der KPD[75] – zu einer neuen, eigenen Qualität. E. Frommhold bezeichnet diese Kunstauffassung in seiner umfassenden Nagel-Biographie mit einem Zitat von Eisler als einen »neuen plebejischen Realismus«, bei dem »alle Typen von unten aus gesehen werden... Die Schule des Lebens, die Nagel bis hierher durchlaufen hat, und seine engste Umgebung vereinigen sich jetzt in seiner Kunst zu einer nur ihm möglichen Aussage, in der Klassenbewußtsein und das Thema Wedding einander durchdringen.«[76]

Trotz oder gerade wegen seiner eindeutigen politischen – vor allem durch die Tätigkeit in den Arbeiterorganisationen geprägten – Haltung setzte Nagel sich konsequent auch künstlerisch von den Forderungen ultralinker Kunsttheoretiker (vor allem in der KPD) der 20er Jahre ab. Für ihn bedeutete politisches Programm nicht Agitation im einfachsten Sinne, die sich besser in anderen – angeblich fortschrittlicheren Medien – verwirklichen ließe.[77] Nagels Kunst läßt den Unterschied zwischen einer Fotomontage Heartfields, einer agitatorischen Grafik Grosz' und der Darstellung eines Arbeiters vom Wedding in einem Tafelbild nicht als Verlust, sondern als spezifische Ausdrucksform ein und derselben Tendenz erkennen. Für ihn trafen jene Vorstellungen zu, die Heartfield für das Künstlerkollektiv »Rote Gruppe« (der auch Nagel angehörte)[78] 1926/27 programmatisch formulierte: »...einem Menschen Klarheit über seine elende Lebenslage zu verschaffen ist ein revolutionärer Faktor ersten Ranges. Ihm das Wissen über die Knechtschaft, die Unwürdigkeit, die Unmenschlichkeit seiner Situation bewußt zu machen, ist die Voraussetzung, daß er die Klassenfessel fühlt und – abschüttelt.«[79]

2.2.3.
Frommhold schreibt über Nagels realistische Methode: »Ihm hat sich weder seine Welt entfremdet, er hat sie vielmehr durchschaut, noch will er sie verfremden, um sie so methodisch zur Aussage zu zwingen.«[80] Er nennt diese Auffassung »kathartisch« im Sinne der Ästhetik Georg Lukács': »Nur dieses, seinen Bildern immanente kathartische Element hat jene aktive ›Wirkung, die der Zusammenstoß der ästhetisch gespiegelten objektiven Wirklichkeit mit der bloßen Subjektivität des Alltags auslöst‹ (Lukács)[81], zur Folge.«[82] Ohne hier auf die komplizierte und längst noch nicht abgeschlossene Debatte um die aristotelische Katharsis und deren Auffassung bei Lukács näher eingehen zu wollen, möchte ich diesen Satz zum Anlaß einiger grundsätzlicher Bemerkungen über die drei Künstler im Hinblick auf *Mutter Krause* nehmen:[83] »Aristotelische Katharsis« wird von Klaus/Buhr als »Wirkung der Reinigung (von Affekten)... durch Erregung von Mitleid und Furcht beim Zuschauer« bezeichnet, »wodurch dem Menschen zugleich Einsicht in die notwendige Verkettung von Ursache und Wirkung vermittelt wird«[84]. In diesem Sinne ist sie die eine Kategorie, der auch die Kunstwerke der Genannten folgen. Die zweite und damit eng verknüpfte ist die »Unmittelbarkeit« eines Kunstwerks, die ermöglicht, »daß dieses relative, unvollständige Abbild (Kunstwerk, MM) wie das Leben selbst, ja wie ein gesteigertes, intensiveres lebendigeres Leben« wirkt.[85] Diese künstlerische Methode zielt auf die »Erschütterung« des Menschen ab, die hervorgerufen wird durch die Darstellung des Lebens in einem »kathartischen Grundvorgang«, der – wie Mittenzwei schreibt – für Lukács »in der Explosion, in der moralischen Krise, die der Rezipierende durchlebt«, besteht. Seine Subjektivität werde angesichts bestimmter Tatsachen des Lebens oder des Kunstwerks »so erschüttert, daß dadurch eine Veränderung des Menschen, seiner gewohnten Gedanken und Gefühle möglich sei«[86]. Eine solche Auffassung, die mehr auf die Veränderung des *Menschen* durch die Einwirkung auf sein *Inneres* zielt als auf eine »Aufdeckung des gesellschaftlichen Kausalkomplexes« (im Sinne Brechts), steht zugleich einer auf der »Dialektik von Distanz und Einfühlung« (Mittenzwei) beruhenden künstlerischen Methode, wie sie Brecht anwandte, entgegen. Anders als Brecht, der sowohl in der Auseinandersetzung mit Lukács als auch in der Beurteilung des Films *Mutter Krause* die gegensätzlichen Auffassungen vertrat[87], gingen diese Künstler nicht von der Notwendigkeit aus, mit dem Kunstwerk zugleich einen überlegt

didaktischen Ansatz im Sinne einer direkten Anregung zum Handeln zu liefern. Vielmehr kam es ihnen auf die Formulierung eines proletarisch-sozialistischen Menschenbildes an, auf die parteiliche *Darstellung* der Arbeiterklasse – und zwar bis hin zum Lumpenproletariat. Die Wirkung ihrer Kunst geht von der »Unmittelbarkeit« dieser Darstellung aus, sie zeigt »was wirklich ist, und das ist erbarmungswürdig und darum veränderungsbedürftig«[88].

Damit ermöglichen sie eine »Direktheit« (Seghers) als »Unmittelbarkeit der Wirkung, die nur über eine... Unmittelbarkeit des Erlebnisses zu haben ist. Eine solche Unmittelbarkeit aber läßt keine verfremdeten Montagen und lehrhaften Unterbrechungen zu.«[89]

Mit einer derartigen Auffassung, die allerdings verbunden ist mit einer eindeutigen Parteilichkeit für die arbeitenden Menschen, stehen diese Künstler durchaus nicht abseits des Realismus, »denn sozialistische Dichter haben ihre Werke auf kathartische Wirkungen aufgebaut, ohne dabei idealistischen Einflüssen zu erliegen«[90]. Sie vertreten lediglich einen Aspekt des weit aufzufassenden Realismusansatzes, der zum Standpunkt von Heartfield, Grosz oder Brecht nicht in einem unüberbrückbaren Gegensatz steht, sondern als notwendiges Komplement in der vielfältigen oppositionellen Kulturentwicklung der Weimarer Zeit zu verstehen ist. Gleichwohl ist das nicht ohne Einbeziehung der konkret-historischen Bedingungen zu verallgemeinern, da der einen oder anderen realistischen Methode in verschiedenen gesellschaftlichen Situationen möglicherweise größere Wirkung zugesprochen werden kann. Außerdem bergen beide Auffassungen gewisse Gefahren. Während die kathartische leicht in eine nur mitleiderregende und letztlich bürgerliche Wirklichkeitsbeschreibung abgleiten *kann*, beinhaltet die von Brecht angelegte Distanz unter Umständen die Gefahr der intellektuellen Distanzierung, die sich dem eigentlichen – auf veränderndes Handeln abzielenden – Erkenntnisprozeß entzieht.

Den Vorstellungen der beteiligten Künstler sehr nahe standen die Mitarbeiter des Kollektivs, die bereits Filmerfahrung mitbrachten: der Regisseur Piel Jutzi, die Autoren Fethke und Döll sowie die Architekten Haacker und Scharffenberger. Sie alle waren bereits bei der Prometheus tätig und betonten – sicher auch aus ihrer Erfahrung mit Filmarbeit – vor allem die Notwendigkeit der Kollektivität.[91] Die inhaltliche Übereinstimmung mit den anderen Künstlern wird besonders bei Jutzi deutlich, der seine ästhetischen Vorstellungen vom Film vor allem in *Hunger in Waldenburg* entwickelt hatte, dessen reportagehafte

Darstellungsweise eine möglichst große »Lebensnähe« ermöglichte. Zum Zille-Film sagte er selber: »Im übrigen bin ich nur für den aktuellen Film, der nicht bloß unterhalten, sondern auch einen höheren Zweck erfüllen soll. Allerdings darf die Tendenz nicht zu dick aufgetragen sein. Wer aus dem Kino herausgeht, soll unter dem Eindruck des eben Gesehenen gezwungen sein zu sagen: Es ist tatsächlich so im Leben! Und wenn dann gar noch jemand fragt, wie das zu bessern wäre, dann ist der Zweck des Films erfüllt – jedenfalls so wie er mir vorschwebt.«[92]

Die Aufgabe, die sich diese Künstler gestellt hatten, eben einen »wirklichen Zille-Film« herzustellen, war trotz weitgehender Übereinstimmung mit Zilles ästhetischen Vorstellungen schwierig. Zilles Verhältnis zur Wirklichkeit, zum Proletariat, zu »seinem Wedding« hatte in der Zeichnung bereits einen adäquaten Ausdruck gefunden. Zilles Darstellungen waren volkstümlich gerade durch das für ihn Typische, die »Schlagkraft« seiner Zeichnungen. Sie waren zwar manchem Kritiker in ihrer politischen Aussage nicht deutlich genug, aber dennoch auf ihre liebevolle Weise im Umgang mit vorwiegend armen Menschen realistisch. Ein »echter Zille-Film« hätte sowohl die zilletypischen Milieuschilderungen, sein Menschenbild, als auch Zilles revolutionäre Haltung als Persönlichkeit zu berücksichtigen, und er hätte zugleich eigene politische wie künstlerische Aufgaben im Filmschaffen der Arbeiterbewegung zu erfüllen.

Eine so komplizierte Aufgabe der Umsetzung eines anderen Mediums in Film wird von Brecht in seinem »Dreigroschenprozeß« beschrieben. Brecht spricht von der »Zertrümmerung des Werks (der Vorlage, MM) nach dem Gesichtspunkt der Beibehaltung seiner gesellschaftlichen Funktion innerhalb einer neuen Apparatur«[93], die die Zerstörung der gattungsspezifischen Struktur erlaubt, wenn nur die dem Werk innewohnende »Tendenz« erhalten bleibt. Entsprechend sind auch Nagels Vorstellungen zum Zille-Film formuliert: »Es begann bei den ›Zille-Typen‹ und endete mit den ›Zille-Filmen‹. Es hat wohl kaum etwas weniger mit H. Zille zu tun gehabt als dieses verfilmte ›Milieu‹. Was Zilles Werk entstehen ließ, war die Liebe zur Klasse – das Bedürfnis, dem Bruder Arbeiter zu helfen. Bei der ›Zille-Film-Produktion‹ ging man aus von der Liebe zum Geldverdienen. Gerade das, was bei den Bildern von Zille so unerhört packt, die Unmittelbarkeit – das absolute Leben – fehlte hier ganz.«[94]

2.2.4.

Geht man davon aus, daß entsprechend der sich verändernden objektiven Realität auch »in der Entwicklung der realistischen Kunst die allgemeinen Auffassungen von Wirklichkeit ständiger Wandlung unterworfen« sind, daß sie daher abhängig sind »von der jeweils erreichten Stufe praktischer Aneignung der Welt und erkennenden Eindringens in die natürlichen, menschlichen und gesellschaftlichen Erscheinungen und Lebensprozesse« und sich also immer »historisch-konkret« äußern[95], so muß man dieser historischen Relation in einer Analyse Rechnung tragen.

Das heißt, man muß über die Intentionen der Hersteller hinaus, die selbst bereits historisch gewertet wurden, die konkreten Bedingungen von Produktion, Distribution und Konsumtion des jeweiligen Kunstwerkes in bezug auf den Stand der künstlerischen Entwicklung der jeweiligen Kunstgattung berücksichtigen.[96]

Einmal sind also der allgemeine Entwicklungsstand des proletarischen Filmschaffens und seine Bedingungen heranzuziehen und zum anderen die konkreten Probleme der Produktion und Distribution des zu untersuchenden Films. Dies soll im Zusammenhang mit der Rezeption des Films im folgenden dargestellt werden. Erst unter Berücksichtigung dieser Fakten kann der Film auf seine historisch-konkrete Darstellung des Menschen und die Formen seiner Verallgemeinerung hin befragt werden.

Als von der Prometheus hergestellter Film ist *Mutter Krausens Fahrt ins Glück* allen Schwierigkeiten der Produktion ausgesetzt, mit denen der oppositionelle Film in den 20er Jahren zu kämpfen hat: ungenügende finanzielle Mittel, Nichtbesitz entsprechender Apparate und direkter Druck der großen Filmkonzerne usw. Auf der Ebene der Distribution hindert das Monopol der Kinobesitzer – vor allem aber die staatliche Zensur, die mit dem erhöhten finanziellen Risiko (für den Fall, daß eine Produktion abgelehnt wird) starken Druck auf die ideologische Seite des Films ausübt. »Die ganze deutsche Filmproduktion ist auf den Geist und Geschmack der Filmprüfstellen eingestellt. Welcher Produktionsleiter wagt noch, fortschrittliche Gesinnung vor die Kamera zu bringen, hohe Stargagen und Atelierkosten riskierend, damit nachher die Bildstreifen im Archiv verstauben? Man produziert nicht nach Prinzipien künstlerischer Wirkung, sondern nach dem Leitfaden: Wie bekommen wir den Film ungeschnitten durch die Zensur?«[97]

Zwar ist nicht genau belegt, ob sich diese Vorstellungen auch im Prometheus-Kollektiv wiederfinden, es ist jedoch anzunehmen, daß eine so kleine Firma erst recht kein großes Risiko eingehen konnte, so daß Überlegungen hinsichtlich der Zensur bei der Produktion des Films sicher eine Rolle gespielt haben.

Daneben gibt es viele Probleme, die sich aus dem konkreten Filmkonzept ergeben. Zunächst – und im Sinne der von den Herstellern gewünschten neuen Arbeitsweise – entsteht dieser Film als Film ohne Stars, ohne Hierarchien unter den Herstellern, also als Produkt eines Kollektivs. Wie später auch Walli Nagel berichten die Architekten des Films über die demokratische Arbeitsweise: »Daraus ergab sich, daß wir bei unserem Film auch dann zugegen waren, wenn es nichts zu bauen gab ... wir arbeiteten zusammen als Kollektiv. Einer war so wichtig wie der andere.«[98]

Vor allem aber entspricht es den Intentionen der beteiligten Künstler, daß der Film keinesfalls ein »Atelierfilm« werden soll, sondern mit »Originaltypen« des Berliner Nordens, in Zilles »Milljöh«, an Ort und Stelle gedreht werden muß.

Das bringt außerordentliche Schwierigkeiten mit sich. »Die Räume sind eng und geben oftmals kaum Platz, um Apparate und die für die Aufnahmen notwendigen Scheinwerfer unterzubringen.«[99] »Besondere Geduld und Ausdauer erforderten die Aufnahmen der mitwirkenden Typen. Alle diese Menschen, die ihr Leben lang noch niemals vor der Kamera gestanden hatten, waren wie umgewandelt, wenn sie sich vor dem Apparat bewegten. Sofort verloren sie ihre Natürlichkeit, auf die wir es ja abgesehen hatten.«[100] Bei allen Schwierigkeiten tragen die Laiendarsteller andererseits zur Unmittelbarkeit und Milieu-Echtheit entscheidend bei. Sie fügen sich ins Filmkollektiv und sind auch bereit, für diese Sache unentgeltlich mitzuarbeiten.[101]

Soweit bekannt, gab es keine massiven Zensurmaßnahmen. Am 5. Dezember 1929 passierte die von der Prometheus vorgelegte Fassung ungeschnitten die Zensur und erhielt sogar das Prädikat »künstlerisch wertvoll«.[102] Das lag möglicherweise an der Popularität Heinrich Zilles oder an der Tatsache, daß die Mitarbeit der anerkannten Künstler Käthe Kollwitz, Baluschek und Nagel besonders hervorgehoben wurde. Vielleicht ist auch durch eine mehr oder weniger bewußte »Selbstzensur« der Filmemacher »Anstößiges« von vornherein vermieden worden. Immerhin wurde der Film für Jugendliche verboten.

Darüber hinaus versuchte man, dem Film bei der Vorführung seine entscheidende Aussage zu nehmen. So zum Beispiel berichten Arbeiterkorrespondenten, daß in einigen Kinos die Demonstrationssequenz »durch rasches Abrollen unwirksam gemacht und obendrein durch einen preußischen Luftflottenmarsch ihres revolutionären Charakters entkleidet« worden ist oder daß man die Demonstration in der Schlußsequenz ganz entfernt hat.[103] Ein anderer Versuch, die Wirkung des Films zu relativieren, ist weiteren Berichten zufolge das Voranstellen einer Bühnenschau mit dem Titel: »Was eine Frau am Tage alles zu tun hat«. Eine solche Show, die sich im An- und Auskleiden für verschiedene Anlässe des Tages erschöpft, steht im krassen Gegensatz zu den im Film dargestellten Problemen der arbeitenden Frauen. Sie wird von den Arbeiterkorrespondenten, die darüber berichten, geradezu als Verhöhnung der anwesenden, von der Fließbandarbeit verbrauchten Frauen angesehen. Einem Versuch, weitere Aufführungen des Films durch eine einstweilige Verfügung zu verhindern, gibt das Landgericht I in Berlin nicht statt.[104]

In weiten Teilen der Presse (auch über die linke Presse hinaus) wird der Film außerordentlich positiv aufgenommen. Die Arbeiterpresse spricht vom »Anfang einer proletarisch revolutionären Filmproduktion in Deutschland« und erkennt damit die neue Qualität im proletarischen Filmschaffen an.[105] Sehr solidarisch werden Schwachstellen und Konzessionen an den Filmbetrieb genannt.

Die bürgerliche Reaktion reicht von differenzierten Würdigungen der Form, des Inhalts und sogar der Tendenz des Films bis zu seiner totalen Ablehnung als »kommunistischer Propagandafilm«. Einige loben die soziale Tendenz, übersehen aber dabei geflissentlich die politische, und es gibt sogar Stimmen im bürgerlichen Lager, die den Film als politisch zu schwach einschätzen und statt dessen in kleinbürgerlich-pseudorevolutionärer Weise einen »plumpen Agitpropstreifen« fordern.[106]

Für die finanzschwache Prometheus ist der Film das erste (und letzte) einträgliche Geschäft, da er sich in allen Bezirken als Kassenerfolg erweist. Er wird – wie beabsichtigt – vom Arbeiterpublikum begeistert aufgenommen. Eine Zeitungskritik beschreibt die Reaktionen während einer Aufführung im Wedding: »Das sind Bilder von starker Intensität, aber der Kulminationspunkt ist erreicht, als die Arbeiter marschieren. Wie Funken springt es da über, vom Vorderparkett zum Hinterparkett, von links nach rechts, sie klatschen, sie rufen, nicht alle, gewiß kaum ein Viertel, ein Fünftel natürlich, unter fünfzehnhundert die Denkenden, die Fixen, die Ungebrochenen, die den starken, frischen Wind spüren, der aus diesen Bildern weht.« Und weiter heißt es: »So ist es nicht nur am Wedding, so ist es auch in Neukölln, im Osten, im Zentrum, so ist es überall, wo Werktätige wohnen. In den ersten Spielwochen mußten in manchen Kinos Hunderte von Besuchern abgewiesen werden. Die Berliner haben den ersten Arbeiterfilm, der in Deutschland entstand, mit derselben Begeisterung empfangen, die sie der russischen Filmkunst zu spenden pflegen.« [107]

Tenor der meisten Kritiken ist die Feststellung, hier habe sich der Wedding selbst dargestellt, hier sei exemplarisch das Leben der Arbeiter gestaltet worden, wie es ist.

Aber auch unter den Linken gibt es kritische Stimmen. Unter ihnen erscheint vor allem Bela Balázs »bemerkenswert«. Er schreibt: »Soziale Stücke ... schildern das Elend des Proletariats, was das Zeug hält, und kommen sich und der Kritik fürchterlich revolutionär vor mit ihrer ›naturalistischen‹ Schilderung des Milieus in allen konkreten Einzelheiten. Hingegen: Die wirtschaftlichen, sozialen, politischen Ursachen dieses Elends werden nur beiläufig und ganz am Rande gestreift. Gemäß den Forderungen der bürgerlichen Ästhetik wird der persönliche Charakter (die Rolle) und das persönliche Schicksal (die Handlung) gestaltet ... In den sozialen Stücken beginnt das Problem überhaupt erst beim Lumpenproletariat. Von den ›Stempelbrüdern‹ über die ›Dreigroschenoper‹ bis zum Zillefilm ›Mutter Krause‹ werden nur Zustände gezeigt, die zu Prostitution, Verbrechen oder Selbstmord führen.« [108]

Damit behauptet Balázs, daß es sich bei *Mutter Krause* lediglich um ein naturalistisches Rührstück handle, keinesfalls aber um einen proletarischen Film. Eine Behauptung, die hier widerlegt werden soll.

In der folgenden Analyse möchte ich nun versuchen, dem Film, der ja ein sehr komplexes Kunstwerk ist, von verschiedenen Seiten gerecht zu werden. Zunächst erscheint eine genaue Inhaltsangabe notwendig, die der Struktur des Films folgend einen Eindruck von der sich entwickelnden Handlung vermittelt. Ferner wird untersucht, wie im Film die menschlichen Beziehungen, ihre Handlungen in bezug zum dargestellten Milieu gestaltet werden, und in einem Exkurs wird das Verhältnis zur damaligen Wirklichkeit aufgezeigt. Feinanalysen einzelner Sequenzen sollen den Film aus verschiedenen Gesichtspunkten in seiner Gesamtgestaltung, sowohl der formalen als der inhaltlichen, würdigen. Abschließend werde ich auf einzelne Aspekte eingehen und anhand des aufgearbeiteten Materials eine Gesamtwertung vornehmen.

2.3. Feinanalyse

2.3.1. *Inhalt*

Handlungsort und -zeit des Films ist der Berliner Arbeiterbezirk Wedding am Ende der 20er Jahre. Hier spielt die Geschichte der »Mutter Krause« und ihrer Kinder Erna und Paul mit dem Untermieter (»Schlafbursche«) und seiner Braut, deren kleiner Tochter sowie dem Freund Ernas, »dem klassenbewußten Arbeiter Max«.[109]

Die Geschichte dieser Personen konzentriert sich auf die Familie Krause und entwickelt sich, dem Werdegang der Hauptfiguren entsprechend, in parallel dargestellten Handlungssträngen.

Der Film setzt mit der Schilderung des Handlungsortes ein, indem Dokumentaraufnahmen des Berliner Nordens als filmische Bestandsaufnahme durch einen parallel eingeschnittenen Zille-Text (im Faksimile) ergänzt werden:

»Die düstere Welt der Geknechteten und Versklavten – die elenden Quartiere der sonnenlosen Mietskasernen – die staubige Straße zur Erholung – die Rummelplätze, die Freude der heranwachsenden Jugend – wüste Schnapsschenken – üble Tanzsäle – Nachtasyle – arme Menschen mit verstörten, vergrämten Gesichtern – ausgemergelte, ausgelaugte Arbeitsinvaliden, hohläugig, erblindet – teilnahmslos vor sich hinstarrend – lallende Betrunkene – frierende Bettler hinter Schutthaufen der Fabriken und Zäune – erschütternd – grau in grau – düster – Berlin N. –– Hier lebt Mutter Krause.« [11–56]

Die Einführung endet mit dem Blick durch das Fenster der Wohnküche von Mutter Krause, in der uns nach und nach die handelnden Personen begegnen. Erna und der Schlafbursche, das Straßenmädchen und ihr Kind tanzen nach Leierkastenmusik, die – wie der Bildschnitt verdeutlicht – aus dem Hinterhof ertönt. Mutter Krause kommt hinzu. Paul sehen wir auf der Lumpenstampe. [57–126]

Nun entwickeln sich parallel, aber in gegenseitiger Beeinflussung und filmischer Durchdringung, an verschiedenen Schauplätzen die Handlungsabläufe, die im folgenden dem Verlauf des Films entsprechend dargestellt werden.

In der *Wohnküche.* Erna wäscht sich (im Unterrock vor dem Spiegel), das Kind spielt, Mutter Krause bereitet das Essen vor. Es erscheint der Schlafbursche, der, als er Erna entdeckt, einen Flirt mit ihr beginnt, indem er zunächst ihr Haar kämmt, dann auch versucht sie zu küssen. Mehr spaßhaft als böse setzt sie sich zur Wehr. Paul kommt dazu – er hat von der Lumpenstampe kein Geld mitgebracht; es wird gemeinsam gegessen. Dann verlassen Erna und das Straßenmädchen die Wohnung, und während Mutter Krause noch abwäscht, sucht Paul in der Küche nach Geld. Als er nichts findet, bittet er seine Mutter, ihm doch eine Mark zu geben, da er seine Jacke in der Kneipe versetzt hat. [127–184]

In der *Kneipe,* deren Stimmung in einigen Einstellungen aufgefangen wird, löst Mutter Krause die Jacke selbst aus. [185–196]

Währenddessen spielt Paul mit dem Kind in der *Wohnküche.* Er hat von der Lumpenstampe einen Kreisel mitgebracht. [197–201]

Von dem sich drehenden Kreisel des Kindes wird übergeblendet auf einen *Rummelplatz,* wo Erna und das Straßenmädchen zu sehen sind. Nachdem das Straßenmädchen mit einem Mann weggegangen ist, begegnet Erna an einer Würfelbude dem Arbeiter Max, der gerade eine Papierblume gewonnen hat. Er schenkt ihr die Blume, und sie gehen gemeinsam zurück in das Treiben des Rummels, bis sie zu einer Schaubude kommen. Dort wird nach einem Ringkampf ein ausgemergelter Mensch vorgeführt, der als »Nago der Tiermensch« einer wohlbeleibten »Dame« aus der Hand frißt. Angewidert verläßt Max – von Erna gefolgt – die Bude. [202–266]

Aufblende zur *Wohnküche,* wo Erna und Mutter Krause den Besuch Maxens erwarten. Max erscheint und wird stolz der Mutter vorgestellt, ebenso dem Sohn Paul, dem Schlafburschen und seiner Braut, die zum Kaffee hinzukommen. Dem Schlafburschen ist Max offensichtlich nicht gerade sympathisch. Er sagt zu seiner Braut: »Ein mieser Junge.« [267–292]

Überblendung. Max zeigt Erna sein *Zimmer,* wo sie sogleich ein Bild von Karl Marx entdeckt, an dem sie vor allem der Staub und die Tatsache, daß es schief hängt, interessiert. Sie sagt: »Hier fehlt die Frau«, und gemeinsam gehen sie ans Saubermachen. Beim Aufräumen der Bücher fällt Max ein Band mit dem Titel »Die Frau im socialen Kampf« in die Hände. Er gibt es Erna. [293–322]

In der *Wohnküche* sieht man den Schlafburschen, der genüßlich essend ebenso genüßlich Erna beim Füßewaschen zusieht. Sie wäscht sich die Füße, weil sie »mit Maxen ins Freibad fahren« will. Daher bittet Mutter Krause den Sohn, ihr am nächsten Tag an Ernas Stelle beim Zeitungsgeldkassieren behilflich zu sein. Erna merkt, daß der Schlafbursche sie fortwährend anstarrt und bespritzt ihn munter aus der Waschschüssel. [323–337]

Von dort wird übergeblendet zum *Strandbad,* wo Max und Erna gemeinsam baden und picknicken. [338–372]

In verschiedenen *Treppenhäusern* folgt man Mutter Krause, die müde die Stufen hochsteigt und Paul, dessen Hände man sieht, während ihm das Geld übergeben wird. [373–379]

Auf der *Straße* wird Paul, der zunächst zögert, schließlich von einem Bekannten überredet, »ne Molle zu trinken«. [380–386]

Beide sind nun in der *Kneipe.* Pauls Bekannter trifft dort Freunde, die an einem großen Tisch sitzen. Man setzt sich zu ihnen. Es wird reichlich getrunken. [387–399]

In der *Wohnküche* wartet Mutter Krause, während in der *Kneipe* schon gehobene Stimmung herrscht. Auch Paul ist schon angetrunken. Als es ans Kassieren geht, entschließt er sich – nach kurzem inneren Kampf –, von dem Zeitungsgeld zu nehmen. [400–420]

Mutter Krause wird bereits unruhig. Der Schlafbursche meint, Paul sei wohl in der Kneipe. Ungläubig schüttelt sie den Kopf. [421–423]

Gleich darauf sieht man Paul schon ziemlich angeheitert in der *Kneipe,* wohin ihm der Schlafbursche gefolgt ist. Die Situation ist schon fortgeschritten. Alle sind betrunken, ein alter Mann beginnt sogar zu tanzen. Paul scheint recht großzügig mit dem Zeitungsgeld umzugehen. Zunächst erstarrt, als der Schlafbursche ihn auf die Wartende hinweist, winkt er schließlich mit einer wegwerfenden Geste ab. Nun erscheint die Mutter und ist fassungslos, den Sohn tatsächlich mit leerer Geldbörse und völlig betrunken in der Kneipe zu finden. Zwischen ihnen entwickelt sich – visuell verdeutlicht durch wechselnde Groß- und Nahaufnahmen – ein dramatischer Dialog. Dazwischen die Reaktionen der übrigen Gäste – zunächst Lachen, dann peinliche Berührtheit. Die Szene endet damit, daß der Schlafbursche die gebeugte Mutter Krause wegführt, während der Sohn nun vollends im Rausch auf dem Boden liegt. [424–531]

Fröhlich kehren Max und Erna vom Schwimmbad heim. Verliebt sieht man sie die *Straße* entlangkommen. Vor der Tür gibt Erna Max einen Kuß, den er stürmisch erwidert, dann aber wendet er sich trotz einer auffordernden Geste ihrerseits rasch ab. Erna schmollt. [532–552]

Am nächsten Morgen ist Max beim Anziehen in seinem *Zimmer* zu sehen, während Mutter Krause vergebens versucht, die in der *Wohnküche* schlafende Erna zu wecken. (Durch wechselnde Schnittfolge von einem Handlungsort zum andern erkennt man die zeitliche Parallele). Der Schlafbursche erscheint, fragt nach Paul, der noch nicht nach Hause gekommen ist, und rät Mutter Krause, auf die Lumpenstampe zu gehen, was sie sogleich tut. Nachdem Mutter Krause gegangen ist, versucht der Schlafbursche, sich der (neben dem Kind) schlafenden Erna zu nähern. Sie wacht auf (das Kind ebenfalls) und wehrt sich wütend. [553–601]

Mutter Krause sucht inzwischen nach Paul, der – von ihr unbemerkt – in einem *Treppenhaus* von seinem Rausch erwacht. [577–604]

Auf der *Straße* ist Max' Baukolonne schon bei der Arbeit. [605–622]

In der *Wohnküche* beim Frühstück fragt das Kind nach Paul, der noch nicht zurückgekehrt ist. [623–633]

Es findet ihn allerdings gleich darauf im *Treppenhaus,* von wo er sich nicht »zu Muttan ruff« traut. Er bittet das Kind, ihm seinen Mantel zu bringen. Als es zusammen mit Mutter Krause wieder aus der Wohnung kommt, verläßt er fluchtartig das Treppenhaus. Traurig bleibt seine Mutter zurück. [634–650]

Im *Zimmer des Schlafburschen* wird die Hochzeit ausgerichtet, bei der Unmengen von Braten, Würsten und Torten gierig verschlungen werden. Es gibt einen Brauttanz, bei dem das Straßenmädchen anzüglich gefragt wird, ob es denn keine Angst vor der Hochzeitsnacht habe. Der Schlafbursche versucht beim Tanzen erneut, sich Erna zu nähern, und es kommt deswegen zum Streit zwischen ihm und Max. Schließlich schreit der Schlafbursche: »Du dämliches Aas, die habe ich längst vor dir gehabt«, und Erna schlägt auf Nachfragen von Max nur beschämt die Augen nieder. Angewidert verläßt Max daraufhin das Haus. Erna bleibt weinend zurück. Im Zorn kündigt der Schlafbursche seinen baldigen Auszug an, worauf Mutter Krause sich bei ihm entschuldigt. [651–805]

Nach vergeblichen Aufmunterungsversuchen des Schlafburschen löst sich die Hochzeitsgesellschaft auf. Seine Frau macht sich zum »Ausgang« fertig. Er meint jedoch, lässig auf dem Stuhl wippend, »heute nicht«. [806–812]

In der *Wohnküche* zählt Mutter Krause die Zeitungsquittungen, nimmt schließlich eine Brosche aus dem Küchenschrank, die offenbar das Bild ihres verstorbenen Mannes trägt, und betrachtet sie wehmütig. [813–827]

In der *Pfandleihe* will man sie damit zunächst abweisen, da sie zu wenig wert sei, gibt ihr aber schließlich ein paar Groschen. [828–841]

Auf der *Straße* wartet Paul, der sich bei ihrem Anblick hinter einer Laterne versteckt. [842–845 und 890]

In der *Zeitungsfiliale* muß Mutter Krause das Geld vorzählen. Da es nicht stimmt, wird ihr mit Entlassung und Strafanzeige gedroht, wenn sie das Geld nicht bis zum Nachmittag beibringt. [846–889]

Vergebens versucht sie Geld aufzutreiben. In einer Montagesequenz werden verschiedene öffentliche Stellen gezeigt, deren Türen sich vor ihr verschließen. Auch der Schlafbursche kann ihr nicht aushelfen, er ist »selbst blank«. [891–925]

Im *Treppenhaus* trifft der Schlafbursche auf Paul, der betreten vor der Wohnungstür steht. Er überredet Paul, mit ihm auf Diebestour zu gehen und damit der Mutter zu helfen. [926–947]

Max sitzt mit einem Freund in seinem *Zimmer* bei einer heftigen Debatte.

Der Freund tadelt ihn offensichtlich wegen seines Verhaltens Erna gegenüber. Er sagt, nicht das Mädchen, sondern das »Milljöh« sei schuld an ihrem Verhalten und bekräftigt das mit dem Zille-Satz: »Man kann einen Menschen mit einer Wohnung genauso töten wie mit einer Axt.« [948–959]

Erna hat nun auch von dem Verlust des Geldes erfahren. Im *Zimmer des Schlafburschen* wird sie von diesem und seiner Braut bedrängt, »auf die ihr als Frau mögliche Weise« der Mutter zu helfen. Sie wehrt sich und weint, läßt sich aber schließlich doch vom Straßenmädchen eine Adresse zustecken. [960–974]

In der *»Wohnung des Spießers«* empfängt Erna ein älterer Lebemann, der die Verlegene sogleich mit Schnaps bewirtet. Dann aber, als sie naiv erklärt: »Meine Mutta braucht 20 Mark«, lockt er mit Geldscheinen und macht deutlich, daß er auch eine entsprechende Leistung dafür erwartet. Nun scheut Erna doch zurück und entflieht nach einem kurzen Zweikampf. [975–1031]

Sie läuft zu *Max' Zimmer*, vor dem sie nach vergeblichem Klopfen und Schreien verzweifelt zusammensinkt. Eine Nachbarin sagt ihr, Max sei auf einer Demonstration. Enttäuscht und haltlos verläßt sie das Haus, entschließt sich dann aber, Max zu suchen. In einer *breiten Straße* trifft sie auf eine gewaltige Arbeiterdemonstration. Auf Transparenten, getragen von den ihr entgegenkommenden Arbeitern, liest man die Forderung »menschenwürdige Wohnungen«. Unter den Demonstranten entdeckt sie Max und reiht sich schließlich, den Schritt der Marschierenden aufnehmend, neben ihm ein (Nahaufnahme der Beine). [1032–1108]

In *Max' Zimmer* findet die Versöhnung statt und Max lädt Erna zum »Gartenfest des Arbeiter-Theatervereins« ein. [1109–1145]

In der *Wohnküche* sitzt Mutter Krause vor dem noch ungeöffneten Brief der Behörde. Als Erna und Max erscheinen, um sie zum Gartenfest mitzunehmen, versteckt sie ihn rasch. Mit Mutter Krause, dem Straßenmädchen und ihrem Kind ziehen Erna und Max zum Gartenfest. [1146–1155]

Auf dem *Gartenfest* sieht man Tanz und Theater und ein begeistertes Publikum. Max und Erna tanzen und sind glücklich. Der erfreuten Mutter erklären sie, daß sie bald heiraten wollen. Doch dann wird das Lied »Wir versaufen unser Oma ihr klein Häuschen« gesungen und Mutter Krausen wird an den Brief erinnert, der in der Küche liegt. Gebeugt verläßt sie zusammen mit dem Kind das Fest. [1156–1211]

Zur selben Zeit versucht Paul – vom Schlafburschen überredet – mit ihm gemeinsam in die *Pfandleihe* einzubrechen, um so das Geld für die Mutter zu erhalten. Unter den Auslagen findet er die Brosche seiner Mutter. Vom Lärm der Einbrecher erwacht, erscheint plötzlich der Pfandleiher. Der Schlafbursche kann gerade noch rechtzeitig das Licht löschen. Er gibt Paul eine Pistole und trägt ihm auf, den Pfandleiher »in Schach« zu halten ohne zu schießen. Paul ist durch die Brosche der Mutter abgelenkt. Der Pfandleiher nutzt die Unaufmerksamkeit und versucht, Paul die Waffe zu entwenden. Es kommt zu einem Kampf, bei dem sich aus der Pistole ein Schuß löst. Auf der *Straße* wird ein Wachmann aufmerksam. Paul kann fliehen, bevor die Polizei kommt. Erregt erscheint er bei seiner Mutter in der *Küche,* die ihn überglücklich empfängt in der Meinung, ihn wieder bei sich zu haben. Doch schon kommt die Polizei, die inzwischen bereits den Schlafburschen festgenommen hat. [1187–1356]

Nun völlig gebrochen, bereitet Mutter Krause sorgfältig, wie sie zu leben gewohnt ist, fast wie einen zeremoniellen Akt, ihren Tod, ihre »Fahrt ins Glück« vor. Sie zieht ihr bestes Kleid an, kocht sich ihren letzten Kaffee, steckt zwei Groschen in den Gasautomaten und löst den Gasschlauch. Das bereits schlafende kleine Mädchen nimmt sie mit sich: »Was hast Du armet Wesen auf dieser Welt zu verlieren?« Als Max und Erna vom Fest heimkehren, finden sie bereits die Feuerwehr vor. Max führt die weinende Erna behutsam weg, dann sieht man beide noch einmal auf der Demonstration. [1357–1464]

Zusammenfassend läßt sich feststellen, daß diese Geschichte sich nur an wenigen Handlungsorten, meist Originalschauplätzen des Berliner Milieus, vollzieht. Parallel entwickeln sich die verschiedenen Handlungsstränge und spitzen sich nach dem Verlust des Geldes, nach verschiedenen Versuchen, das Geld aufzutreiben, zu einem ersten Höhepunkt zu: Ernas Einreihen in die Arbeiterdemonstration. Danach werden die im Film angelegten Handlungen der übrigen Personen konsequent weitergeführt, indem Paul den Einbruch begeht und von der Polizei gestellt wird und indem Mutter Krause Selbstmord begeht. Am Schluß wird durch Wiederaufnahme der Demonstrationssequenz die Sinnlosigkeit dieser Handlungen deutlich gemacht, indem man ihr nochmals die im Film aufgezeigte Alternative entgegenstellt.

Der ganze Film kommt mit sehr wenigen Zwischentiteln aus, die gezielt und prägnant als Erläuterungstexte oder Dialogtitel eingesetzt werden. Sie dienen neben reiner Information (»Hier lebt Mutter Krause«) der Charakterisierung der Personen und des Milieus, etwa durch Andeutung des Dialekts (»Schon wieder Kohl mit ohne Fleesch?«). Darüber hinaus werden Titel in wörtlicher Rede zur Steigerung des Bildausdrucks verwendet (Erna verzweifelt vor Max' Wohnungstür; Titel: »Max! Max!«). Dramatische Sequenzen wie die Demonstration, der Einbruch in die Pfandleihe oder der Selbstmord enthalten fast keine Titel, da sie den dramatischen Rhythmus stören könnten.

2.3.2.
Mensch und Milieu

Ausgehend von dem Zilleschen Kernsatz des Films: »Man kann einen Menschen mit einer Wohnung ebenso töten wie mit einer Axt« (Titel), läge die Interpretation nahe, der Film illustriere die These der Naturalisten, daß der Mensch Produkt seiner »Umstände«, seines »Milieus« sei. Gleich einem naturalistischen Drama stünde im Mittelpunkt nicht der Mensch, sondern die ihn umgebenden Dinge.[110] Dies entspräche im großen ganzen etwa der Rezeption von Bela Balázs. Zu untersuchen wäre nun allerdings, welche Funktion in diesem Film die Milieustudien haben und in welchem Verhältnis die handelnden Personen zu ihrer Umwelt stehen.

Der Film beginnt mit »Zille-Milljöh« [Einleitungssequenz 11–56/57–89/96–107]. In rhythmischen Schnittfolgen – meist Überblendungen – und langsamen Kamerabewegungen zeigen Dokumentaraufnahmen »das Leben« der Berliner Hinterhöfe, dazu ergänzend einen Zille-Text im Faksimile, dennoch als eigenständige Bildinformation: Hinterhöfe – Straße – Wochenmarkt – Menschen (Frauen, Männer, Alte und Kinder) – alte, arme Menschen – Betrunkene und Bettler [11–56]. Die allgemeinen Informationen werden dabei meist aus der Totale gegeben, während die Menschen aus Augenhöhe in Nah- und Halbnahaufnahmen zu sehen sind. Die Sequenz endet mit einer Kamerafahrt auf das Fenster der Mutter Krause [55], durch das Fenster [56] auf den Schlafburschen, der mit Tochter Erna nach einer – offensichtlich aus dem Hinterhof ertönenden – Musik tanzt. Im Wechsel zum tanzenden Paar erscheint der Hinterhof mit einem Leierkastenmann, Müttern und Kindern – alle in der Bewegung nach der Musik. Zum Schluß eine typische Zille-Szene [99–107]: Ein Lumpensammler und ein in Lumpen gekleideter Mann gegeneinander geschnitten. Der Mann: »Wenn ick jetzt Lumpen hätte« [Zwischentitel nach 106].

Zunächst fällt auf, daß der eingeblendete Text ein Original-Zille-Spruch im Faksimile ist. Angesichts der Tatsache, daß es den Herstellern darum ging, den Verfälschungen Zilles in der bürgerlichen Filmproduktion entgegenzutreten, könnte man die Abbildung dieses Textes *in Zilles Handschrift* als Beweisstück für die Nähe zum »echten Zille« werten. Damit wäre zugleich ein sehr persönlicher Bezug zu dem Mann hergestellt, der bei dem gewünschten Publikum, den Berliner Arbeitern, als »Vater Zille« ja schon eine solche Nähe geschaffen hatte, auf die man ansprechen konnte.

Madame Dubarry, 1919
Die Verbannung
(Mitte)
Das Tribunal
(unten)

Die Hinrichtung

Mutter Krausens Fahrt ins Glück

Mutter Krausens
Fahrt ins Glück

Mutter Krausens
Fahrt ins Glück

Kuhle Wampe
Die
Arbeitssuche

Kuhle Wampe
Mata-Hari-
Sequenz

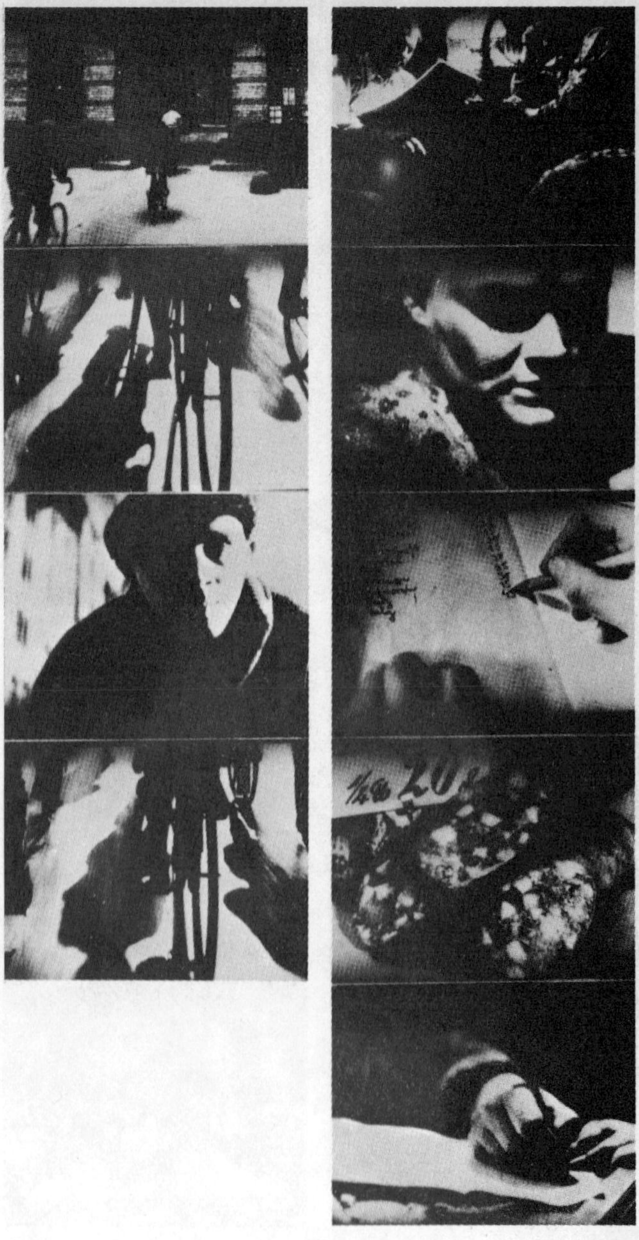

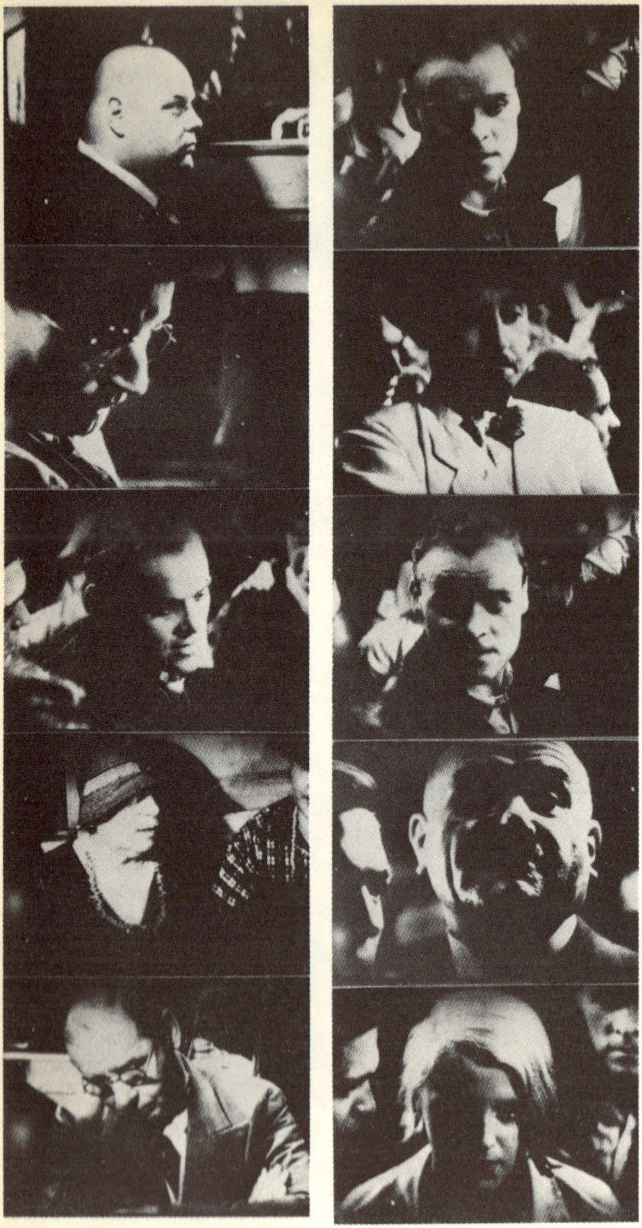

Kuhle Wampe
S-Bahn-
Sequenz

Die Dokumentaraufnahmen des Berliner Nordens sind mit großer Einfühlung hergestellt und zusammengefügt worden, so daß der Zuschauer sich von ihnen in den Film hineinziehen lassen kann und so einen möglichst unmittelbaren Eindruck des aufgenommenen Lebens erhält. Das wird zum Beispiel auch dadurch erreicht, daß die Menschen meist aus der Augenhöhe des Betrachters gefilmt werden, so daß man sich als Zuschauer direkt unter ihnen fühlen kann.

Weitere Aufnahmen dieser Art findet man an anderer Stelle des Films, beim Rummel [202–264] oder im Strandbad [338–372]. Auch hier werden dokumentarische Aufnahmen zur Darstellung des Milieus verwendet. Beim Übergang vom spielenden Kind in der Küche zum Rummelplatz wird vom sich drehenden Kreisel des Kindes auf die sich drehenden Karussells übergeblendet [201/202]. Aufnahmen rotierender Karussells aus verschiedenen Gesichtspunkten werden in rhythmischer Schnitten so aneinander gefügt, daß der Zuschauer – unterstützt durch die der Bewegung folgenden Kamera – einen Eindruck vom Gewoge des Festplatzes erhält. Später folgt man mit Erna und Max [242–266] einzelnen Szenen des Rummels, wie sich prügelnden Männern oder dem Treiben vor und in einer Schaubude, in Nah- und Halbnahaufnahmen wechselnd mit Totalen des Menschengedränges.

Zum Schwimmbad wieder ein ähnlicher Übergang: Von Erna, die beim Füßewaschen mit Wasser spritzt [337], wird übergeblendet zu Max und Erna, die im Wasser eines Sees plantschen. In kurz aufeinanderfolgenden Schnitten werden dann Einzelbilder von Menschen im Schwimmbad gezeigt: Männer in gestreiften Badehosen, Kinder, ein Ziehharmonikaspieler und dazu tanzende Beine, essende dicke Frauen, ältere Paare. Wohl an keiner anderen Stelle erkennt man die Vorlage der Zilleschen Zeichnung so gut wie hier – Einzelbilder vom »Zille-Milljöh«.[111]

Die Übergänge zu diesen Sequenzen haben keine tiefere Bedeutung, sondern erfüllen lediglich eine ästhetische Funktion, indem sie formale Analogien aufnehmen und diese spielerisch einsetzen. Die Aufnahmen der Menschen bei ihren Freizeitvergnügen sind sozusagen »mitten aus dem Leben gegriffen« und steigern damit den Eindruck des Milieus.

Eine etwas andere Art von Milieudarstellung bilden die Kneipenszenen und die Situationen in der Wohnung. Hier werden Handlungsabläufe in ihrer Originalumgebung gezeigt. In den Kneipensequenzen werden typische Bilder aus der Kneipenstimmung in die Handlung geblendet – so der Tanz eines alten betrunkenen Mannes [»Mohrrübe«,

434–438 [112]] – aber vor allem immer wieder einzelne Gruppen von Menschen. Zur Einführung in einen neuen Handlungsort »sieht sich die Kamera erst einmal für den Betrachter um«, macht ihn – hauptsächlich aus der Totalen – mit dem Milieu bekannt.

Vor allem diese Kneipensequenzen geben das Leben des heruntergekommenen, arbeitslosen oder bereits zum Bettler gewordenen Proletariers wieder. Wie dieses Leben aussieht, wird in der Gegenüberstellung zweier Kneipensequenzen deutlich, in denen einmal Hochstimmung herrscht – als Paul mit dem vielen Geld dabei ist – und einmal der morgendliche Katzenjammer, wo bei sentimentalem Mandolinenspiel zusammengesunkene Säufer und der weinende Paul zu sehen sind. Es ist das Leben der »flüchtigen Vergnügen« und des an die Existenz gehenden »Weltschmerzes«, das hier in nur zwei Szenen vermittelt wird.

Nicht so sehr auf die Verdeutlichung des Milieus zielen die Aufnahmen in der Wohnung, da dort – im Haupthandlungsort des Films – die Bewohner stark dominieren. Man erfährt relativ wenig über die Einzelheiten der Wohnungseinrichtung, wenn sie nicht unmittelbar zur Handlung gehören.

Für die Verwendung des dokumentarischen Materials kann man zusammenfassend festhalten, daß Kamerabewegung und Schnitt der natürlichen Bewegung im jeweiligen Handlungsraum – dem Hinterhof, dem Rummelplatz oder dem Strandbad – folgen und damit den Zuschauer einbeziehen, als gehe er selbst durch das Berlin der Hinterhöfe, lerne direkt dessen Menschen und ihre Lebensbedingungen kennen. Von den großen Überblicken zu den Details, von den Totalen zu den Nahaufnahmen wird der Zuschauer immer tiefer hineingezogen in die Handlung des Films, die bruchlos in die Darstellung der unmittelbaren Wirklichkeit eingebettet ist. Die Funktion der dokumentarischen Teile im Gesamtfilm ist also keine eigenständige; ebenso wie die Verwendung von Laiendarstellern dienen sie nur der Unmittelbarkeit der Spielhandlung, fungieren hier als Beleg für die Wirklichkeitsnähe [113] der Gesamtaussage und werden so zum realistischen Hintergrund für die handelnden Personen.

Mit Hilfe dieses Materials erscheint die gesamte Handlung im Sinne Piel Jutzis »wie im Leben« [114], oder wie Frommhold es für Nagel formulierte: »Nagel zeichnet alles, was rings um ihn geschieht erst einmal auf, keineswegs als Reporter, der von draußen kommt und nach originellen Motiven sucht – für Nagel ist es Alltag.« [115] Jutzi und das Prometheus-Kollektiv kommen »von drinnen«, ihnen geht es um die wahrhaftige Darstellung proletarischen Lebens, wie Jutzi es ansatzweise bereits in seiner Waldenburg-Reportage versucht hatte. Allerdings entsteht diese Aussage nicht durch das dokumentarische Material an sich. Entscheidend ist die Art und Auswahl des Materials und noch entscheidender die Art und Weise des Zusammenschnitts, denn »das künstlerische Bild von der Bewegung des Lebens wird im Film vor allem dadurch geschaffen, wie die Filmszenen miteinander verbunden werden« [116].

Ganz anders – obwohl mit derselben inhaltlichen Tendenz wie Jutzi – geht Brecht vor, der das Material durch »Verfremdung« weiter verwendet, ihm dadurch eine weitergehende Aussage verleiht, so etwa in der ersten Sequenz von *Kuhle Wampe* [117]. Aber obwohl in *Mutter Krause* die Milieudarstellung einfühlsamer verläuft, hat sie nichts von der »pittoresken Versüßung« proletarischen Lebens, wie sie zumeist im Naturalismus zu finden ist – worauf zum Beispiel Balázs recht undifferenziert anspielt. Sie ist sachlich, aber nicht von der »verdinglichten Rationalität« der neusachlichen Auffassung; sie emotionalisiert und ist parteilich durch Vermittlung der handelnden Personen. Dies wird besonders an der filmischen Schilderung des Lebens unter elenden Wohnverhältnissen deutlich.

Daß die Wohnverhältnisse als eine entscheidende Ursache für die im Film aufgezeigten Probleme angesehen werden, folgt vor allem aus zwei Sequenzen. In der einen wird Max von einem Freund darauf aufmerksam gemacht, daß er nicht Erna selbst die Schuld an ihrem Verhalten gegenüber dem Schlafburschen geben kann, sondern den Wohnverhältnissen. Hier fällt dann auch der bereits zitierte Zille-Satz, »man kann einen Menschen mit einer Wohnung ebenso töten wie mit einer Axt«. Auf der Demonstration wird dieser Satz thematisch wieder aufgenommen, indem die Demonstranten ein Transparent mit sich führen, auf dem zu lesen ist: »WIR FORDERN MENSCHENWÜRDIGE WOHNUNGEN«. Aber ganz anders als ein naturalistisches Interieur oder auch ein Raum in einem neusachlichen Bild erhält die Wohnung hier keinen verdinglichten Selbstwert, sondern erscheint nur durch die handelnden Personen. Keine einzige Totale, kein einziger Schwenk führt jemals die Wohnung als Ganzes vor. Es gibt nur das Leben, das sich in ihr abspielt. Zentrum dieses Lebens ist die Wohnküche der Mutter Krause, deren Enge dadurch verdeutlicht wird, daß viele entscheidende Handlungen, ebenso wie die nebensächlichen Beschäftigungen des Alltags, sich dort zur selben Zeit abspielen:

Während Mutter Krause kocht und es bereits zum Essen gedeckt ist, spielt das Kind noch am Tisch, wäscht und kämmt Erna sich vorm Spiegel, erscheinen nacheinander der Schlafbursche, Paul und das Straßenmädchen [127–157]. Hier wird Max bei seinem ersten Besuch bewirtet [267–292], hier wäscht Erna sich die Beine, während der Schlafbursche ißt [323–337], hier versucht er, die neben dem Kind Schlafende zu verführen [558–601]. Hier auch zählt Mutter Krause angstvoll ihre Quittungen und nimmt sich schließlich das Leben [813 bis 827/1371 ff.]. Das Ganze erscheint wie eine Bestandsaufnahme des Lebens der Arbeiter im Wedding.

Als Folge der beengten Wohnsituation, wo man »in enger Leibes- und schwüler Lustgemeinschaft« [118] zusammen haust, ist die Beziehung des Schlafburschen zu Erna zu sehen. Das enge Zusammenleben in den Arbeitervierteln der 20er Jahre, wo durch die räumliche Nähe von Proletariat und Lumpenproletariat auch der leichte Abstieg des Arbeiters noch gefördert wurde, findet in dieser Wohnung einen exemplarischen und damit verallgemeinerten Ausdruck im Zusammenleben der »Familie Krause« mit dem Schlafburschen und seiner Braut.

Daß diese Wohnverhältnisse und deren Folgen dennoch nicht als unüberwindliches Schicksal aufgefaßt werden, zeigen Verlauf der Handlung und das Verhalten der einzelnen Personen, wie im folgenden noch zu entwickeln sein wird.

2.3.3.
Filmische Charakterisierung der handelnden Personen

Im Naturalismus »wird der Mensch auch in der Kunst wie ein Produkt seiner Umgebung behandelt, dessen Handlungsweise in einem absolut determinierten Sinne von den soziologischen und ökonomischen Voraussetzungen abhängig ist« [119]. In einer realistischen Darstellung dagegen »dient gerade das sinnlich-konkret verallgemeinerte Bild vom Menschen als wesentlicher Ausdruck der Beziehung zwischen Individuum und Gesellschaft, zwischen der realgeschichtlichen Existenz des Menschen und seiner ›Wesenhaftigkeit‹, das heißt der im Ensemble gesellschaftlicher Verhältnisse jeweils möglichen Entfaltung menschlicher Sinneskräfte« [120].

Wie die Menschen in *Mutter Krause* dargestellt werden, ob sie, in ihrem »Milieu« befangen, handlungsunfähig geworden sind oder selbst aktiv den Lebensprozeß gestalten, ob sie nur dem subjektiven Empfinden der Hersteller entsprechen oder ob durch sie Wesentliches über ihre Zeit ausgesagt wird, das soll nun die Analyse der Funktion der einzelnen Personen zeigen.

Mutter Krause, Hauptfigur des Films, verkörpert den Typus der fleißigen, sparsamen, unpolitischen und »anständigen« Arbeiterfrau. Durch Nachlässigkeit ihres Sohnes wird sie aus ihrer gewohnten Bahn geworfen und begeht, da alle für sie in Frage kommenden Versuche, wieder Ordnung in ihr Leben zu bringen, fehlschlagen, schließlich Selbstmord. Sie ist neben Max die einzige, die einer geregelten Arbeit nachgeht, und trägt innerhalb der Familie die Verantwortung für die Existenz aller, wodurch sie um so mehr auch als Mutter erscheint, obwohl ihre Kinder bereits erwachsen sind.

In mehreren Sequenzen wird sie bei der Arbeit gezeigt, beim Zeitungsaustragen [108–111], beim Kassieren [373–379] oder allein bei der Abrechnung in der Zeitungsfiliale [846–889]. Wieweit die Existenzsorgen gerade auf ihr lasten, bezeugen vor allem die Sequenzen, in denen sie angstvoll die Quittungen zählt [813 ff., 400], oder ihre vergeblichen Versuche, das fehlende Geld auf legale Weise aufzutreiben [891–894].

Das Verhältnis zu ihren Kindern ist liebevoll, die Sorge um den »verlorenen Sohn« bereitet ihr mehr Probleme als das fehlende Geld, seine Verhaftung gibt den letzten Anstoß für ihren Selbstmord. Der Tochter verschweigt sie zunächst den Grund für Pauls Verschwinden, als wolle sie deren Glück nicht belasten, an dem sie starken Anteil nimmt [Besuch von Max, 267–292, und Gartenfest, 1171–1186].

Besonders deutlich wird sie in den Vorbereitungen zu ihrem Selbstmord charakterisiert, die sie mit betonter Würde und zugleich mit einer gewissen »Selbstverständlichkeit« trifft. Eine dramatische Schnittfolge zeigt Mutter Krauses Entschluß zum Freitod: Nachdem der Sohn abgeholt wurde, wandert der Blick in einer langen Einstellung aus ihrer Sicht (subjektive Kamera) durch den Raum. Er fällt auf den Gasherd. In schneller Folge wird der Gasherd in Nah-, Groß- und übergroßer Aufnahme gezeigt, dann extrem groß der Gashahn, schließlich der Gasschlauch [1371–1378]. Die dramatische Steigerung von nah bis extrem groß vermittelt eindeutig die Vorstellung ihres Entschlusses. Danach läuft alles in äußerster Sorgfalt und Genauigkeit ab, von der Kamera »entsprechend« sachlich und in ruhigen, langen Einstellungen registriert: Sie steckt zwei Groschen in den Gasautomaten, dann sieht man sie in ihrem besten Kleid ihren Kaffee kochen, das Fenster verhängen, den Vogelbauer aus dem Zimmer tragen, schließlich den Gasschlauch abziehen und das Licht löschen [1371–1410].

Komprimiert und schlaglichtartig zugespitzt wird diese Charakterisierung der in allem gewissenhaften Arbeiterfrau Krause und ihrer Veränderung durch den Entschluß zum Selbstmord in den Sequenzen, wo sie Kaffee kocht. Hier haben die Hersteller, in nur drei Einstellungen zusammengefaßt, einen »bildhaften Stoff«, ein »plastisches Material« (Pudowkin)[121] gefunden, das Mutter Krause in zwei typischen Situationen präzise kennzeichnet. Vor dem Besuch von Max [269] sieht man genau, wie sparsam sie mit Kaffee umgehen muß. Aus einem kleinen Gläschen zirkelt sie exakt zwei Löffel Kaffee ab und folgt dabei mit den Augen konzentriert ihrer Geste, als dürfe auf dem Wege vom Glas in die Kanne kein einziges Körnchen verloren gehen. Man sieht sie also mit dem Kaffee umgehen als jemand, der weiß, wie schwer das Geld dafür verdient worden ist. Kaffee erscheint als seltene Kostbarkeit, von der man sich nur in Ausnahmefällen etwas mehr gönnt.

Einen solchen Ausnahmefall stellt ihr »feierlicher« Selbstmord dar, der sie aus aller Not und Sparsamkeit »befreit«. Hier [1386/87] sieht man sie – die Augen dabei sogar abgewandt – zunächst mechanisch mehrere Löffel Kaffee aus dem Gläschen entnehmen und schließlich den ganzen Inhalt auf einmal in die Kanne schütten.

Die erste Sequenz zeigt ihre ganze Gewissenhaftigkeit und Sorgfalt, die sie ihr Leben nach den Notwendigkeiten des proletarischen Alltags ordnen läßt. Die zweite Sequenz enthält zwei Aspekte. Zum einen die vorgegangene Veränderung, gegeben durch die Tatsache, daß sie nun nicht mehr von weltlichen Sorgen geplagt ist, zum anderen ihr Verständnis von dieser letzten Handlung, die sie – wie man auch an ihrem »Sonntagsstaat« erkennt – als eine besondere Zeremonie auffaßt und »begeht«.

Mit ganz einfachen filmischen Mitteln erhält diese Szene eine besondere Tragik. Alltägliche Handlungen wie Kaffee kochen oder Licht löschen erscheinen plötzlich »fremd«, fast zeremoniell, indem sie mechanisch und zugleich konzentriert langsam ausgeführt werden. Das Alltägliche erscheint als das Außergewöhnliche, während das Außergewöhnliche, der Selbstmord, in einen alltäglichen Zusammenhang gestellt wird. »In der Beziehung zu räumlichen Objekten gibt der filmische Held seinen inneren Zustand preis. Sie künden auch von seiner Tragik.«[122]

Ihre menschlichen Züge kennzeichnen Mutter Krause als einen Menschen von hoher Moral, als verantwortungsvolle Arbeiterfrau, die alle ihr in der Gesellschaft gebotenen Möglichkeiten nutzt, ihre Kinder »mit Anstand« durchzubringen. Nur weiß sie nicht, daß es auch Möglichkeiten gibt, die über diese Gesellschaft hinausweisen. Ihr Verhältnis zur Gesellschaft ist eben unpolitisch, wie man vor allem an der demütigen Haltung gegenüber Vorgesetzten (in der Zeitungsfiliale) erkennt und an ihrer Angst vor der Staatsmacht, die deutlich wird in einer Montagesequenz, in der das Schreiben des Gerichts mit Uhr und Adler überblendet wird [1151–1155]. Mutter Krause verkörpert den Typus der Arbeiterfrau, von dem Engels schrieb: »Es gibt freilich auch unter den Arbeitern eine Anzahl, die moralisch genug sind, um nicht zu stehlen, selbst wenn sie aufs Äußerste gebracht werden, und diese verhungern oder töten sich.« [123]

An Mutter Krausens Sohn Paul, einem »von den 6½ Millionen Arbeitslosen, der sich ein paar Groschen in der Lumpenstampe verdient« [Titel nach 117 [124]], wird exemplarisch der Abstieg eines jungen arbeitslosen Proletariers ins Lumpenproletariat gezeigt. Seine Entwicklung vom leichtsinnigen, aber sympathischen Jungen zum Kriminellen aus Not wird in genauer Beobachtung individuell-psychologischer Aspekte wiedergegeben.

Gleich sein erster Auftritt macht seine Anfälligkeit gegen allerlei Anfechtungen sichtbar. Er hat in der Kneipe seine Jacke versetzt und versucht nun das fehlende Geld aus dem – freilich leeren – Sparschwein der Mutter wie selbstverständlich zu entwenden. Daß er dennoch weit davon entfernt ist, ein abgebrühter Betrüger zu werden, beweist sein Zögern in allen Sequenzen, in denen er einen weiteren Schritt auf seinem Abstieg vollführt: Nur zaudernd folgt er der Einladung des Freundes auf ein Bier und ist zunächst von Zweifeln geplagt, ob er das Zeitungsgeld anbrechen soll. Den Einbruch begeht er, um »alles wieder jut« [1345] zu machen. Dies zeigt, daß er zwar guten Willens ist, aber angesichts seiner ausweglosen Existenznot nicht anders weiter weiß. Sein Abstieg, der ja die gesamte folgende Handlung bis zum Selbstmord der Mutter bestimmt, beginnt mit dem eigentlich noch recht harmlosen Ansinnen, mit einem Freund eine »Molle« zu trinken. Daß dieser Gang in die Kneipe, bei dem Paul objektiv sicher kein Vermögen vertrunken hat (sondern lediglich zwanzig Mark), das Leben der gesamten Familie grundlegend verändert, macht die ganze Tragik der Situation des Proletariats in den 20er Jahren sichtbar. »Was für Gründe hat der Proletarier, *nicht* zu stehlen? Es ist alles recht schön und klingt den Bourgeois angenehm genug ins Ohr, wenn man von der ›Heiligkeit des Eigentums‹ spricht – aber für den, der kein Eigentum hat, hört die Heiligkeit des Eigentums von selber auf ... Das Elend läßt dem Arbeiter nur die Wahl, langsam zu verhungern, sich rasch zu töten oder sich zu nehmen, was er nötig hat, wo er es findet – auf deutsch: zu stehlen. Und da dürfen wir uns nicht wundern, wenn die meisten den Diebstahl dem Hungertode oder dem Selbstmord vorziehen.« [125]

Der *Schlafbursche* gehört als Zuhälter und Gelegenheitsdieb – ebenso wie seine Braut als *Straßenmädchen* – bereits zum Lumpenproletariat. Er tritt denn auch als »Verführer« der Tochter und des Sohnes auf, ist die subjektive Brücke, über die beide an die Grenzen ihres Milieus gelangen. Typisch für ihn und sein Mädchen ist, daß sie, obwohl einer gesellschaftlich niedrig eingestuften Schicht angehörend, immer den Eindruck des besseren Lebens vermitteln wollen. Er ist immer »schnieke«, gibt sich jovial (häufig wird er aus der Untersicht gezeigt) und läßt sich bei seiner Hochzeit »nicht lumpen«. Er zeigt das großmännische Auftreten des Zuhälters, wenn er zum Beispiel am Abend seiner Hochzeit die ihm gerade angetraute Frau lässig und nur durch leichtes Kopfnicken für diesmal von der »Arbeit« befreit. Daß er demgegenüber als Ganove nicht gerade routiniert oder abgebrüht ist, läßt der gesamte Verlauf der Einbruchsszene erkennen [1212–1343]. Dabei sind es vor allem seine hilflosen und verzweifelten Reaktionen auf den Schuß und die Versperrung der Fluchtwege [1282 ff. u. 1302 ff.], die diesen Eindruck bestätigen, auch wenn er bei seiner Verhaftung versucht, wieder »Haltung zu bewahren« [1343].

Wichtig für die Kennzeichnung des Schlafburschen ist sein Verhältnis zu Erna, der er sich immer wieder zu nähern versucht. Davon erfährt der Zuschauer allerdings nicht moralisierend, vielmehr wird durch die Betonung der Enge des Zusammenlebens deutlich, daß die gerade erblühende Weiblichkeit Ernas, die einem harmlosen Flirt nie abgeneigt ist, fast unweigerlich aufreizen muß. Die Position des Schlafburschen Erna gegenüber machen besonders jene Sequenzen verständlich, in denen Erna halb entblößt beim Kämmen oder Waschen in der gemeinsamen Wohnküche gezeigt wird [127 ff. und 323 ff.].

Das Straßenmädchen ist zwar in seiner modischen Aufmachung (Bubikopf), seiner aufreizenden Mimik und dem offenherzigen Verhalten Männern gegenüber als solches charakterisiert, wird aber zugleich auch als Mutter des Kindes oder als Hausfrau (beim Nähen) gezeigt [904].

Daß beide trotz ihrer Situation auch vom einfachen und spießigen Leben träumen, wird in der leicht satirisch dargestellten Hochzeitssequenz offenbar [651–812]. Schon die Tatsache, daß ein Zuhälter sein Mädchen heiratet, ist ungewöhnlich, und wenn er darüber hinaus davon spricht, daß dies sein »Freudentag« sei, wird ironisch auf die Vorstellung vom »Glück zu zweit« angespielt. Dies spitzt sich noch zu, als nach dem Lied »Wir winden Dir den Jungfernkranz« die Braut gefragt wird, ob sie vor der Hochzeitsnacht Angst habe [690 ff.]. Bei aller Ironie in der Darstellung dieses Widerspruchs erscheinen beide Figuren trotz ihrer gesellschaftlichen Erniedrigung durchaus als Menschen.

Im »Zille-Milljöh« nehmen Kinder besonders großen Raum ein. Unzählige Zeichnungen von H. Zille beschäftigen sich mit dem Leben proletarischer Kinder.[126] Im Film wird *das Kind* nur in einigen wenigen Szenen vorgestellt und dennoch spiegeln sich in ihm die Lebensverhältnisse des proletarischen Kindes an sich. Es steht mitten im Leben auch der Erwachsenen, es ist dabei, als der Schlafbursche versucht, Erna zu verführen, es nimmt an den Sorgen der Mutter Krause um den Sohn Paul teil und erfährt selbst früh Hunger und Verzicht als Teil des Lebens seiner Klasse: »Mutter Krause, is et wahr, daß es Leute jibt, die alle Tage warmet Essen haben?« [n. 154] Folgerichtig erweist es sich als entromantisierter kleiner Erwachsener, wie sich zum Beispiel in jener Szene zeigt, in der Paul ein mitgebrachtes Spielzeug als Produkt der Weihnachtsmannwerkstatt deklariert, worauf es nur lachend feststellt: »So wat machen se ins Gefängnis. Mein Vata is ja selbst drinn gewesen.« [198] Dieses Fehlen kindlicher Naivität wird ganz sachlich verzeichnet, ohne moralisierendes Bedauern: So sind eben unsere Kinder, wie sollte es anders sein?

Schlüsselfiguren des Films sind *Max* und *Erna*. Erna, die im Film die konsequenteste Entwicklung durchmacht, wird als eine in sich widersprüchliche Figur – einerseits in ihrem Milieu befangen, andererseits herausdrängend, eine bessere Zukunft suchend – gezeigt. Bedingt durch die Handlung Pauls, wird auch sie vor die Frage ihrer elenden Existenz gestellt, die durch den Verlust von zwanzig Mark aus den Fugen zu gehen droht. Die Auswege, die sie sucht, sind zunächst durch ihr Milieu bestimmt. Man rät ihr zur Prostitution, wozu sie allerdings – aus einer moralischen Haltung – nicht in der Lage ist. Statt dessen sucht sie Schutz bei ihrem Freund und wagt mit der Beteiligung an der

Demonstration den entscheidenden Schritt aus der im Film zunächst angelegten Handlung heraus.

Der Weg dahin ist also durch die milieubedingten Umwege markiert, zu denen auch ihr Verhältnis zum Schlafburschen gehört. Eine Folge der unter engen Wohnbedingungen sich entfaltenden Jugend. Auch hier entgeht sie weiteren Konsequenzen durch die Bekanntschaft mit Max. Bei ihm nun entwickelt sie »traditionell-frauliche« Neigungen, sichtbar beim Hausputz in Max' Zimmer [303 ff.] oder beim Picknick im Schwimmbad [363 ff.]. Zugleich wird diese Rolle als Frau in ihrer Beziehung zu Max erstmals in Frage gestellt, indem er ihr zum Beispiel das Buch »Die Frau im socialen Kampf« gibt [316 ff.].

Wesentlich für sie und den ganzen Film ist jedoch der Wandel in ihrem Verhältnis zur Gesellschaft. Bedingt durch ihren Umgang und ihre familiären Verhältnisse ist sie zunächst unpolitisch. Dies zeigt die kurze Szene, in der sie an dem Marx-Porträt, das in Max' Zimmer hängt, zunächst nur der Staub interessiert [299 ff.]. Die sich entwickelnde Beziehung zu gesellschaftlichen Fragen ist für sie erstmals gegeben, als die Existenz der Familie bedroht wird. Doch erst nachdem der sich bietende Ausweg für sie nicht als Lösung in Frage kommt [975–1031], geht sie – mehr aus einer gefühlsmäßigen Regung – zu Max und gerät so zufällig in die Demonstration. Innerhalb der Demonstrationssequenz vollzieht sich nun der Bewußtseinsprozeß, der – beginnend beim Aufruf der Transparente »für menschenwürdige Wohnungen« bis zu ihrer Einfügung in den Gleichschritt der Demonstranten – zur entscheidenden Wendung in ihrer Person und im gesamten Film führt.

Der Straßenarbeiter Max [eine Sequenz zeigt ihn bei der Arbeit in einer Straßenbaukolonne, 605–622] steht im Film stellvertretend für das kämpfende Proletariat. Er vertritt damit als einziger von Anfang an eine konsequente Gegenposition zu den sonst dargestellten Verhaltensweisen. Einige prägnante Hinweise belegen, daß er der politischen Arbeiterbewegung angehört. So das Marx-Porträt in seinem Zimmer neben dem Bild der Commune von Delacroix (»Die Freiheit für das Volk«) und (natürlich) der Besitz von Büchern, insbesondere des im Film gezeigten »Die Frau im socialen Kampf« [293–322]. Am deutlichsten wird seine Position allerdings durch seine Teilnahme an der Arbeiterdemonstration [1051 ff.]. Damit ergibt sich zugleich seine Funktion innerhalb des Films als Wegweiser für die Veränderung der Tochter und Anlaß für die Wendung des Ganzen zu einer Alternative.

Charakteristische persönliche Eigenschaften treten besonders in der Sequenz auf dem Rummel hervor, als er angewidert die Zurschaustellung menschlicher Erniedrigung verläßt (zugleich ein weiteres Beispiel für »plastisches Material«) [249–266]. In seinem Verhältnis zu Erna wird einerseits deutlich, daß er Verantwortungsbewußtsein gegenüber der Jüngeren verspürt, indem er auf ihre frühreife Offenheit nicht eingeht [551] – andererseits verweist es auf seine kleinbürgerlichen Moralvorstellungen, wenn er sie wegen ihrer früheren Beziehungen zum Schlafburschen zunächst verläßt. Den dadurch bei ihm hervorgerufenen Konflikt löst er jedoch nach der Diskussion mit einem Freund. Obwohl eine grundsätzlich positiv gemeinte Figur, wird er nicht als »fehlerloser Held« und »Retter« dargestellt, sondern als denkender Mensch mit persönlichen Schwächen, die er, da sein Denken gesellschaftlich bewußt ist, allerdings zu überwinden versucht.

Sieht man alle geschilderten Personen zusammen in bezug zum Handlungsverlauf des Films, so läßt sich feststellen, daß jede von ihnen exemplarisch eine bestimmte – freilich nur relativ klare – Position vertritt, vom politisch engagierten Arbeiter bis zum Lumpenproletariat. Über die einzelnen Personen, die zwar individuell-psychologisch gestaltet sind und entsprechend ihrer Charakterisierung unterschiedlich agieren, wird so »typisierend« eine gewisse Verallgemeinerung möglich, die Rückschlüsse auf gesellschaftliche Zusammenhänge erlaubt.

An der Familie Krause als Zentrum des »Dramas« werden – vermittelt über die unterschiedlichen Reaktionen der einzelnen auf den Verlust des Geldes – verschiedene Entwicklungsmöglichkeiten aufgezeigt. Der Schlafbursche mit seiner Braut und Max sind die Konstanten im Film, ihre Haltung ist von Anfang an klar und ändert sich im Verlauf der Handlung nicht grundlegend. Sie verkörpern die unterschiedlichen Positionen, zwischen denen die Familie Krause steht und zu denen sie sich entwickeln kann. Der Sohn wählt mit der Kriminalität (Schlafbursche) die letztlich ausweglose Möglichkeit, die Tochter, nachdem sie vor der Prostitution zurückgeschreckt ist, die vorwärtsweisende (Max). Die Mutter als die »Alte« sieht für sich keine dieser Möglichkeiten und sucht im Selbstmord den individuellsten Ausweg.

Aus dem Werdegang der Tochter Erna geht klar hervor, daß der Mensch hier nicht nur als Opfer seiner Umwelt aufgefaßt wird, sondern diese bewußt mitzugestalten versteht, wie Marx es in seinen

Feuerbachthesen formulierte: »Die materialistische Lehre, daß die Menschen Produkte der Umstände und der Erziehung, veränderte Menschen also Produkte anderer Umstände und geänderter Erziehung sind, vergißt, daß die Umstände eben von den Menschen verändert werden und daß der Erzieher eben selbst erzogen werden muß.«[127] Diese Aussage wird nicht durch einfache Gegenüberstellung widerspruchsfreier »Typen« vermittelt oder »indem unentwegt: Es lebe die Weltrevolution! gerufen und die Internationale gesungen wird«[128], sondern in einer vielschichtigen und widersprüchlichen Darstellung einzelner, ihrer Beziehungen zueinander und zur Gesellschaft. Einschränkend muß allerdings festgestellt werden, daß die schwerpunktmäßig psychologisierende Schilderung teilweise einer größeren Verallgemeinerung und einer deutlichen Aufdeckung gesellschaftlicher Bezüge hinderlich ist. Das wird besonders markant, wenn Ernas politische Einsicht vorwiegend individuell psychologisch und weniger gesellschaftlich motiviert erscheint.

Inwieweit die im Filmzusammenhang sichtbar werdenden charakteristischen »Typisierungen« der Personen und die Darstellung ihres Verhaltens wesentliche Züge des Lebens der unteren Schichten in der Weimarer Republik treffen, soll nun mit Hilfe eines historischen Exkurses über Lage und Bewußtsein der Arbeiter zu dieser Zeit untersucht werden. Ein solcher Exkurs kann zugleich Hinweise auf die konkret-historische Bedingtheit der aus dem Film erkennbaren Absichten seiner Hersteller geben.

2.3.4.
Realität – Filmrealität

In anderer Weise als die (historische) Wissenschaft bedeutet Kunst Erkenntnis der Wirklichkeit. Während die wissenschaftliche Welterkenntnis die allgemeine, objektive Seite der Geschichte aufdeckt, kann ein Kunstwerk gerade das historisch Konkrete darstellen, also die subjektive, objektiv bedingte Seite des menschlichen Lebens. »Das künstlerische Abbild reproduziert somit das Einzelne und erfaßt durch das Einzelne das Allgemeine. Es zeigt das Individuelle und zeigt in ihm das Typische. Es beschreibt das Zufällige und läßt die hinter ihm liegende Gesetzmäßigkeit greifbar werden.«[129] Realistische Kunst bemüht sich dabei um die Aufdeckung der historischen Wahrheit unter dem Gesichtspunkt des historischen Fortschritts. Die so entstehende »künstlerische Wahrheit« ist allerdings nicht allein von der »faktischen

Richtigkeit des Dargestellten bestimmt; ...reduziert sich nicht auf Übereinstimmung der Widerspiegelung mit den Gesetzmäßigkeiten des konkreten Seins der Natur und des Menschen«, sondern erfaßt alle Momente der Dialektik der Kunst.[130] Die folgende Gegenüberstellung der Aussagen des Films mit den historischen Gegebenheiten wird daher nur einen Aspekt der künstlerischen Wahrheit erfassen. Während der Film, geprägt durch die »Handschrift« seiner Autoren, Aussagen darüber macht, daß eine konkret sichtbare, im Film gegenwärtige »Mutter Krause« aus ganz bestimmten Lebensbedingungen ganz bestimmte Konsequenzen zieht, und während er dieses Schicksal als ein »typisches« gestaltet, kann die historische Wissenschaft darüber Auskunft geben, ob diese Lebensbedingungen und diese Konsequenzen tatsächlich typisch für ihre Zeit sind. Die Geschichte als Wissenschaft kann jedoch keine Aussagen über die ästhetische, pädagogische oder kommunikative Qualität des Films machen, sie kann damit nicht den über den subjektiven Ausdruck des Künstlers vermittelten Aneignungsprozeß vom Film zum Zuschauer bewerten.

Davon ausgehend soll im folgenden lediglich untersucht werden, inwieweit der Film wesentlichen Entwicklungen seiner Zeit folgt. Dieses Vorhaben wird dadurch erleichtert, daß der Film seine Aussage an einem aktuell zeitbezogenen Inhalt formuliert.

Nimmt man als Ausgangspunkt das Herstellungsjahr des Films 1929, so ordnet sich der Film in eine Phase ein, die vom Übergang von der »relativen Stabilisierung« (1924) zur Weltwirtschaftskrise (1929) geprägt ist. Dabei ist davon auszugehen, daß die im Film gemeinten Lebensbedingungen nur als Folge der dem Jahr 1929 vorausgegangenen Entwicklungen zu verstehen sind.

Obwohl die Zeit von 1924 bis 1929 allgemein als eine Phase der relativen Stabilisierung bezeichnet wird (und es relativ zu den Jahren davor auch ist), gibt es, vor allem bedingt durch die Rationalisierungen, in dieser Zeit des konjunkturellen Aufschwungs bis zur Weltwirtschaftskrise keine durchgreifenden Verbesserungen der Lage der Arbeiter. Kuczynski schreibt: »Wenn man sich die Arbeitslosigkeitszahlen betrachtet, wird man kaum glauben, daß es tatsächlich eine Aufschwungphase des Zyklus zumindest in der Beziehung gegeben hat, daß die Produktionsbasis sich erweiterte und die Produktion sich erhöhte.«[131] Die Arbeitslosigkeit bleibt in diesem Zeitraum sehr hoch. Beim Arbeitsamt gemeldet – also ohne die hinzuzurechnende Dunkelziffer – sind 1929 1,89 Millionen Arbeitslose. Dementsprechend ist die

Arbeitslosigkeit zu einer ständigen Bedrohung geworden, ein einmal arbeitslos gewordener kann kaum auf baldige Wiederbeschäftigung rechnen.[132] Welche Folgen das für die materielle und psychische Situation aller Erwerbsfähigen hat, der arbeitslosen wie der arbeitenden, ist leicht vorstellbar. Mit der ständigen Reservearmee verfügt das Kapital über ein gewaltiges Druckmittel auf Löhne, Arbeitszeit und Verhalten der Arbeiter, zum Beispiel in Arbeitskämpfen. Nimmt man dazu die Tatsache, daß die Reallöhne in dieser Zeit nur einmal (im Jahr 1928) das Vorkriegsniveau von 1913/14 erreichen[133], daß die Löhne im Vergleich zu den Gewinnen des Kapitals aufgrund der Produktionssteigerung – also der verstärkten Ausbeutung – immer schlechter abschneiden, kann man nur von einer Jahrzehnte andauernden Massenverelendung der Arbeiter und ihrer Familien reden. Für die Mehrheit der Bevölkerung Deutschlands bedeuten folglich die »goldenen 20er Jahre« ein immerwährendes Kämpfen um das Existenzminimum. Entsprechend können die Lebensbedingungen über Jahre hinaus kaum verbessert werden und genügen in den seltensten Fällen den mindesten Anforderungen menschlichen Zusammenlebens.[134] Bei einer solchen Ausgangslage in Zeiten der Konjunktur bringt die 1929 einsetzende Wirtschaftskrise eine derartige Verschärfung mit sich, daß Massen von Arbeitern, ihrer Existenz beraubt, ins Lumpenproletariat absinken, wo sich auch scheinbare Auswege bieten: Kriminalität und Prostitution.[135]

In dieser Phase, die mit dem Jahr 1924 beginnt und der »revolutionären Nachkriegskrise« folgt, sind die Aktionsmöglichkeiten der organisierten Arbeiter stark eingeschränkt. Da es sich zudem und trotz der absoluten Verelendung um eine Phase relativer Stabilisierung handelt – für die Arbeiter zumindest an der Stabilität der Währung sichtbar –, können sich kleinbürgerliche ideologische Positionen in der Arbeiterklasse und vor allem in der mit dem technischen Fortschritt zunehmenden Angestelltenschicht wieder breitmachen.[136] Als zusätzliches Problem erweist sich die seit der Novemberrevolution vollzogene Spaltung der Arbeiterbewegung in zwei Parteien. Während sich in SPD und Gewerkschaften reformistische Illusionen angesichts der sich scheinbar verbessernden Lage noch verstärken, findet die – zwar politisch konsequente – KPD nur langsam zu klaren Positionen in Strategie und Taktik. Beide Parteien sind noch zu sehr mit der gegenseitigen Abgrenzung beschäftigt, als daß sich die Erkenntnis des notwendigen Zusammengehens aller Arbeitenden durchsetzen kann. Dies obwohl gegen Ende der 20er Jahre von seiten der KPD Bemühungen zur Aktionseinheit deutlicher werden. Angesichts der nicht nur ökonomisch, sondern auch politisch wieder erstarkenden Reaktion führt das zur Stagnation der Mitgliederzahlen in beiden Arbeiterparteien, die zusammen im Reichstag kaum über ein Drittel der Stimmen verfügen. Die Arbeitskämpfe nehmen, vor allem bedingt durch die Arbeitslosigkeit, ab.[137] Man kann also davon ausgehen, daß nach wie vor ein großer Teil der arbeitenden Bevölkerung nicht aktiv in die politische Bewegung eingreift, ja sogar gegen die eigenen Interessen die Politik der Reaktion, zum Beispiel bei Wahlen, unterstützt. Ein Grund dafür ist sicher auch in den oben beschriebenen Lebensbedingungen zu finden, sie erschweren – indem sie dem Arbeiter kaum »die Luft zum Atmen« lassen (Engels) – den solidarischen Kampf gegen das System, das derartige Kämpfe zumeist – wie etwa im »Blutmai« 1929 – durch weitere Repressionen beantwortet.[138]

Eher bieten sich in diesem Milieu, in dieser Existenzunsicherheit, individuelle und kurzfristige Lösungen an und werden auch von vielen gewählt. Ein sehr verbreiteter »Ausweg« ist der Selbstmord. In einem Zeitungsbericht von 1932 ist (im Zusammenhang mit dem Film *Kuhle Wampe*) zu lesen: »Die Zeitungen melden jeden Tag, daß die Zahl der Selbstmorde erschreckend zunimmt.«[139]

Deutlich lassen sich Bezüge zu *Mutter Krausens Fahrt ins Glück* herstellen. Die im Film dargestellten Lebensbedingungen entsprechen offensichtlich denen der Mehrheit der arbeitenden Bevölkerung in den 20er Jahren. Ebenso ergeben sich die im Film angegebenen Auswege und die dazugehörigen ideologischen Positionen aus diesem Milieu. An einigen Beispielen thematisiert der Film die Tatsache, daß es noch eine Vielzahl arbeitender Menschen gibt, die nicht die Notwendigkeit oder die Möglichkeit sehen, für ihre eigenen Interessen einzutreten. Er stellt als Alternative die organisierte Arbeiterklasse dar und damit die Notwendigkeit des solidarischen Kampfes aller Arbeitenden für die eigenen Interessen (hier beispielhaft bezogen auf die Verbesserung der Lebensbedingungen). Angesichts der beschriebenen historischen Situation ist außerdem anzunehmen, daß die Autoren, die ja der organisierten Arbeiterschaft nahestanden oder angehörten, den Film vor allem als eine Aufforderung an die im Film gezeigten »Unentschlossenen« verstanden, die Veränderung der gezeigten Verhältnisse selbst in die Hand zu nehmen.

2.3.5.
Feinanalyse ausgewählter Sequenzen

2.3.5.1.

Obwohl Aufbau und Gestaltung des Films *Mutter Krause* sicher konventionelleren Mustern folgen, als sie etwa in *Kuhle Wampe* verwendet werden – entfaltet sich doch die Handlung erst über verschiedene inhaltliche, dramaturgische und filmsprachliche Methoden zu einem *komplexen filmischen Zusammenhang* –, werden auf diese Art Aussagen über die Wirklichkeit gemacht, die über den einfachen Inhalt des Films hinausgehen.

Mehrere Aspekte sind in der bisherigen Analyse bereits enthalten. So machte die Charakterisierung der einzelnen Personen deutlich, daß sich die filmische Aussage wesentlich über die Gestaltung der Einzelschicksale vermittelt und durch Ansätze einer Typisierung einen weitergehenden Inhalt formuliert. Das dokumentarische Material verleiht dem Film größere »Lebensnähe« und »Unmittelbarkeit«.

Die innere Gestaltung des Films folgt im wesentlichen zwei Prinzipien. Sie entsprechen den jeweiligen inhaltlichen Intentionen, die entweder auf die Dynamisierung des *Handlungsverlaufs* oder auf Erfassung der *psychischen Situation* der Personen gerichtet sind.

Als gestalterisches Grundprinzip des Films erkennt man den Aufbau aus mehreren parallelen Handlungssträngen, die den agierenden Hauptpersonen zugeordnet sind. Indem sie in kürzere oder längere Teilstücke gegliedert und in rhythmischer Folge aneinandergesetzt werden, entfalten sich diese Handlungsstränge zu einem dynamischen Ganzen. Das dem Film so gegebene Spannungsmoment erhält seine Funktion allerdings nicht als oberflächlich formales Prinzip, sondern es dient ebenfalls der genauen Darstellung der einzelnen Personen, ihrer Beziehungen zueinander und ihrer Entwicklung. Die Beobachtung mit Hilfe von Nah- und Großaufnahmen, in denen die Veränderungen von Gesichtsausdruck, Haltung oder Bewegung registriert werden, ist daher eng verknüpft mit der rhythmischen Gesamtgliederung des Films.

Um diese Verbindung von inhaltlichem Interesse und formaler Gestaltung im einzelnen herauszuarbeiten und im Bezug zu den weitergehenden Intentionen – Aussagen über die (komplexe) Wirklichkeit – zu untersuchen, sollen nun exemplarische Sequenzen genauer dokumentiert und einer formal-inhaltlichen Feinanalyse unterzogen werden.

2.3.5.2.
»Einbruch in die Pfandleihe« (Parallelhandlung)

Die den gesamten Film durchziehenden parallelen Schnittfolgen finden sich auf mehreren unterschiedlichen Ebenen der Handlung wieder. Im großen Zusammenhang der Entwicklung der Hauptfiguren folgend, gliedern sie den Film bis in das dramatische Arrangement einzelner Einstellungen. An mehreren Stellen kulminieren die Parallelhandlungen zu einem dramatischen Höhepunkt, auf dem sie in einer bestimmten Phase der Erzählung zusammengeführt werden. Beispielhaft dafür ist die Sequenz, in der Paul in der Kneipe das Zeitungsgeld vertrinkt und parallel dazu immer wieder in kurzen Zwischenabschnitten auf die wartende Mutter verwiesen wird. Ihre dramatische Auflösung findet die Handlung, als Mutter Krause in der Kneipe erscheint und sich die für das weitere Geschehen entscheidende Auseinandersetzung zwischen Paul und ihr abspielt. Hier dient die »Parallelmontage« sowohl der Dramatisierung der Handlung als auch der Darstellung der Beziehungen zwischen Paul und der Mutter.

Am deutlichsten und differenziertesten ist diese Form als Dramatisierung allerdings in der Sequenz angewandt, in der Paul und der Schlafbursche in die Pfandleihe einbrechen, wobei vorher und nachher Bezüge zu Mutter Krause hergestellt werden.

Schon während der Darstellung des Gartenfestes wird in kurzen eingeschobenen Einstellungen auf die Vorbereitungen zum Einbruch verwiesen. So steigert sich langsam die Spannung. Ernas Entwicklung erlebt eine für Mutter Krause beruhigende Wendung, während der Zuschauer bereits den Beginn des Abstiegs von Paul erlebt und Mutter Krauses weiteres Schicksal durch den Brief der Behörde vorgezeichnet wird.[140]

1202–1211		Mutter Krause hat das *Gartenfest* verlassen. Erna berichtet Max, was vorgefallen ist. Max verspricht zu helfen.
1212	T	Paul beim Einbruch ins *Leihhaus.*
1213	HN	Mutter Krause sitzt sorgenvoll in der *Wohnküche* am Küchentisch. Sie entnimmt dem Schubfach den Brief mit Amtssiegel und öffnet ihn mit einer Haarnadel. Sie entfaltet ihn und läßt ihn mit einem Ausdruck tiefer Hoffnungslosigkeit wieder sinken.
1214	T	Auf der *Straße* steht Pauls Freund von der Lumpenstampe Schmiere. Im Hintergrund ein Straßenmädchen.
1215	HN	Im *Leihhaus* durchsucht der Schlafbursche einen Schrank und

1216	G	steckt eine Taschenuhr ein.
1217	T	Auf der *Straße* zwei Straßenmädchen.
1218–1238		Paul und der Schlafbursche beim Einbruch im *Leihhaus*. Paul entdeckt die Brosche der Mutter. Der Schlafbursche horcht auf etwas.
1239	HN	Auf der *Straße* überprüft ein Wachbeamter die Außentür des Leihhauses und geht weiter.
1240	T	Im *Leihhaus*. Während Paul sich hinter einer Vitrine duckt, tritt der Schlafbursche hinter die Tür des Geschäftsraumes und zieht einen Revolver.
1241	HN	Der Schlafbursche lauscht.
1242	T	Die Tür öffnet sich, horchend tritt der Pfandleiher ein und
1243	N	greift zum Lichtschalter.
1244	HN	Der Schlafbursche springt ihm mit gezogenem Revolver entgegen und verhindert,
1245	T	daß er Licht macht. Er stößt ihn in den
1246	T	Raum der Pfandleihe.
1247	HT	Auf der *Straße* steht Pauls Freund Schmiere.
1248–1252		Im *Leihhaus*. Der Schlafbursche gibt Paul den Revolver: »Halte ihn in Schach, aber schieße nicht.«
1253	HN	Pauls Freund auf der *Straße*. Er lehnt lässig am Briefkasten und raucht.
1254–1280		Paul im *Leihhaus* ist von der Brosche der Mutter abgelenkt. Der Pfandleiher nutzt den Augenblick, um Paul die Waffe zu entwenden. Es kommt zu einem Kampf, bei dem sich aus der Pistole ein Schuß löst.
1281	HN	Auf der *Straße* Pauls Freund.
1282	N	Im *Leihhaus*. Das entsetzte Gesicht des Schlafburschen.
1283	HN	Ein Wachbeamter auf der *Straße* kommt ins Bild.
1284	N	Pauls Freund beobachtet ihn entsetzt.
1285	N	Im *Leihhaus* der Schlafbursche.
1286	N	Auf der *Straße* Pauls Freund.
1287	HN	Der Wachbeamte.
1288	HN	Der Freund rennt weg.
1289	HN	Paul im *Leihhaus* läuft aus dem Bild.
1290	HN	Der Schlafbursche.
1291	HN	Paul rennt durch den Raum.
1292	HN	Der Pfandleiher rafft sich auf und läuft ebenfalls weg.
1293	N	Der Schlafbursche versucht zu fliehen.
1294	HN	Der Pfandleiher läuft aus dem Raum und schlägt die Tür zu.
1295/6	HN	Der Schlafbursche läuft zur verschlossenen Tür und rüttelt vergeblich daran.

1297	HN	Auf der *Straße* der Wachbeamte. Er sieht nach oben.
1298	Extr.G	Das Gesicht des Beamten. Er pfeift mit einer Trillerpfeife.
1299	HN	Im *Leihhaus,* der Schlafbursche wirft sich mit Gewalt gegen die Tür.
1300	G	Auf der *Straße* der Beamte mit der Trillerpfeife.
1301–1304		Verschiedene Versuche des Schlafburschen, aus dem *Leihhaus* zu entfliehen.
1305	HT	Auf dcr *Straße* werden zwei Mädchen aufmerksam und blicken nach oben.
1306	HN	Im *Leihhaus,* der Schlafbursche rüttelt am Fenster.
1307	HN	Auf der *Straße* rennt Paul.
1308	HN	Der Schlafbursche im *Leihhaus* rüttelt an der Tür.
1309	G	Ein Telefon. Eine Hand nimmt den Hörer ab.
1310	G	Der Hörer wird ans Ohr genommen. Man spricht.
1311	HN	Paul rennt weiter auf der *Straße.* (Kamerafahrt, parallel)
1312	G	Ein Klingelknopf wird gedrückt.
1313	G	Ein Klingeln.
1314–1320		Im *Leihhaus.* Der Schlafbursche bricht die erste Tür auf, läuft an langen Regalen des Nebenraumes entlang auf eine zweite verschlossene Tür zu. Wirft sich dagegen.
1321	HT	Auf der *Straße* beginnen sich Menschen zu versammeln.
1322	HN	Im *Leihhaus.* Der Schlafbursche wirft sich gegen die Tür.
1323	N	Sein erschöpftes Gesicht. Er gibt auf.
1324	HN	*Straße.* Ein Mannschaftswagen der Polizei in Fahrt.
1325	HN	Im *Leihhaus.* Der Schlafbursche geht resigniert zurück. An den Regalen entlang (Kamera vom Schlafburschen aus, Fahrt an den Regalen entlang).
1326	HT–HN KF	*Straße.* Der Mannschaftswagen fährt an der Kamera vorbei.
1327–	HN	
1328	N	Im *Leihhaus* der Schlafbursche.
1329	HN	Paul kommt die *Straße* entlang, verschwindet in einer Haustür.
1330	HN	Paul rennt die Treppe hinauf.
1331	N	Im *Leihhaus* der Schlafbursche.
1332	HN	Der Mannschaftswagen der Polizei hält an, die Polizisten steigen zu beiden Seiten aus.
1333	HN	Mutter Krause in der *Wohnküche.*
1334	HN	Paul stürzt in die Küche.
1335–1342		Die erfreute Mutter Krause umarmt Paul, dessen Gesicht angstverzerrt ist.
1343	HT	Im *Leihhaus* wird der Schlafbursche verhaftet.

1344–1348 In der *Wohnküche.* Während Paul der Mutter zu erklären versucht, was vorgefallen ist, erscheint bereits die Polizei, die ihn abholt.

Nachdem also Mutter Krause das Gartenfest verlassen hat, deutet die kurze Einstellung auf die Einbruchsvorbereitungen den weiteren Verlauf an. Bevor sich das Geschehen im Leihhaus und auf der Straße entwickelt, erinnert eine lange Einstellung auf Mutter Krause in der Wohnküche (mit dem Schreiben der Behörde) den Betrachter, daß ein Bezug zwischen dieser Situation und dem Einbruch in der Pfandleihe besteht. In diesem Bewußtsein verfolgt er nun die Schilderung des Einbruchs, die im Wechsel von zwei Handlungsorten – Leihhaus und Straße – auf ihren Höhepunkt zuschreitet: das Mißlingen des Einbruchs und die Festnahme durch die Polizei.

In längeren Sequenzen wird der Verlauf des Einbruchs im Leihhaus verfolgt, dazwischen zeigen einzelne, kurze Einstellungen Pauls Freund, der auf der Straße Schmiere steht, später auch den Wachmann, der den Einbruch entdeckt und dessen wiederholtes Erscheinen die steigende Bedrohung vermittelt. Die Einstellungen zur Straße erscheinen vor allem dann, wenn während des Einbruchs gewisse Gefahrenmomente aufgetreten sind, wodurch der Eindruck der Gefahr noch verstärkt wird. Das erste Mal erscheint der Wachmann, als der Schlafbursche auf etwas horcht. Beide Hinweise signalisieren Gefahr. Dann spitzt sich die Situation im Leihhaus zu, man sieht Pauls Freund von all dem unberührt, obwohl er doch aufpassen soll – ein beunruhigendes Zeichen. Nachdem der Schuß gefallen ist, erscheint wieder der Wachmann im Bild, schon aufmerksamer. Die weitere Handlung wird durch schnelleren Bildwechsel dramatisiert. Kopflose Reaktionen der Beteiligten: Pauls Flucht, die unschlüssige Haltung des Schlafburschen. Dann auch die Flucht des Pfandleihers. Dazwischen der Wachbeamte immer aufmerksamer werdend. Pauls Freund ergreift ebenfalls die Flucht, kann also auch nicht mehr helfen. Groß zeigt die Trillerpfeife des Wachmannes, daß Alarm gegeben ist. Die Entwicklung hat einen ersten Höhepunkt erreicht. Wieder der Schlafbursche, verzweifelt, da ihm der Fluchtweg versperrt ist. Dazwischen Paul außer Atem die Straße entlanghastend. Man spürt förmlich die Angst, die ihm »im Nacken sitzt«. Eine kurze Montage mit Großaufnahmen eines Telefons und einer elektrischen Klingel verdeutlichen, daß nun der Alarm nach außerhalb weitergegeben wurde. Nach einer Einstellung auf den hilflosen Schlafburschen kommt ein Polizeiauto. Paul rennt nach Hause. Noch ist es denkbar, daß er entkommen kann. Zuhause die ahnungslose Mutter, die in ihrer Freude über das Wiedersehen die Erregung des Sohnes erst gar nicht bemerkt, während der – besser informierte – Zuschauer bereits ahnt, was folgt, da ihm die Verhaftung des Schlafburschen gezeigt wird. Dann wird Paul in der Wohnküche von der Polizei abgeholt; völlig gebrochen bleibt die Mutter zurück.

Diese Sequenz ist in doppelter Hinsicht nach dem Prinzip der Parallelhandlung aufgebaut. Zum einen entwickelt sich durch den ständigen Wechsel vom Geschehen auf der Straße zum Geschehen in der Pfandleihe eine innere Dynamik, zum anderen wird im anfänglichen Verweis auf Mutter Krause und durch dessen Wiederaufnahme am Schluß ein weiterer Zusammenhang hergestellt, der die Szene in das Gesamtgefüge der Handlung einordnet. Vermittelt wird das alles zusätzlich dadurch, daß sich das Mißlingen des Einbruchs auf die Brosche der Mutter zurückführen läßt, so daß diese Brosche als gegenständlicher Bezug zwischen Paul und der Mutter fungiert. Das innere Spannungsmoment des Einbruchsverlaufs enthält so zugleich ein äußeres, das die weiteren Handlungen der Hauptfiguren betrifft, insofern die Folgen des Einbruchs Mutter Krauses Entschluß zum Selbstmord auslösen.

Die Methode der Parallelhandlung wird hier also in erster Linie im Sinne der Logik der Filmhandlung und der Fesselung des Betrachters durch Spannung angewandt. Neben dieser Dynamisierung der Handlung wird allerdings auch die psychische Situation der handelnden Personen beschrieben, indem die Schnittfolgen zum Beispiel die Vorstellung von »Angst« oder »Verzweiflung« vermitteln. Bezogen auf den Zuschauer wird so eine sowohl inhaltliche als auch emotionale Vorbereitung auf die »Selbstmordsequenz« der Mutter Krause erreicht. Man erfährt den letzten Anstoß zu ihrem Entschluß im »Verlust« des Sohnes an die Staatsmacht, und man ist innerlich erregt durch die vorausgegangene Spannung, die noch – allerdings zum Mitleid – gesteigert wird, als Mutter Krause nichtsahnend den Sohn mit großer Freude empfängt.

Darüber hinaus deutet die Gegenüberstellung der Mutter Krause mit dem Behördenbrief und dem Einbruch eine weitergehende Aussage an, die den Grund für die Kriminalität des Sohnes in der Notsituation der Mutter und der ganzen Familie angibt, die nicht in der Lage ist, die fehlenden zwanzig Mark aufzubringen. Diese Interpretation wird unterstützt durch die Äußerung des Sohnes: »Ich wollte doch alles wieder jut machen«, sowie durch die vorausgegangene Handlung, die bereits diesen Schluß zuließ. Woher allerdings die elende Lebenslage der Familie rühren könnte, die den Sohn in die Kriminalität und die Mutter in den Selbstmord treibt, wird nicht geklärt; eine »Aufdeckung des gesellschaftlichen Kausalkomplexes« (Brecht) wird also nicht geleistet. Über emotionale Erregung werden allerdings Denkanstöße gegeben.

2.3.5.3.
»Zeitungsfiliale« (Psychologisierung)

Als »einfühlende Darstellung menschlichen Verhaltens« läßt sich die psychologisierende Charakterisierung der einzelnen Personen und ihrer Handlungen bezeichnen. Sie beginnt bereits bei der Auswahl der »Typen«, die ganz auf ihre Rolle zugeschnitten scheinen und im gezeigten Milieu mit den Laiendarstellern eine Einheit bilden. Inhaltlicher und formaler Aufbau des Films, Kameraführung und Schnitt runden dieses Bild ab. Die Veränderungen in Mimik, Gestik oder Haltung der Schauspieler werden in Nah- und Großaufnahmen vermittelt, Details der Umgebung, des Milieus oder der Handlung in die Darstellung miteinbezogen. Als Beispiel dafür lassen sich die bereits erwähnten »Kaffeesequenzen« der Mutter Krause heranziehen oder eine Montagesequenz, in der Dinge aus der Umgebung Mutter Krauses zusammen mit dem Adler als Symbol des Staates ihre Angst vor der Staatsmacht verdeutlichen (»Brief mit Amtssiegel« wird nacheinander überblendet mit dem Pendel einer Uhr, Zifferblatt, Adlerskulptur in Nah- und Großaufnahme, dann Schwenk zu den Krallen des Adlers [1151–1155]).

Wie die filmische Darstellung der Personen deren psychische Situation verdeutlicht und auf diese Weise die Emotionen des Zuschauers anspricht, zeigt besonders die Sequenz, in der Mutter Krause das Geld in der Zeitungsfiliale abliefern muß. Hier wird ihr Verhalten geradezu analytisch entfaltet, zum einen durch genaueste Registrierung der schauspielerisch sehr ausdrucksvoll dargestellten Demutshaltung der Mutter Krause gegenüber den drohend und unbarmherzig wirkenden Personen und Dingen in der Filiale, zum anderen durch eine dramatische Schnittfolge:

846	HN	Mutter Krause betritt die Zeitungsfiliale, lang sieht sich ängstlich um.
847	T	Der Raum mit den Zeitungsfrauen, die alle ihr Geld zählen.

848	N	Mutter Krause.	
849	N	Eine der Zeitungsfrauen.	von oben
850	N	Mutter Krause zögert noch immer, näherzutreten.	
851	G	Geld wird auf einem Zählbrett vorgezählt.	von oben
852	G	Mutter Krauses verzweifeltes Gesicht.	
853	HT	Schließlich geht sie – Schwenk – zur Bank und...	
854	HN	setzt sich zu den anderen Frauen. Hinter diesen an der Wand ist eine Aufschrift zu lesen: »... QUITTUNGEN. ABRECHNUNG MUSS BIS DIENSTAG ERFOLGT SEIN!«	
855	HN	Die dicke Zeitungshändlerin bei der Abrechnung.	schräg, von hinten
856	G	Mutter Krausens gesenkter Kopf.	
857	N	Eine der Zeitungsfrauen auf der Bank.	
858	G	Die Aufschrift (E 854) drohend über Mutter Krausens Kopf.	
859	N	Schwenk nach unten von ihrem Scheitel zu ihren zählenden Händen. Das Geld reicht nicht.	
860	HN	Die Zeitungshändlerin ruft Mutter Krause auf.	
861	HN	Mutter Krause erhebt sich langsam und geht...	von oben
862	HN	auf die wartende Händlerin zu, die ihr aufmunternd zunickt.	Gegenschnitt
863	N	Mutter Krause zählt über den Tisch gebeugt ihr Geld vor.	schräg von hinten
864	G	Das Zählbrett,	
865	G	auf dem sich die kleinen Münzstapel häufen, dann legt Mutter Krause noch einen Zehnmarkschein dazu.	Überblendung
866	HN	Das Lächeln im runden Gesicht der Zeitungshändlerin friert ein.	von unten
867	G	Mutter Krause blickt schuldbewußt und demütig zu der Händlerin auf. Sie spricht.	
868	HN	Die empörte Händlerin:	
Titel		»Das Geld stimmt ja nich.«	
869	HN	Eine Zeitungsfrau wird aufmerksam.	
870	N	Eine andere Zeitungsfrau.	
871	G	Mutter Krause versucht, etwas zu sagen.	

872	N	Die eine Zeitungsfrau sagt etwas zur Händlerin, ...	von oben
873	N	die mit achtungheischender Miene hinter ihrem Tisch thront.	von unten
874	N	Erneut die Zeitungsfrau: *Titel:* »Ihr Junge hat doch das Zeitungsgeld versoffen.«	
875	HN	Die andere Zeitungsfrau lacht schadenfroh.	
876	G	Mutter Krauses beschämtes Gesicht. Sie wendet sich ab.	
877	N	Drohend die wütende Händlerin.	von unten
878	N	Die beschämte Mutter Krause.	
879	N	Die wütende Händlerin, die ...	
880	T	ihren Chef aus dem Hinterzimmer ruft.	
881	HN	Der gleichfalls wohlbeleibte Chef redet wütend auf Mutter Krause ein.	stark von unten
882	N, sehr	Mutter Krause ist zu Tode erschrocken.	
883	G	Sie läßt die Hände auf den Tisch fallen.	
884	G	Auch das Geld auf den Tisch.	
885	HN	Der wütende Filialleiter: *Titel:* »Bis Nachmittag müssen se abrechnen, sonst fliegen Sie raus und ich erstatte Strafanzeige.«	
886	HN	Fortsetzung von E 885.	
887	G	Mutter Krause blickt erschrocken zu ihm auf.	
888	HN	Sie wendet sich vom Ladentisch ab.	
889	N	In diese Bewegung geschnitten: ihr grauer spärlicher Haarknoten, ihre gebeugte Gestalt; langsam geht sie zur Tür. Überblendung.	

Zögernd und in gebeugter Haltung betritt Mutter Krause die Zeitungsfiliale. Aus dieser Haltung heraus, die bereits von ihrer Angst zeugt, erscheinen für sie alle im Raum sichtbaren Dinge und Abläufe als bedrohlich. Für den Zuschauer vermittelt sich dieser Eindruck, indem im Wechsel zum verzweifelten großaufgenommenen Gesicht der Mutter Krause Gegenstände aus dem Raum gezeigt werden, die Assoziationen zu ihrer Situation hervorrufen: die anderen Zeitungsfrauen, die in den Händen ihr Geld zählen, das Zählbrett, auf dem ebenfalls Geld vorgezählt wird, die Aufschrift »... Quittungen. Abrechnung muß bis Dienstag erfolgt sein!« und selbst die – vom Typus her schon angsteinflößende – massige Zeitungshändlerin. Dann zählt Mutter Krause ihr Geld nach, obwohl klar ist, daß es nicht stimmt. Sie vergewissert sich noch einmal, vielleicht weil sie es so gewohnt ist. Bezeichnenderweise sitzt sie gerade unter der Aufschrift, die sie wie ein Damoklesschwert bedroht.

Die Situation spitzt sich dramatisch zu, als Mutter Krause aufgerufen wird. Die drohende Haltung der Zeitungshändlerin verstärkt sich dadurch, daß sie mit ihrem Oberkörper das ganze Bild füllt und dazu aus der Untersicht, also dem Blickwinkel der kleineren Mutter Krause aufgenommen wird. Mutter Krause zählt gebeugt das Geld vor, betont langsam, als wolle sie die zu erwartende Reaktion möglichst lange aufschieben. Dazwischen groß das Zählbrett als drohendes Symbol der Genauigkeit, von dem zu Mutter Krause übergeblendet wird, die wiederum ganz langsam einen letzten Schein dazulegt. Dann folgt die von ihr – und auch vom Betrachter – gefürchtete Reaktion. Die Zeitungshändlerin baut sich wütend auf. Im folgenden werden zwischen den Dialog (mit Nahaufnahmen der Händlerin und Großaufnahmen der immer hilfloser blickenden Mutter Krause) die hämischen Reaktionen der übrigen Zeitungsfrauen geschnitten, ihre Situation noch verschlimmernd und für den Zuschauer schärfer zeichnend. Mutter Krauses verzweifelte Reaktion darauf ist, daß sie sich beschämt abwendet, den Dingen ausgeliefert, die auf sie zukommen. Die letzte Hoffnung auf eine Lösung des Problems nimmt ihr der Chef, der (ebenfalls bedrohlich aus der Untersicht gezeigt) auf die »zu Tode erschrockene« einredet. In zwei Einstellungen, die nur Mutter Krauses Hände zeigen, wie sie die Geldbörse fallen lassen, wird ihre Hilflosigkeit und Angst verdeutlicht. Das plötzliche Fallenlassen veranschaulicht, daß nun alle Hoffnung, die sie vielleicht noch hegte, verloren ist. Das wird durch den folgenden Titel nur noch bestätigt: nun drohen ihr Entlassung und Strafanzeige. Es ist klar, daß Mutter Krause, die man im Film als »ehrlich und aufrecht« kennengelernt hat, eigentlich nichts Schlimmeres zustoßen kann. Sie soll ihrer Existenzgrundlage beraubt werden und mit dem Staat in Konflikt geraten. Ihre Reaktion ist kennzeichnend für sie. Ihrem Schicksal ergeben, verläßt sie die Filiale wie eine »Geschlagene«. Ihre gebeugte Haltung, die ganz kleine Figur in der letzten Nahaufnahme, macht das deutlich.

Die tragische Wirkung dieser Sequenz wird aber nicht nur dadurch erreicht, daß die Reaktionen der Mutter Krause, ihr Gesichtsausdruck, ihre Hände in Nahaufnahmen vorgeführt werden und ihr Dialog mit den Vorgesetzten wiedergegeben wird, sondern auch durch die Verbindung mit den Dingen und Vorgängen in der Zeitungsfiliale und deren Zusammenhang im Filmgeschehen. Zählbrett, Aufschrift an der Wand, die anderen Zeitungsfrauen, für Mutter Krause eine normalerweise alltägliche Erfahrung, erscheinen in einem neuen Licht, als eine Bedrohung, die ihre innere Situation erst richtig vermittelt.[141]

Für den Zuschauer verstärkt sich der Eindruck dieser hier aus dem Zusammenhang gegriffenen Sequenz noch durch die Tatsache, daß er weiß, wie es zu dieser Situation gekommen ist. Der vorangegangene Handlungsablauf hat deutlich gemacht, daß Mutter Krause nicht selbst verantwortlich ist für die ihr angelastete »Verfehlung«, sondern daß diese sich aus der elenden Lebenslage der ganzen Familie ergeben hat. Damit ist der Zuschauer moralisch angesprochen und über die Emotion dazu angeregt, auch für sich selber Schlüsse zu ziehen.

2.3.5.4.
Die »Demonstration« (formal-inhaltlicher Höhepunkt)

Bereits aus den bisherigen Analyseschritten geht hervor, daß die »Demonstrationssequenz« inhaltlich den Höhepunkt des Films darstellt, da sich in ihrem Verlauf die wesentliche Wende in der Filmhandlung vollzieht. Aus diesem Grund wird sie nun einer genaueren formal-inhaltlichen Untersuchung unterzogen.

1031	HN	Erna kommt aus der »Wohnung des Spießers« heraus und rennt an der Kamera vorbei. Das Gesicht des »Spießers« erscheint, sieht ihr wütend nach.
1032	T	Erna rennt die Straße entlang (Schwenk nach links) und in ein Haus hinein.
1033	HN	Sie stürmt die Treppe hinauf, mehr dem Geschehen fliehend als vorwärtsstrebend. Die Kamera folgt im Schwenk.
1034	HN	An Maxens Tür.
1035	N	Sie klopft an die Tür. *Titel:* »Max! Max!«
1036	N	Sie trommelt wild gegen die Tür und ruft.
1037	HN	Ernas Rücken. Sie läßt langsam nach.
1038–1046		Erna – eine Nachbarin an der gegenüberliegenden Tür. *Titel:* »Der is uff die Demonstration.«
1047	HN	Erna zieht sich mühsam hoch.

1048	HN	Die Nachbarin, mit Bedauern, schließt ihre Tür.	
1049	HN	Erna geht zur Treppe zurück.	
1050	T	Langsam, sich am Geländer stützend, geht sie die Treppe hinunter.	
1051	HT	Erna kommt aus dem Haus. Die Kamera schwenkt mit ihr nach links. Nach einigen Schritten hält sie sich an einem Geländer fest.	
1052	G	Ernas Gesicht, in die Ferne schauend. Es scheint, sie faßt einen Entschluß (psychologisierend).	
1053	HT	Mit der die Straße entlang laufenden Erna fährt die Kamera mit.	
1054	HT	Zuschauer einer Demonstration stehen am Straßenrand. Erna kommt mit dem Rücken ins Bild und drängt die Zuschauer beiseite.	
1055	T	Erna kommt aus der Reihe der Zuschauer heraus, sieht sich um, zögernd, dann läuft sie mit am Boden schleifender Jacke den Demonstrationszug im Zick-Zack entlang.	Gegenschnitt
1056	HT	Eine Musikgruppe des Rotfrontkämpferbundes.	
1057	T	Erna läuft am Demonstrationszug entlang.	
1058	HT	Die Musikgruppe kommt auf die Kamera zu.	
1059	T	Erna vor der Demonstration.	
1060	HN	Die Demonstranten kommen auf die Kamera zu. Man erkennt ein Spruchband: »WIR FORDERN MENSCHENWÜRDIGE WOHNUNGEN«.	
1061	T	Erna bleibt stehen, sucht weiter unter den Demonstranten. Ein Spruchband ist zu erkennen: »WERKTÄTIGE FRAUEN REIHT EUCH EIN«.	
1062	HT	Die Demonstranten marschieren an der Kamera vorbei. Erna setzt ihre Suche fort.	Gegenschnitt
1063	HN	Die Demonstranten. Ein Mann mit Becken zieht an der Kamera vorbei.	
1064	HT	Ein Spruchband: »ARBEITERFRAU, DENK AN DEIN KIND«.	
1065–1090	N u. G	Wechselnde Bilder der Demonstration aus verschiedenen Kamerastandpunkten. Nah-	

		aufnahmen der Instrumente des Spielmannszuges, singende Demonstranten, deren marschierende Beine, Invaliden, die den Schritt mithalten, Totale der Demonstration. Dazwischen Erna, suchend, dann scheint sie etwas entdeckt zu haben.	
1091	T	Männer mit Krücken gehen an Erna vorbei. Langsam beginnt sie mitzulaufen.	
1092	HT	Die Kamera fährt jetzt mit der immer schneller laufenden Erna mit, die sich in Richtung des Zuges und in ihn hinein bewegt.	
1093	HN	Zwei singende Arbeiter.	
1094	HN	Die Kamera fährt (von vorn) mit einer Gruppe singender Arbeiter mit. Unter ihnen ist Max.	
1095	HN	Fahrt mit Erna im Demonstrationszug.	
1096	HN	Fahrt: Max mit den Singenden.	
1097	G	Erna ruft.	
1098	HN	Fahrt. Demonstranten wenden sich im Marschieren um.	
1099	HT	Fahrt mit Erna, die zu Max drängt.	
1100	HN	Fahrt mit den Demonstranten, Max will zu ihr, doch ein Freund...	
1101	N	hält ihn zurück. (Die Kamera fährt.)	
1102	HN	Max zieht Erna in den Demonstrationszug hinein. (Die Kamera fährt.)	
1103	N	Kamera fährt mit den beiden, die jetzt nebeneinander gehen. Erna wirkt noch durcheinander.	
1104	N	Die Beine der Demonstranten. Die Kamera fährt mit (von vorne). In der Mitte Ernas Beine, noch stolpernd neben den Marschierenden.	
1105	N	Max und Erna. Sie lächelt glücklich.	
1106	N	Ernas Beine, sie fassen Schritt.	lange Einstellung
1107	N	Die Kamera fährt (von vorne) mit den Demonstranten mit. Erna strahlt glücklich. Max lächelt ihr zu. Beide singen.	
1108	HN	Fahrt aus der Untersicht. Erna und Max marschieren weiter und halten sich dabei an den Händen. Hinter ihnen weht eine Fahne. Überblendung.	stilisierend

Aus der »Wohnung des Spießers« fliehend, gelangt Erna zu Maxens Wohnung. Max ist auf einer Demonstration. Sie folgt ihm und findet über diese persönliche Beziehung Anschluß an eine große Arbeiterdemonstration, die sich auch gegen ihre eigenen elenden Lebensbedingungen richtet. Sie reiht sich neben Max ein und vollzieht damit den entscheidenden Schritt ihrer im Film dargestellten Entwicklung.

Die Sequenz bezieht ihre Dramatik einerseits aus dem qualitativ neuen Inhalt (»sich konsequent wehren«), zum anderen aus dem formalen Aufbau, der die Sequenz in mehrere sich formal und inhaltlich steigernde Teilstücke gliedert, in denen Ernas Zögern und Vorwärtsstreben die innere Dynamik bestimmen.

a) Ausgangspunkt ist das Scheitern eines in Ernas Lebensverhältnissen sich anbietenden Ausweges aus der Existenznot. Aus der fremden Wohnung fliehend (wie man an ihrem raschen Tempo sieht), bricht Erna zugleich mit den »Angeboten« ihres Milieus. Ziel ihrer Flucht ist Max, der für sie in dieser Situation den stärksten Bezug darstellt, für den Zuschauer aber längst als politisch bewußter Arbeiter charakterisiert und daher in einen größeren Zusammenhang gestellt worden ist [1031–1034].

b) Daß Max nicht zu Hause ist, erzeugt zunächst Ratlosigkeit und Verzweiflung bei Erna, sie will nicht zurück und sieht keinen Weg vorwärts. Es wird gezeigt, wie sie sich willenlos gleichsam »vom Gewicht ihres eigenen Körpers« die Treppe »hinunterziehen« läßt, wie sie sich dann haltsuchend an ein Straßengeländer klammert. Die folgende Nahaufnahme ihres Gesichts deutet den nächsten Schritt bereits an. Sie scheint einen Entschluß zu fassen [1035–1052].

c) Die Kamera folgt der bereits entschlossener, aber immer noch schleppend laufenden Erna, die sich – parallel zur Bildebene – hastig bewegt. Die Handlungsachse läßt den Betrachter so lange außenstehender Beobachter bleiben, bis die Kamera Ernas Standpunkt einnimmt, und so den Zuschauer einbezieht, der nun »als Erna« eine Menschenmenge von hinten erblickt. Als Erna energisch die Reihen durchbricht, sieht man von vorn die Zuschauermenge vor einer Demonstration: Erna erscheint aus der Mitte der Zuschauer, nun am Ziel – bei der Demonstration – angelangt. Dann stockt sie, sichtlich einer unerwarteten oder für sie neuen Situation konfrontiert, beginnt aber, halb entschlossen, halb unsicher, wie man an ihrem Zick-Zack-Gang und der am Boden schleifenden Jacke erkennt, dem Demonstrationszug entgegenzulaufen. Die Kamera folgt ihr von hinten [1053–1055].

d) In entgegengesetzter Bewegungsrichtung erscheinen jetzt Demonstranten, sowohl Erna, als auch dem Betrachter entgegenkommend (die Handlungsachse hat sich gewendet, die Kamera steht hinter Erna, neben der Demonstration, mit ihr die Demonstration betrachtend). Die sichtbar werdenden Transparente tragen so nicht nur für Erna, sondern auch für den Zuschauer Aufforderungscharakter, zumal sie in manchen Einstellungen direkt auf ihn zukommen und sonst bei diagonaler Bewegungsachse mehr auf ihn als auf Erna gerichtet sind. Ihr Inhalt bezieht sich zunächst auf Ernas im Film beschriebene Situation: »WIR FORDERN MENSCHENWÜRDIGE WOHNUNGEN« – das meint ihre Lebensverhältnisse, die aber zugleich die Lebensverhältnisse derjenigen sind, an die der Film sich wenden will. »WERKTÄTIGE FRAUEN REIHT EUCH EIN« – damit ist Erna angesprochen, aber auch die Frau im Publikum, für die möglicherweise besonders das letzte Transparent »ARBEITERFRAU, DENK AN DEIN KIND« gedacht sein kann (zur Ansprache der noch politisch Unentschlossenen – vor allem der Frauen – vgl. den historischen Exkurs und den Abschnitt über die Darstellung der Frau). Daß die Darstellung der Demonstration vor allem auch zur Ansprache des Zuschauers und nicht allein zur Weiterverfolgung von Ernas Verhalten gedacht ist, belegen die nächsten Einstellungen. Nur teilweise sind sie wie die vorherigen aus Ernas Blickrichtung aufgenommen, statt dessen werden in wechselnden Schnitten Ansichten der Demonstration mal aus der Untersicht, mal in Nahaufnahme marschierender Beine, in Nahaufnahme der Gesichter, der Musikanten mit ihren Instrumenten, mal auch aus der Totalen gezeigt. Damit wird ein Eindruck von der Größe und Diszipliniertheit der Demonstration gegeben, die auf den Betrachter ebenso stark wirken soll wie im Film auf Erna. Daß diese Wirkung in der zeitgenössischen Rezeption so empfunden wurde, belegt eine Rezension in der *Roten Fahne* (Jan. 1930): »Es ist hier eine Demonstration revolutionärer Weddinger Arbeiter zu sehen, von einer Kraft, einer Siegesbewußtheit, einer proletarischen Größe, einer bolschewistischen Diszipliniertheit und Wucht, eine Demonstration, die alles Elend, alles Dunkle im Film aufhebt, die Wedding als ein Zentrum des deutschen klassenbewußten Proletariats, als ein Zentrum der deutschen proletarischen Zukunft gestaltet.«[142] Diese Wirkung wird durch die »bewegliche Kamera« ermöglicht, die aus verschiedenen Blickwinkeln mitten ins Geschehen hineinleuchten kann. Jutzi wendet hier eine Darstellungsweise an, wie sie Pudowkin ganz ähnlich in seinem damals bereits erschienenen Buch *Filmtechnik* beschrieben hat[143] [1056–1091].

e) Nach diesen Einstellungen ändert sich die Situation von neuem. Erna wechselt die Laufrichtung, läuft nun *mit* der Demonstration, deren zügiges Tempo dabei noch zusätzlich durch ihren schneller werdenden Schritt verdeutlicht wird. Die Kamera zeigt den Grund von Ernas Richtungswechsel: Sie fährt vorn vor einer Gruppe singender Arbeiter mit, unter denen sich auch Max befindet, dann wieder mit Erna, die etwas ruft. Auf diese Weise wird die Beziehung zwischen Erna und Max bildlich hergestellt. Doch zunächst wird Erna von Max nicht bemerkt, einige kurze wechselnde Schnitte von ihr zu Max und zur Demonstration machen das deutlich und wirken zugleich in ihrem schnellen Wechsel als Dramatisierung der Handlung auf den Augenblick hin, als Erna zu Max drängt, der zu ihr will, zurückgehalten wird und sie schließlich zu sich zieht [1092–1102].

f) Nach dieser dramatischen (über den Bildschnitt vermittelten) Steigerung erreicht die Sequenz ihren formalen wie inhaltlichen Höhepunkt. Erna scheint neben Max zunächst noch unsicher, taumelnd, ohne Halt. Das zeigt auch die nächste Einstellung, die Nahaufnahme, in der man nur ihre unsicher trippelnden Füße und Beine sieht. Doch dann folgt der Blick des Betrachters Ernas Bewußtseinswandel, der nur am Wechsel ihres Schrittes erkennbar wird: von unsicherem Stolpern, langsam »Schritt fassend«, zum Gleichschritt der marschierenden Demonstranten. Die nächste Einstellung, die Erna singend neben Max zeigt, hat bekräftigenden Charakter. Das letzte Bild, in dem beide aus starker Untersicht auf den Zuschauer zuschreiten, erweckt den Eindruck, daß sie gemeinsam einer besseren Zukunft entgegengehen [1103–1108].

In mehreren Phasen steigert sich der Aufbau der Demonstrationssequenz, inhaltlich durch die jeweils mit einem Zögern vorbereiteten Schritte Ernas, formal durch die dynamisierende Schnittfolge und den Wechsel des Kamerastandpunktes. Dieser Aufbau vermittelt außer der Vorstellung einer auch inneren Veränderung Ernas zugleich eine sich schrittweise steigernde allgemeinere Aussage und Ansprache des Betrachters.

Die Darstellung des individuell motivierten Entschlusses von Erna, zu Max zu gehen und ihm zur Demonstration zu folgen, beläßt – vor allem durch die hauptsächlich parallele Handlungsachse – den Zuschauer noch als Beobachter einer »Identifikationsfigur« des Films.

Lediglich die für ihn bereits gegebene Charakterisierung Maxens als »klassenbewußten Arbeiter« läßt für ihn mehr deutlich werden als die persönliche Beziehung Ernas zu Max.

Die nächsten Einstellungen der Demonstration ermöglichen vor allem in ihrer Dynamik mit Hilfe der schnellen Folge verschiedener Kamerastandpunkte wie Untersichten und Einstellungsgrößen, Nahaufnahme, Totale etc. einen starken, emotionalen und direkten Appell an den Zuschauer. Eingeleitet wird er bereits damit, daß die Demonstranten mit ihren Spruchbändern mehr auf ihn als auf Erna zumarschieren. Diese Wirkung wurde bei der Vorführung des Films dadurch erhöht, daß man zu dieser Sequenz die »Internationale« spielte. Sie regte als zusätzlicher Appell zum Mitsingen an, wie nach zeitgenössischen Berichten zu schließen ist. Zu diesem Zweck ist die Sequenz nach dem Rhythmus der »Internationale« geschnitten.[144]

Der letzte und entscheidende Schritt Ernas wird in diesem Teil der Sequenz und im folgenden, in dem Erna – von der Kamera gefolgt – ihre Laufrichtung ändert, im raschen, dynamischen Schnittwechsel als Spannungsmoment vorbereitet. Dann ändert plötzlich mit der Kamera auch der Betrachter seine Position. Von vorne sieht er Ernas Veränderung, sieht wie sie sich einreiht, wie ihre Beine den Marschrhythmus aufnehmen. Dann kommen Erna und Max auf ihn zu, noch direkter als vorher die ganze Demonstration. Erna hat dem Zuschauer den wichtigen Schritt »vorgemacht«.

Diese Schlußmontage erreicht eine bereits in der gesamten Sequenz vorbereitete größere Verallgemeinerung. Die Bewußtwerdung Ernas wird zunächst als ein innerlicher und individueller Vorgang geschildert. Doch in dem »Sich-Einreihen-und-Schritt-fassen« Ernas wird die individuell-psychologisierende Darstellung durchbrochen, indem nur Ernas Beine gezeigt werden, die als »pars pro toto« ein Symbol für das »kämpfende Proletariat« darstellen. Da Erna zudem als einzige Frau in der Demonstration zu sehen ist, erkennt man in Max und Erna ein Symbol für »Mann und Frau im politischen Kampf«. Das ist zugleich die verallgemeinerte Bedeutung der letzten Einstellung, in der beide gemeinsam auf die Zuschauer zukommen. Die starke Untersicht und die anschließende Überblendung unterstreichen noch den Eindruck des »gemeinsam in eine bessere Zukunft Schreiten«.

In diesem inhaltlichen, dramatischen und formalen Höhepunkt des Films werden in besonderer Weise die Erfahrungen des sowjetischen Stummfilms (Montage) genutzt. Es entsteht eine auch intellektuell faßbare Verallgemeinerung, die wohl die individuell-psychologisierende Auffassung überwindet, ohne jedoch die emotionale Ansprache des Betrachters einzuschränken. Im Gegenteil, in der gesamten Sequenz bis zum Schluß wird die »innere Erschütterung« des Betrachters eher noch gesteigert.

Allerdings bildet die Demonstrationssequenz nicht den Schluß des Films, lediglich ihre letzte Einstellung wird am Filmende wieder aufgenommen. Dazwischen liegt die Versöhnung von Erna und Max, der Einbruch in die Pfandleihe, das Gartenfest und der Selbstmord der Mutter Krause. Dies wurde von zeitgenössischen Rezensenten zum Teil als Schwäche des Films gewertet, da so der Eindruck des Tragischen am Schluß überwiegt. Man kann aber durchaus eine andere Intention darin erkennen, die auf Wiedergabe realer Widersprüche zielt und nicht auf einfache Lösungen der im Film angelegten Konflikte. Indem die Demonstration nicht am Ende aller tragischen Verkettungen steht und daher nicht die im Film angelegten falschen Wege abschneidet, löst sie die aufgezeigten Konflikte nur vorläufig. Die Lösung, die der Film über Ernas Entwicklung anbietet, erschließt sich nur dann, wenn auch der Zuschauer bereit ist, den angedeuteten Möglichkeiten zu folgen. Gerade das tragische Ende, gekoppelt mit dem Hinweis auf die Demonstration, könnte aufrüttelnd wirken, da so zwei denkbare Wege bis zum Ende nachvollzogen und einander gegenübergestellt werden. Mit dem Gefühl der Sinnlosigkeit des Todes wird zugleich die Denkrichtung für die Lösung der dargestellten und dem Publikum wohlbekannten Probleme angegeben. Daß die Demonstrationssequenz durchaus als der Kulminationspunkt des Films erkannt wurde, zeigt die Reaktion der Arbeiterpresse, die diese Sequenz immer wieder hervorhob, wie umgekehrt auch die Reaktionen jener Kinobesitzer, die gerade diesen Teil des Films bei Vorführungen unterschlugen.[145]

2.3.5.5.

Zusammenfassend läßt sich feststellen, daß alle drei Sequenzen – wie der gesamte Film – eine einfühlende, lebensnahe Gestaltung menschlicher Schicksale und Konflikte intendieren. Im Zentrum steht die psychologische »Untersuchung« und psychologisierende Wiedergabe der einzelnen Charaktere, ihrer Handlungen und Beziehungen zueinander innerhalb eines Milieus, in das sie sich bruchlos einfügen. Filmisches Milieu und die die Darsteller umgebenden Dinge werden in diese Intentionen mit einbezogen.[146] Die Ansprache des Zuschauers vermittelt sich über eine innere Dramatik, die – dem inhaltlichen Interesse folgend – die komplexen Zusammenhänge des Films auf mehreren Ebenen in parallele Handlungsstränge auflöst, sowie über den Wechsel des Kamerastandpunktes, der Einstellungsgrößen, insbesondere die recht häufige und bewußte Verwendung von Groß- und Nahaufnahmen. Oft nimmt der Zuschauer auch den Standpunkt des jeweiligen »Helden« ein, was ebenfalls eine einfühlende Sicht ermöglicht.

Diese grundsätzliche Auffassung von Film – Konzentration auf die lebendige und nacherlebbare Wiedergabe von Wirklichkeit mit allen filmischen Mitteln – hat im proletarischen Film einen deutlichen Vorläufer: Der sowjetische Regisseur, Schauspieler und Filmtheoretiker Pudowkin schrieb über seine Intentionen zum Film *Die Mutter* (1926): »Wir fühlten und sahen das so, wie man sich das lebendige Verhalten eines Menschen vorstellt, der einem nahe steht und den man gut kennt.«[147] Und Lunatscharski charakterisierte Pudowkins Filme als »vollendete Illusion der Lebenswahrheit«[148]. Diese Aussagen zeigen deutliche Parallelen zu den hier dargestellten Intentionen der Autoren von *Mutter Krause,* »das Leben wie es tatsächlich ist« zu schildern. Über diese ähnliche Grundauffassung hinaus lassen sich viele Einzelheiten erkennen, die den Vorstellungen Pudowkins folgen. So die Vermittlung psychischer Vorgänge über Dinge aus der Umgebung oder über genau beobachtete Handlungsdetails[149], der Aufbau des Films in Parallelen[150] oder – wie bereits erwähnt – die Darstellung der Demonstration.[151] Gleichzeitig läßt sich aber feststellen, daß der Film *Mutter Krause* sich weniger konsequent der Montageprinzipien bedient und zurückhaltender in seiner Dramatik ist (vgl. z. B. *Die Mutter* von Pudowkin). Man könnte den Film in seiner Gestaltung, in seiner ästhetischen Auffassung (und damit auch inhaltlichen Tendenz) als eine Synthese aus verarbeiteten Traditionen des deutschen sozialkritischen Films (z. B. »Zille-Filme«, Pabst-Filme)[152] und denen der sowjetischen Werke bezeichnen. Damit reagiert er durchaus auf Sehgewohnheiten des zeitgenössischen Publikums und erweitert diese zugleich. Zum anderen ist zu bedenken, daß der sowjetische Stummfilm unter gänzlich anderen gesellschaftlichen Bedingungen entstanden ist, daß *Mutter Krause* auf die gesellschaftliche Situation im damaligen Deutschland bezogen sein mußte.

Aus mehreren Gründen ist anzunehmen, daß vor allem Piel Jutzi durch direkten Kontakt von Pudowkin und seinen Filmen gelernt hatte. Pudowkins Buch *Filmtechnik,* in dem seine wichtigsten filmischen Vorstellungen niedergelegt sind, war schon 1928 in Deutschland erschienen, seine Filme *Die Mutter, Das Ende von St. Petersburg* und *Sturm über Asien* waren bereits vor der Produktion von *Mutter Krause* in deutschen Kinos zu sehen. Darüber hinaus hatte Jutzi in einer deutsch-sowjetischen Gemeinschaftsproduktion der Meshrapom – in dem Film *Der lebende Leichnam* (1928, Regie F. Ozip), in dem Pudowkin als Hauptdarsteller mitwirkte – gemeinsam mit Pudowkins Kameramann Golowna die Kamera geführt.[153]

2.3.6.
Darstellung der Frau

Frauen spielen in *Mutter Krause* eine wichtige Rolle. Schon die Wahl der Titelfigur – die ursprüngliche Zille-Figur war ein Mann – verweist auf ein Interesse der Autoren, sich der Darstellung der Frau zu widmen. Die Figur, die dem Film die entscheidende Wendung gibt, ist ebenfalls eine Frau. Das Bild, das von diesen Frauen gezeichnet wird, steht dem Frauenbild des damaligen bürgerlichen Films diametral entgegen. Für die Frau des bürgerlichen Films hat Alice Lex 1931 festgestellt: »Sie geht ins Kino; eine andere Welt tut sich vor ihr auf, eine Welt, in der die Menschen nur zu ihrem Vergnügen leben, in der man nichts weiß von Bürsten, Fegen und Abwaschen. Eine Welt, in der die Liebe, auf die das kleine Mädchen schon lange wartet, eine ungeheuer wichtige Rolle spielt. So wichtig ist in dieser Welt die Liebe, daß das Stück weiter keinen Inhalt hat.«[154] Zwar fehlt auch in *Mutter Krause* das Thema »Liebe« nicht, aber es ist Teil der umfassenderen Thematik, die gerade auf die Darstellung des realen Lebens in den 20er Jahren zielt.

Wie in der Charakterisierung der einzelnen Figuren bereits angedeutet, nehmen die Frauen unterschiedliche Positionen innerhalb des Films ein. Mutter Krause ist als Arbeiterwitwe eine jener Frauen der Weimarer Zeit, über die Kuczynski schreibt: »Für die Frauen war die Situation insbesondere ungünstig, da so viele heiratsfähige Männer im Kriege gefallen waren und die Zahl der ledigen Frauen, die ihren eigenen Lebensunterhalt (oft mit Kindern) verdienen mußten, bedeutend zugenommen hatte.«[155] Als Zeitungsausträgerin übt Mutter Krause einen auch damals typischen »Frauenberuf« aus und gehört damit zu den Millionen Frauen, die als Ungelernte außerhalb der großen Betriebe schlecht bezahlte Arbeit leisten.[156] So steht sie da – gezwungen durch ihre ökonomische Situation – als selbständige, sich und ihre Familie versorgende Frau, die einerseits gerade damit einen Schritt zur Emanzipation getan hat, andererseits aber zu jener Vielzahl von Frauen gehört, die – trotz ebenso großer und zumeist noch schlimmerer Ausbeutung als bei den Männern – die Notwendigkeit des politischen Kampfes nicht erkennen. Dieser Widerspruch in ihrem Leben zeigt sich im Film daran, daß sie zwar in der Familie die Überlegene ist, die selbstverständlich Verantwortung trägt, als Arbeiterin jedoch demütig den Vorgesetzten ausgeliefert erscheint, zum Beispiel beim Abliefern des Geldes in der Zeitungsfiliale. Ihr Selbstmord ist als die konsequente, wenn auch letztlich »sinnlose« Folge dieser zwiespältigen Haltung zu verstehen.

Ganz anders die Position Ernas. Sie ist zwar, durch die häuslichen Verhältnisse geprägt, zunächst ebenfalls unpolitisch, geht daher ihren Weg aus individuellen Motiven, findet dann aber im Verlauf des Films zu einer Entscheidung, die sie der politischen Arbeiterbewegung nahebringt. Auffallend ist, daß ihr auf der Demonstration, in der ja ihre Veränderung vor sich geht, ausschließlich Männer entgegenkommen. Sie tragen unter anderem ein Transparent »Werktätige Frauen reiht euch ein!«. Erna reiht sich ein. Sie ist schließlich die einzige Frau, die bei der Demonstration mitmarschiert. Das könnte zum Nachdenken provozieren und gerade die Frauen ansprechen, die sich in höherem Maße als die Männer von der Politik fernhalten. Das Klassenbewußtsein der Frauen war in der Weimarer Zeit im allgemeinen schlechter entwickelt als das der Männer, wie ihr Verhalten bei Wahlen oder Streiks und ihre wesentlich geringere Mitgliedschaft in Gewerkschaften und linken Organisationen zeigt.[157] Selbst innerhalb der Arbeiterbewegung waren sie alles andere als gleichberechtigt; Gewerkschaften übernahmen die Forderung nach Entlassung verheirateter Frauen aus den Betrieben, und in den Arbeiterparteien gab es kaum weibliche Funktionäre. In ihrem privaten Verhalten als Freund oder Ehemann hatten die Arbeiter kleinbürgerliche Traditionen längst noch nicht abgelegt.[158] Diese private Kleinbürgerlichkeit bei politisch bewußten Arbeitern wird im Film durch die Schilderung des Verhältnisses zwischen Max und Erna kritisch thematisiert. Das Straßenmädchen schließlich symbolisiert jene »Alternative«, die die kapitalistische Gesellschaft der Frau bietet, denn »wie die Prostitution eine soziale Erscheinung ist, die zur Welt der Klassengesellschaft und Männerkultur gehört, so ist das Abgleiten in die Prostitution ein Vorgang, der ganz allgemein vom proletarischen Schicksal nicht zu trennen ist«[159]. Als ein solcher Vorgang erscheint sie denn auch im Film, in dem das Straßenmädchen nicht mit moralisierender Kritik bedacht, sondern sachlich dargestellt wird als Teil der gezeigten Lebensbedingungen.

Das Bild der Frau, das der Film liefert, entspricht also im wesentlichen der Lage der arbeitenden Frauen in der Weimarer Zeit, auch wenn der Typus »Fabrikarbeiterin« nicht darin vorkommt. Auch bei den Frauen haben wir wieder die drei im Film aufgezeigten Grundpositionen: die »Unpolitische«, die ins Subproletariat abgeglittene und die »Kämpfende«. Für alle drei Arten von Frauen bringt der Film »Verständnis auf«, indem er sie in ihren konkreten Lebensverhältnissen darstellt, aber auch wertet und daher den Zuschauer die Position von Erna als »richtig« und »notwendig« erkennen läßt. Die Entwicklung Ernas innerhalb des Films trägt Aufforderungscharakter – und zwar besonders für die noch unentschlossene Arbeiterfrau.

Es ist anzunehmen, daß die Tatsache, daß Käthe Kollwitz und Otto Nagel sich bereits vorher in ihrer Kunst besonders um die Darstellung der Frau bemüht hatten, mit dazu beitrug, daß die Frau in diesem Film besonders berücksichtigt und angesprochen wurde.

2.4. Schlußbewertung

Für den Film *Mutter Krausens Fahrt ins Glück* läßt sich insgesamt festhalten, daß er über die komplexe Gestaltung von Einzelschicksalen hinaus als weitergehendes Thema das Leben des Proletariats unter den elenden Verhältnissen gegen Ende der 20er Jahre realistisch behandelt und die Notwendigkeit des solidarischen Kampfes gegen diese Situation aufzeigt. In typischem Milieu zeigt er einen Ausschnitt aus dem Leben mehrerer Menschen, die durch Familien- und Lebensverhältnisse miteinander verbunden sind. Als Folge eines existentiellen Konflikts wird die Veränderung dieser Menschen und ihrer Beziehungen zueinander geschildert. Ein für damalige Verhältnisse alltäglicher Vorgang, »eine Zeitungsnotiz, ein Tausendschicksal« (wie ein Rezensent schrieb)[160], wird auf die Ebene des Kunstwerks gehoben, verallgemeinert und so für das Publikum, das diesen Alltag als eigenen kennt und erkennt, als gemeinsames Schicksal nachvollziehbar. Der Film versucht »durch Abbildungen bedeutungsvoller Einzelschicksale beim Publikum

Mitempfinden des dargestellten Unglücklichwerdens zu bewirken, es für die Ursachen des Scheiterns zu interessieren und somit eine geistige Beteiligung im Hinblick auf eine kollektive Bewältigung tragischer Konfliktursachen zu fördern«[161]. Auf diese Weise kann er nicht nur Mitleid erregen, sondern auch aufrütteln, was besonders dadurch gegeben ist, daß erstmals ein Spielfilm, der sich mit dem Leben des Proletariats in Deutschland beschäftigt, auch dessen Kampf als Alternative zur Resignation thematisiert. In der Gegenüberstellung verschiedener Positionen innerhalb der Arbeiterklasse und mit ihrer je unterschiedlichen Gestaltung liefert der Film einen Ansatzpunkt für den Betrachter, sich innerhalb dieser auch real bestehenden Positionen zu orientieren. Ohne in »Schwarz-weiß-Malerei« abzugleiten, stellt er, vermittelt über die individuelle und verallgemeinernde Darstellung der Charaktere, Abwege und Alternative zur Überwindung der bestehenden Verhältnisse gegeneinander. Zwischen Lumpenproletariat und organisiertem Arbeiter steht die Familie der Mutter Krause – beispielhaft wird an der Tochter Erna eine positive Entwicklung aufgezeigt.

Allerdings müssen gewisse Schwächen einschränkend festgestellt werden, die aus der individuell-psychologisierenden Auffassung des Films herrühren. Sie treten vor allem beim Selbstmord der Mutter auf, der vorwiegend Mitleid erzeugt, und in den Motiven Ernas für ihre Bewußtwerdung. Verstärkt werden sie noch durch die Fixierung auf die Darstellung des Elends, die es erschwert, gesellschaftliche Zusammenhänge zu erkennen. So wird zwar die Lebenssituation der Arbeiter als Ursache für den tragischen Verlauf der Handlung angegeben, werden auch Ansätze zur praktischen Überwindung im politischen Kampf deutlich, aber es wird nicht erkennbar, welche gesellschaftlichen Zusammenhänge überhaupt eine solche Situation hervorbringen. Hier lassen sich durchaus Beziehungen zum Naturalismus herstellen, aus dessen Tradition ja einige der beteiligten Künstler stammen, allerdings geht *Mutter Krause* in einer für den deutschen (proletarischen) Film bis dahin einmaligen Weise über Ansätze des Naturalismus oder des sozialkritischen Films insgesamt hinaus. Dem Anspruch, Wirklichkeit als Ergebnis gesellschaftlicher Auseinandersetzungen aus der Sicht der Unterdrückten widerzuspiegeln, wird der Film durchaus gerecht und damit auch der selbstgestellten Aufgabe, den bürgerlich-sozialkritischen Zille-Filmen eine Alternative entgegenzusetzen.

In einer Ankündigung der Produktion hatte Otto Nagel geschrieben: »durch Zille stellte sich die Masse selbst dar. Und weil er ihre Sprache redete, wurde er von ihr verstanden wie kein anderer.«[162] Die »Sprache der Masse« aufzunehmen, die Zille redete, war also eine Aufgabe für die Filmemacher. Da der Film als Medium an die Darstellung des Milieus, an die Vermittlung der Aussage über Personen und ihre Umgebung gebunden ist, boten sich gerade in den »zilleschen« Milieudarstellungen gute Ansatzpunkte für eine filmische Umsetzung: die dargestellten Personen agieren als »lebende Zille-Figuren« tatsächlich im »Zille-Milljöh« – so jedenfalls vermittelt es der Film. Zugleich nimmt er in seiner Tendenz die Parteilichkeit Zilles prägnanter auf, als sie sich in dessen Zeichnungen niedergeschlagen hat, aber mit derselben »Liebe zur Klasse« wie sie Nagel bei Zille festgestellt hat. Die entsprechende Darstellung des Proletariats und des Lumpenproletariats mit seinen Irrwegen entspricht zugleich den von Herzfelde 1921 formulierten Vorstellungen, »daß man den im westlichen Proletariat tatsächlich nur zu tief wurzelnden kleinbürgerlichen Geist nur durch Aufklärung und Propaganda, nur durch die Liebe, mit der man seinem verirrten Bruder naht, nicht aber durch Verachtung, Einschüchterung und Gewalt überwinden könne«[163].

Damit erfüllt *Mutter Krause* innerhalb des Filmschaffens der Arbeiterkulturbewegung in den 20er Jahren eine ganz bestimmte Funktion, nämlich die politisch Unentschlossenen, die auf individuelle Auswege Hoffenden durch Appelle an ihre Emotionen und Erfahrungen »aufzurütteln«. Über das gemeinsame Miterleben und Neuerleben des eigenen Alltags sollen zugleich Erkenntnisse vermittelt werden, wie die elende Lebenslage gemeinsam überwunden werden kann. »Durch die gesteigerte Wirklichkeit, die nicht vorgezeigt wird, sondern in der das Erlebnis des Künstlers zugegen bleibt, wird der Leser (bzw. der Zuschauer, MM) ›in den Bann‹ geschlagen, so daß ihm während des Aufnahmevorgangs keine Gelegenheit zur Korrektur oder Kritik, wie dies Brecht anstrebte, bleibt.«[164] Lediglich »ein den Menschen überwältigendes Ereignis, das ein Erkennen und Selbsterkennen in Gang setzt und dem Schicksal der Figur eine neue Richtung gibt«[165], erzeugt die entscheidende Wirkung des Films. Es ist hier die Entwicklung von Erna. Balázs schrieb 1930, der Proletarier »interessiert sich für die konkreten Einzelheiten seiner Not ganz und gar nicht. Er interessiert sich ausschließlich für die Ursachen und für den Weg, der ihn hinausführen soll.«[166] Dabei vergaß er, daß der erste Weg für das Erkennen von Ursachen und notwendigen Gegenmaßnahmen das Erkennen der eigenen Situation ist. Gerade dazu liefert die Kunst in der verallgemeinernden Darstellung des Alltags die besten Möglichkeiten. Und darin liegt auch der Vorzug der in *Mutter Krause* sichtbaren kathartischen Methode.

Berücksichtigt man dazu die Tatsache, daß der Film in einem Anfangsstadium des proletarischen deutschen Spielfilms entstanden ist, kann man ihn als einen wesentlichen Schritt in der Entwicklung des realistischen Films werten, die durch *Kuhle Wampe* fortgesetzt wird. Und obwohl *Kuhle Wampe* in vielen Punkten als Weiterentwicklung von *Mutter Krause* zu verstehen ist, da er sowohl formal als auch inhaltlich einen konsequenteren Weg geht, ist er nicht als dessen »Überwindung« zu verstehen. Vielmehr bleibt es eine sehr aktuelle Aufgabe, Filme zu machen, die von der Erkenntnis der »Roten Gruppen« ausgehen: »Einem Menschen Klarheit über seine elende Lebenslage zu verschaffen, ist ein revolutionärer Akt ersten Ranges. Ihm das Wissen über die Knechtschaft, die Unwürdigkeit, die Unmenschlichkeit seiner Situation bewußt zu machen, ist die Voraussetzung, daß er die Klassenfessel fühlt und – abschüttelt.« [167]

3.

›Kuhle Wampe oder Wem gehört die Welt?‹ Eine exemplarische Analyse

von Reinhold Happel

Der Film *Kuhle Wampe,* hergestellt 1931/32, behandelt das Problem der Arbeitslosigkeit Anfang der 30er Jahre in Deutschland und deren Auswirkung auf die betroffenen Arbeiter.

Die Produktion übernahm die »Prometheus-Film-Verleih-und-Vertriebs-GmbH«, es war ihr erster Tonfilm. Da die Firma aufgrund vorheriger finanzieller Schwierigkeiten noch während der Dreharbeiten Konkurs anmelden mußte, konnten die Filmarbeiten zwischenzeitlich nicht weitergeführt werden. Schließlich wurde das Projekt im Auftrag der Präsens-Filmverleih-GmbH« zu Ende geführt.

Die Produktion lag in den Händen eines Kollektivs[168], dem Bert Brecht, der Regisseur Slatan Dudow, der Schriftsteller Ernst Ottwalt und der Komponist Hanns Eisler angehörten. Die Darsteller für die Hauptrollen kamen aus linken Künstlerkreisen, so etwa Hertha Thiele als Anni oder Ernst Busch als der klassenbewußte Arbeiter Fritz. Darüber hinaus wirkten Mitglieder verschiedenster proletarischer Organisationen, z. B. ca. 4000 Berliner Arbeitersportler, an der Filmarbeit mit.

Der Film thematisiert am Beispiel des Schicksals der Arbeiterfamilie Bönike die Lage der Arbeiterschaft in Deutschland unter den Verhältnissen der Weltwirtschaftskrise. Dargestellt wird die *Arbeitslosigkeit,* von der sowohl der Vater als auch der Sohn betroffen sind. Die Lebensbedingungen der Familie verschlechtern sich dadurch zusehends. Ihren sozialen Abstieg zeigt der Umzug in die Zeltsiedlung »Kuhle Wampe«. In diesem Zusammenhang wird die Rolle der *Justiz* beleuchtet, denn die Ausweisung, die »Zwangsexmittierung« der Familie erfolgt auf gerichtlichen Beschluß. Ferner stellt der Film das *untätige, resignative Verhalten von Teilen der Arbeiterschaft* dar: Die alten Bönikes sind nicht in der Lage, die Ursachen ihrer sozialen Verelendung zu erkennen, sie finden sich mit ihrem Schicksal widerstandslos ab; der Sohn, der sich vergeblich um Arbeit bemüht, begeht schließlich

Selbstmord, da er keinen anderen Ausweg aus der hoffnungslosen Lage sieht. Im Gegensatz dazu steht die Entwicklung der Tochter Anni. Sie erkennt klar die Zusammenhänge von Arbeitslosigkeit und sozialer Verelendung und findet schließlich den Anschluß an die organisierte Arbeiterbewegung. Darin deutet sich die *Perspektive einer politischen Lösung* der dargestellten Probleme an: das solidarische, bewußte Handeln der Arbeiter für die Durchsetzung ihrer Interessen.

Inhaltlich zeigen sich deutliche Parallelen zu *Mutter Krausens Fahrt ins Glück*. In beiden Filmen wird die allmähliche Hinwendung einer jungen Arbeiterin zur organisierten Arbeiterbewegung dargestellt, und beide formulieren die gleiche Perspektive einer politischen Lösung. Trotzdem lassen sich bereits bei einer ersten Betrachtung Unterschiede vor allem in der formalen Gestaltung erkennen, insbesondere eine relative »Kühle« und Distanziertheit der Darstellung, die auf zumindest tendenziell andersgeartete Intentionen schließen lassen. Wolfgang Gersch bemerkt dazu in seinem Buch *Film bei Brecht*: »Diese Prometheus-Produktion (*Mutter Krause,* R. H.), die an die soziale Wirklichkeit heranführte wie noch kein Spielfilm zuvor, war für das ›Kuhle-Wampe‹-Kollektiv sowohl Vorstufe als auch Gegenstand der Kritik (...), denn Piel Jutzis Film zeigt nicht nur das Elend, sondern auch die revolutionäre Perspektive (erstmals wurde im deutschen Spielfilm eine proletarische Kampfaktion gezeigt, bewußt einmontiert als Alternative). Aber gerade weil dieser Film einen vergleichbaren Stoff mit gleichen politischen Absichten behandelte und im Verfolg *traditioneller Erzählmuster* die bisherigen Versuche künstlerisch überragte, setzte sich das Kollektiv mit ihm besonders intensiv auseinander, da es *andere ästhetische Positionen* vertrat.« [169]

Wenn die gesellschaftliche Funktion des Filmes untersucht werden soll, so ergibt sich für die Analyse folgender Arbeitsschwerpunkt: Es gilt der Frage nachzugehen, in welchem Verhältnis das künstlerische Abbild, also der Film, zur Realität steht.

Kunst ist, wie alle Erscheinungen des geistigen Lebens, »ein subjektives Abbild objektiv, d. h. außerhalb des Bewußtseins und unabhängig von ihm existierender Erscheinungen, Prozesse und Zusammenhänge der Wirklichkeit« [170]. Aus der Position, die der Film zur Wirklichkeit bezieht, läßt sich ableiten, in welcher Weise er gesellschaftlich und politisch relevant wird oder werden kann. Denn der Künstler stellt im Kunstwerk seine subjektive Sicht von Erscheinungen der Realität dar, er nimmt also eine *Wertung* vor. Zugleich enthält diese individuelle

Wertung »Stimmungen, Bestrebungen und Ideale der verschiedenen gesellschaftlichen Gruppen, Klassen und Nationen«[171], da das künstlerisch tätige Subjekt immer innerhalb einer konkreten historisch-gesellschaftlichen Situation steht und von dieser in seinem Bewußtsein wesentlich geprägt wird.

Das Kunstwerk erfüllt also immer auch gesellschaftliche Funktionen, sei es dem Künstler bewußt oder nicht.

Aus diesem Ansatz ergeben sich für die Analyse folgende Arbeitsschritte: Die *Intentionen der Filmemacher* sind aufzuarbeiten, denn sie bestimmen maßgeblich den Inhalt und die Form des Films. Die erste *Bestandsaufnahme des Inhalts* wird einen vorläufigen Eindruck über das Ergebnis des künstlerischen Arbeitsprozesses geben. Sodann soll die filmische *Bezugsrealität,* also die politische und ökonomische Situation der Weimarer Republik unter besonderer Berücksichtigung der Lage der Arbeiter Anfang der 30er Jahre behandelt werden. Der *Entstehungszusammenhang,* d. h. die konkreten Produktions-, Distributions- und Konsumtionsbedingungen sind dabei ebenfalls zu berücksichtigen, da sie die Arbeitsmöglichkeiten der Autoren und damit auch den Film selbst beeinflussen. Schließlich sollen in der *Feinanalyse* ausgesuchte Sequenzen, in denen die bereits umrissenen Problembereiche besonders klar zum Ausdruck kommen, formal und inhaltlich unter der leitenden Fragestellung untersucht werden.

3.1. Aufgaben einer realistischen Kunst

Hatte die kommunistische Arbeiterbewegung aus ihrer politischen Praxis heraus insbesondere seit Beginn der 20er Jahre die Notwendigkeit einer eigenständigen proletarischen Filmarbeit erkannt und mit der 1926 gegründeten »Prometheus-GmbH« den organisatorischen Rahmen geschaffen, so wurde die Entwicklung einer Theorie und Praxis des proletarischen Films in der zweiten Hälfte der 20er Jahre in enger Kooperation mit fortschrittlichen Künstlerkreisen in Angriff genommen und vorangetrieben.[172] In diesem Rahmen vollzog sich unter Leitung des Künstlerkollektivs Brecht, Dudow, Eisler und Ottwalt die Herstellung des Films *Kuhle Wampe.*

Das kollektive Arbeitsprinzip hatte in der proletarischen Kulturarbeit der 20er Jahre wesentlichen Stellenwert. »Nur Kollektive, die sich für Produktion, Organisation und Rezeption gleichermaßen verantwortlich fühlten, konnten sich gegen die übermächtige Kulturindustrie des Kapitalismus behaupten, denen der einzelne hoffnungslos ausgeliefert war.«[173] Zudem entwickelten sich darin erste Ansätze »sozialistischer Produktionsweisen« im Bereich der Kultur, d. h. es wurde im kollektiven Arbeitsprozeß nach »effektivste(n) Lösungen für das gemeinsam festgelegte Ziel« gesucht.[174] »Die so entstehende, auf die sozialen Vorgänge aktiv reagierende Kunst war darum nicht Ausdruck uniformer Kollektive, diese bildeten sich vielmehr um hervorragende Künstlerpersönlichkeiten, die letztendlich die Ergebnisse prägten, ohne den selbst-schöpferischen Mitarbeitern den Spielraum zu nehmen.«[175]

Nach diesen Prinzipien vollzog sich auch die Arbeit des *Kuhle-Wampe*-Kollektivs. Der Film wurde realisiert auf der Grundlage der Brechtschen Vorstellungen zur Funktion und Methode einer realistischen Kunst, die er, ausgehend vom Bereich des Theaters und der Literatur, vor allem in der Auseinandersetzung mit Georg Lukács, einem der führenden marxistischen Kulturtheoretiker in den 20er und 30er Jahren, und dessen Realismustheorie entwickelte.[176] Das bedeutete keinesfalls eine Egalisierung der Kollektivleistung, denn die »Mitarbeiter waren ›Parteigänger‹ der Ästhetik Brechts«[177], und diese gemeinsame Zielsetzung unterschied das *Kuhle-Wampe*-Kollektiv ganz wesentlich von den Drehteams der bürgerlichen Filmproduktion, deren Absicht im wesentlichen die »Abendunterhaltung« war.[178]

Die zentrale Frage einer auf den Fortschritt der menschlichen Gesellschaft orientierten, realistischen Kunst ist für Brecht die politische Funktion der künstlerischen Tätigkeit, denn er sieht erst in einer auch politischen Wirkungsweise ihren Anspruch als verwirklichbar an. Daher erhebt Brecht die Parteilichkeit zu einer wesentlichen, bewußt anzugehenden Frage der realistischen Kunst. In seinem Essay »Volkstümlichkeit und Realismus« (1938) schreibt er dazu, der realistische Künstler habe vom Standpunkt derjenigen Klasse aus zu arbeiten, »welche für die dringendsten Schwierigkeiten, in denen die menschliche Gesellschaft steckt, die breitesten Lösungen bereithält«[179]. In der kapitalistischen Gesellschaft der Weimarer Republik sieht Brecht das Proletariat, die arbeitenden Massen, als die den Fortschritt bringende Klasse an, in deren politischem Kampf um die Lösung der gesellschaftlichen Probleme die realistische Kunst entsprechend ihren Möglichkeiten wirksam werden müsse.

Als wesentlichen Gegenstand der realistischen künstlerischen Praxis bezeichnet Brecht die gesellschaftliche Realität, insbesondere die Aufdeckung des »gesellschaftlichen Kausalkomplexes«[180]. Eine auf die Wirklichkeit gerichtete, realistische Kunst ist für ihn keine Frage der Form, sondern eine des Inhalts. »Alles Formale, was uns hindert, der sozialen Kausalität auf den Grund zu kommen, muß weg; alles Formale, was uns verhilft, der sozialen Kausalität auf den Grund zu kommen, muß her.«[181] In dem konkreten künstlerischen Abbild muß das »Typische«[182], das »Wesentliche« der Wirklichkeit erkennbar werden, d. h. das im Kunstwerk dargestellte einzelne – eine konkrete Person, Situation, Prozeß etc. – soll das Allgemeine erfassen und somit die Abstraktion (Verallgemeinerung) ermöglichen.[183]

Dabei setzt sich Brecht insbesondere mit der Wirkung der künstlerischen Gestaltung auseinander, die über die »reine« Darstellung gesellschaftlicher Probleme hinaus so ausgerichtet sein soll, daß sie die praktisch-politischen Aktivitäten des Zuschauers (Arbeiters) für die Veränderung der Wirklichkeit anregt. »Die passive Haltung des Zuschauers (...) wich einer aktiven, das heißt, dem neuen Zuschauer (dem Arbeiter im Theater, R. H.) war die Welt als eine ihm und seiner Aktivität zur Verfügung stehenden darzustellen.«[184] Um diese Wirkung erreichen zu können, strebt Brecht eine Gestaltungsweise an, die immer eine gewisse Distanz des Zuschauers zum künstlerisch gestalteten Geschehen erzeugt, so daß dieser unter dem ständigen Bewußtsein, einer gestalteten »Kunstwirklichkeit« gegenüberzustehen, die vermittelten Erkenntnisse in bezug zu seiner Realität setzen kann.

Künstlerische Tätigkeit bedeutet für Brecht also die bewußte parteiliche Widerspiegelung der Wirklichkeit (im Interesse der arbeitenden Massen), wobei das künstlerisch tätige Subjekt die vielfältigsten Mittel so anwendet, daß der Mensch auf sinnlich-anschauliche, unterhaltsame und lehrhafte Weise in der gestalteten Kunstwirklichkeit die Realität ›richtig‹ und als veränderbar begreifen kann.

Diese hier kurz umrissenen Vorstellungen zum Realismus bezieht Brecht nun auch auf den Film (als einer Gattung der Kunst), der seiner Meinung nach besondere Möglichkeiten und Voraussetzungen zur Darstellung von Gesetzmäßigkeiten der gesellschaftlichen Realität bietet. »Er (der Film, R. H.) verwendet zur Verlebendigung seiner Personen, die nur nach Funktionen eingesetzt sind, einfach bereitstehende Typen, die in bestimmte Situationen kommen und in ihnen bestimmte Haltungen einnehmen können...«[185]

Brecht führt diese spezifische Darstellungsweise auf den technischen Aspekt der künstlerischen Arbeit im Film zurück. Die Filmkamera vermag in einzelnen Einstellungen »nur« konkrete (äußere) Erscheinungsformen (künstlerisch) gestalteter oder ungestalteter Realität abzubilden. Mit anderen Worten: die abgebildeten Erscheinungsformen werden zu wesentlichen Informationsträgern des Inhaltes. Um abstrakte Inhalte – die Charakterisierung von Personen bzw. die Darstellung gesellschaftlicher Verhältnisse, wie Brecht sie im Auge hat – vermitteln zu können, bedürfen die Erscheinungsformen einer Bearbeitung[186], etwa einer künstlerischen Gestaltung, einer Typisierung, so z. B. der Darstellung einer Situation, die diese ›Informationen‹ und beabsichtigten Inhalte deutlich werden läßt.

Gerade darin sieht Brecht die besonderen Voraussetzungen einer realistischen künstlerischen Praxis im Film. Hier ist von vornherein die Möglichkeit geboten, menschliche Verhaltensweisen und Haltungen aus und in ihrem Bezug zu einer konkreten historisch-gesellschaftlichen Situation darzustellen und zu erklären. Der Film kann also aufgrund der Technik in besonderer Weise »analytisch-beschreibend«, darstellend-»pädagogisch« verwendbare Aufschlüsse über menschliche Handlungen im Detail geben.[187]

Die folgende Inhaltsbeschreibung gibt ersten Aufschluß darüber, wie das Künstlerkollektiv Brecht, Dudow, Eisler und Ottwalt seine Intentionen eines proletarisch-realistischen Films verwirklicht hat.

3.2. Bestandsaufnahme

Kuhle Wampe zeigt in drei relativ in sich abgeschlossenen, aber inhaltlich aufeinander bezogenen Teilen das »Schicksal« der Familie Bönike und die Reaktion der einzelnen Familienmitglieder auf ihre Situation. In den ersten beiden »Akten« wird die Lage der Arbeiter (in Berlin) unter den Verhältnissen der Weltwirtschaftskrise entwickelt. Dabei steht die Arbeitslosigkeit im Mittelpunkt, die zur weiteren Verelendung der Betroffenen führt. Im letzten Teil werden Möglichkeiten zur Lösung der Probleme angedeutet.

Der Film ist in sich sehr klar und stringent gegliedert. Jeder Teil wird durch einen Zwischentitel gekennzeichnet und mit einer Montagesequenz eingeleitet.

Der erste Teil, *»Ein Arbeitsloser weniger«*, beginnt mit einer Montage zu Zeit, Ort und Problem der Handlung: Berlin, Fabriken, Mietskasernen und Hinterhöfe, Angaben zur Weltwirtschaftskrise, vor allem zur rasch wachsenden Zahl der Arbeitslosen (Zeitungsschlagzeilen).

Im Anschluß wird die vergebliche Arbeitssuche eines Jugendlichen (der junge Bönike) gezeigt. Enttäuscht kehrt er nach Hause zurück. Hier, in der Wohnung der Bönikes, spielt sich das weitere Geschehen ab (Tischszene, Freitod des jungen Bönike). Aus dem Gespräch während des Essens geht folgendes über die Situation der Familie hervor: Dem Sohn ist durch die Notverordnungen der Reichsregierung auch die Arbeitslosenrente gestrichen worden, der Vater Bönike ist ebenfalls seit längerer Zeit arbeitslos, nur die Tochter Anni steht noch in einem Arbeitsverhältnis. Die Familie kann die fällige Miete nicht aufbringen und erhält vom Wohlfahrtsamt keine Unterstützung.

Es kommt täglich zu Spannungssituationen. Die Eltern werfen dem Sohn als Grund für seine Arbeitslosigkeit Faulheit und Unhöflichkeit vor. Schließlich begeht der Sohn, der Lage nicht mehr gewachsen, Selbstmord. Er stürzt sich aus dem Fenster, wobei er seine Uhr, für damalige Verhältnisse ein materieller Wert, vorsorglich auf eine Kommode legt, damit sie nicht zerstört wird.

Der zweite Teil, *»Das schönste Leben eines jungen Menschen«*, beginnt wieder mit einer Montage, diesmal von Naturaufnahmen: »Waldwege, Wald im Sonnenschein, sich im Wind bewegende Gräser« u. a.[188]

Die Familie Bönike muß auf richterlichen Beschluß hin die Wohnung räumen, sie wird zwangsweise »exmittiert«, trotz der Bemühungen der Tochter, durch Vorsprache bei verschiedenen Ämtern und beim Hauswirt Abhilfe zu schaffen. Sie fragt ihren Freund (Fritz) um Rat, er bietet ihr an, mit der Familie zu ihm in die Zeltsiedlung »Kuhle Wampe« zu ziehen, die am Rande von Berlin liegt. Die Familie nimmt das Angebot an, da kein anderer Ausweg zu finden ist. Die Zeltkolonie wird für die Bönikes ebenso wie für andere Arbeiterfamilien zur neuen »Heimat«. Sie richten sich den Umständen entsprechend ein und finden sich mit ihrem Schicksal ab (Mata-Hari-Sequenz).

Die sich aus dem Zusammenleben in der »Zelt-Behelfswohnung« ergebende engere und auch intime Beziehung zwischen Fritz und Anni führt dazu, daß das Mädchen schwanger wird. Aufgrund der herrschenden moralischen Vorstellungen in der Zeltsiedlung, der auch die Bönikes verhaftet sind, kommt es zur Verlobung des jungen Paares. Als Anni noch am Abend der Verlobungsfeier erfährt, daß Fritz einzig wegen ihrer Schwangerschaft die Verlobung eingegangen ist, erklärt sie diese für gelöst. Sie zieht zu einer Freundin in die Stadt und findet eine Möglichkeit zum Abbruch der Schwangerschaft.

Der dritte Teil, *»Wem gehört die Welt«*, beginnt mit einer Montage von Fabrikanlagen: Kräne, Kohlenhalden, Greifer, Schornsteine etc. In den folgenden Sequenzen zeigt der Film die Vorbereitung und Durchführung eines Sportfestes proletarischer Arbeitersportler: Wettkämpfe, politische Agitation und Diskussionen. Hier treffen sich auch Fritz und Anni wieder, die Mitglied des Sportvereins geworden ist. Auf der Heimfahrt von der Veranstaltung kommt es in der S-Bahn zwischen den Arbeitern und anderen Fahrgästen zu einer heftigen Diskussion über die wirtschaftliche und gesellschaftliche Lage in Deutschland, ausgelöst durch einen Zeitungsartikel, in dem von der brasilianischen Kaffeeverbrennung zum Zwecke der Aufrechterhaltung hoher Preise berichtet wird. Die von den Arbeitern als ungerecht und unzumutbar empfundene Tatsache, die nach ihrer Meinung das grundsätzliche Wirtschaftsprinzip der gegenwärtigen Gesellschaft darstellt, kann nur durch »die, denen sie (diese Welt) nicht gefällt«[189], d. h. durch die Arbeiter als den Benachteiligten dieses Systems verändert werden.

Beim ersten oberflächlichen Betrachten des Films gibt es Verständnisschwierigkeiten vor allem im zweiten Teil, in dem die Problematik der Schwangerschaft der Tochter Anni behandelt wird. Es ist schwer vorstellbar, daß Brecht, Dudow und Eisler nicht in der Lage gewesen sein sollten, diesen Aspekt eindeutiger zu gestalten. Vielmehr müssen die Unklarheiten auf die Produktions- und insbesondere die Distributionsbedingungen zurückgeführt werden. Denn neben der Schwierigkeit, die Finanzierung der proletarischen Filmarbeit zu bewerkstelligen, waren kritische Filme, insbesondere Filme der Arbeiterbewegung, entsprechend der allgemeinen reaktionären Entwicklung in der Weimarer Republik seit 1930, einer zunehmenden politischen Zensur unterworfen.

Die Problematik, die *Kuhle Wampe* aufgreift, ist ein entscheidender Aspekt der gesellschaftlichen Zustände in Deutschland vor allem seit Beginn der Weltwirtschaftskrise.

Diese Bezugsrealität muß, entsprechend der leitenden Fragestellung nach dem Verhältnis von künstlerischem Abbild und Realität, genauer aufgearbeitet werden. Daher sollen im folgenden die wesentlichen Tendenzen der politischen und ökonomischen Entwicklung Deutschlands seit Beginn der Weltwirtschaftskrise und ihre Auswirkung auf die Lage der Arbeiter entwickelt werden.

3.3. Die Bezugsrealität (politische und ökonomische Situation am Ende der Weimarer Republik)

Die Weltwirtschaftskrise in den kapitalistischen Ländern seit 1929 wirkte sich in Deutschland besonders fatal aus. Bisher insbesondere vom amerikanischen Kapital gewährte Kredite an die deutsche Wirtschaft blieben aus. Viele kleine und mittlere Firmen meldeten Konkurs an, aber auch die Großunternehmen mußten ihre Produktion wegen der ausbleibenden Nachfrage drastisch einschränken. Die mit ausländischem Kapital (Dawesplan) künstlich aufrechterhaltene deutsche Konjunktur brach zusammen. Insgesamt sank die Industrieproduktion in den Jahren 1929 bis 1932 um ca. 40 %.[190] Das hatte die Freisetzung einer großen Anzahl von Arbeitskräften zur Folge; die Zahl der Arbeitslosen stieg von 10 % im Jahre 1928 auf 15 % im Jahre 1929, dann 1930 sprunghaft auf 23 % und erreichte ihren Höhepunkt 1932 mit fast 45 %. Die amtlichen Zahlen sprechen von über 7 Mill. Arbeitslosen.[191] Darüber hinaus mußten fast 20 % der Beschäftigten kurzarbeiten. 1932 war nur etwa jeder dritte Arbeiter in Deutschland voll beschäftigt.[192]

Die Wirtschaftskrise spiegelte sich auch in der zunehmend verschärften politischen Lage in Deutschland wider.

Das politische Kräfteverhältnis verschob sich vor allem aufgrund der Spaltung der Arbeiterbewegung und der Politik der SPD zunehmend zugunsten des Kapitals und der ihm verbundenen reaktionären, militaristischen Kräfte in Bürokratie und Staat. Die Sozialdemokratie war mit ihrer totalen Fehleinschätzung der politischen und ökonomischen Entwicklung der Weimarer Republik weder auf die Wirtschaftskrise noch auf die »Gegenoffensive des Kapitals« [193] vorbereitet.

1930 scheiterte die Regierung Hermann Müller (SPD) an der von den bürgerlichen Koalitionspartnern zur »Koalitionsfrage« gemachten Kürzung der Arbeitslosenversicherung. Denn die SPD konnte aufgrund des Drucks der Gewerkschaften und aus der Befürchtung heraus, einen Teil der Massenbasis zu verlieren, ihre Zustimmung zu dieser Forderung nicht geben.[194] Obwohl die Reaktion sowohl die sozialpolitischen Errungenschaften wie die demokratische Funktionsfähigkeit des Weimarer Staates immer massiver bekämpfte, blieb die Sozialdemokratie, ausgehend von ihrem »abstrakt gewordene(n) republikanische(n) Staatsbewußtsein«[195], der reformistischen, rein parlamentarischen Ausrichtung ihrer Politik verhaftet. Damit gab sie »nicht nur Stück um Stück der Rechte und des Lebenshaltungsniveaus der Arbeitnehmer, sondern auch die Verteidigung der Verfassung praktisch auf«[196]. Denn die »Präsidialkabinette«, mit deren Tolerierung die SPD die drohende Gefahr eines faschistischen Umsturzes glaubte aufhalten zu können, regierten seit 1930 »unter ständigem Mißbrauch des Notstandsartikels (...) 48 der Weimarer Verfassung«, d. h. faktisch ohne parlamentarische Kontrolle.[197] Mit der damit einhergehenden fortschreitenden Aushöhlung der demokratischen Verfassung wurden zugleich günstige Voraussetzungen für die Machtergreifung der Nationalsozialisten geschaffen. Diese hatte das Kapital, vor allem seit dem großen Wahlsieg der NSDAP, längst in seine Überlegungen, ein »unternehmerfreundliches, parlamentsfrei handlungsfähiges Verordnungsregime«[198] zu errichten, einbezogen.

Die »Handlungsunfähigkeit« der SPD wie auch der eng mit ihr verbundenen Gewerkschaften (ADGB) offenbarte sich auch in den Wirtschaftskämpfen dieser Krisenjahre, denen sie überwiegend unschlüssig oder ablehnend gegenüberstanden. Neben der zunehmenden Arbeitslosigkeit lag darin eine wesentliche Ursache für die mangelnde Streikbereitschaft großer Teile der Arbeiterklasse, die dem staatlich sanktionierten Abbau der Löhne und Sozialleistungen überwiegend passiv gegenüberstand.[199]

Wenn auch die KPD, die zweite wesentliche Kraft der deutschen Arbeiterbewegung in der Weimarer Republik, in diesen Jahren eine durchaus konsequente Strategie des außerparlamentarischen, antifaschistischen Kampfes entwickelte, die ihr bei den seit 1930 durchgeführten Reichstagswahlen einen ständigen Stimmenzuwachs einbrachte, gelang es ihr dennoch nicht, eine große Massenbewegung für die Wahrung der Interessen der Arbeiter und der Erhaltung der Demokratie (antifaschistische Aktionseinheit) aufzubauen.

Das traditionell bedingte Mißtrauen sozialdemokratisch gesinnter Arbeiter gegenüber den Kommunisten, das einerseits auf der jahrelangen Verteufelung der KPD als totalitärer, quasi faschistischer Organisation durch die SPD beruhte[200], andererseits auf der von der KPD lange vertretenen »Sozialfaschismustheorie«[201], ließ eine breit angelegte, von der SPD-Führung zudem abgelehnte Aktionseinheit letztendlich scheitern. Die Spaltung der Arbeiterbewegung, die bis zum Ende der Weimarer Republik nicht überwunden werden konnte, und die daraus resultierende Schwächung ihrer politischen Kraft ermöglichten es langfristig der Reaktion, ihre politischen und ökonomischen Interessen durchzusetzen.

So wurden ab 1930 unter den Präsidialkabinetten im Rahmen der staatlichen Programme zur Bekämpfung der Wirtschaftskrise die Massensteuern und Sozialabgaben erhöht, die Senkung der staatlichen Sozialleistungen und Lohnkürzungen sanktioniert, andererseits die Gewinn- und Besitzsteuern gesenkt und die Unternehmen subventioniert.[202]

Der Abbau der Sozialleistungen zeigte sich unter anderem darin, daß die Arbeitslosenunterstützung nur noch in den ersten Wochen der Arbeitslosigkeit gezahlt wurde, daß 1931 z. B. nur noch 28%, 1932 sogar nur noch 14% der Arbeitslosen diese Unterstützung erhielten. Die Leistungen der Fürsorge und der kommunalen Wohlfahrtsämter reichten bei weitem nicht aus, den Lebensunterhalt zu gewährleisten. Die Löhne wurden auf staatliche Verfügung hin zwischen 1929 bis 1932 um ca. ein Drittel gesenkt, so daß sie 1932 etwa 45% unter dem Existenzminimum lagen.[203]

Von diesen Maßnahmen waren nicht nur die Arbeiter betroffen, sondern auch die kleinbürgerlichen und Mittelschichten.[204]

Die Lage der Arbeiter in den Krisenjahren seit 1929 läßt sich zusammenfassend wie folgt umreißen: Die durch die Weltwirtschaftskrise ausgelöste drastische Arbeitslosigkeit führte zu einer erheblichen Verschlechterung der Lebensverhältnisse. Bedingt durch die Spaltung, gelang es der Arbeiterbewegung nicht, den reaktionären gesellschaftlichen Kräften durch entsprechende Aktivitäten wirksam entgegenzutreten. Große Teile auch der organisierten Arbeiter standen der politischen und ökonomischen Entwicklung passiv gegenüber, nicht zuletzt auch aufgrund der reformistischen Haltung ihrer politischen Führer innerhalb der Sozialdemokratie und der Gewerkschaften.

Vor diesem Hintergrund entstand 1931/32 der Film *Kuhle Wampe*. Er ist in seinen Inhalten ebenso durch die politische und ökonomische Entwicklung der Zeit geprägt wie in seinen Produktions-, Distributions- und Konsumtionsbedingungen. Da diese, wie bereits problematisiert, einen nicht unwesentlichen Einfluß auf die endgültige Form des Filmes hatten, muß nun genauer darauf eingegangen werden.

3.4.
Entstehung und Wirkung

3.4.1.

Die »Prometheus-Film-Verleih-und-Vertriebs-GmbH«, die 1926 gegründete erste proletarische Filmfirma in Deutschland, übernahm im August 1931 die Herstellung des Filmes *Kuhle Wampe*. Damit »setzten wir (Brecht und seine Mitarbeiter, der Verf.), erstmalig in der Geschichte des Films, wie man uns sagte, einen Vertrag durch, der uns, die Hersteller, zu den Urhebern im rechtlichen Sinne machte«[205]. Brecht weist hier auf einen Aspekt der Filmarbeit hin, der (für ihn) erhebliche Bedeutung hat. Er selbst hatte bei der Verfilmung seiner *Dreigroschenoper* erfahren, wie unter gegebenen kapitalistischen Produktionsverhältnissen gerade solche künstlerischen Projekte, die eine betont gesellschaftskritisch-politische (linke) Tendenz enthalten, entweder gar nicht oder in abgewandelter, diese »Tendenzen« neutralisierender Form verwirklicht werden. Es kommt nicht zu einer »Zerstörung des Werkes nach dem Gesichtspunkt der Beibehaltung seiner gesellschaftlichen Funktion innerhalb einer neuen Apparatur«[206], sondern zu einer »Zertrümmerung des Werks (...) nach geschäftlichen Gesichtspunkten«[207]. Der Besitzer der Produktionsmittel – die bürgerliche Filmindustrie – bestimmt also über die Arbeit und das Arbeitsprodukt des Filmkünstlers, sowohl was die kommerzielle als auch die ideelle Seite betrifft – und damit letztlich die gesellschaftliche Wirkung und Funktion. Die Existenz einer proletarischen Filmfirma gab Brecht, von daher gesehen, zum ersten Mal die Möglichkeit, relativ unabhängig vom kapitalistischen Filmgeschäft seine Intentionen im Film zu verwirklichen.

Die »Prometheus« war wegen ihres geringen Kapitals zur Deckung der anfallenden Kosten auf Kredite von Banken, oder beim Ausleihen der technischen Apparate – z. B. der neuentwickelten Tonfilmkameras – auf Kreditierung der Gebühren durch die jeweiligen Firmen angewiesen.[208] Denn bei *Kuhle Wampe* handelte es sich um ein Spielfilmprojekt, das im Gegensatz zu kürzeren Dokumentar- und Agitationsfilmen höhere finanzielle Aufwendungen erforderte. Durch Einbeziehung anderer Kultur- oder sonstiger Organisationen der Arbeiterbewegung versuchte man, die Produktionskosten möglichst gering zu halten, d. h. es mußte überwiegend freiwillig und unentgeltlich gearbeitet werden, um eine proletarische Spielfilmproduktion überhaupt zu ermöglichen.

Wie bereits erwähnt, verpflichtete man für die Hauptrollen Mitglieder linker Künstlerorganisationen. Ferner stellten sich Arbeiterchöre, die Agitpropgruppe »Das rote Sprachrohr« sowie ca. 4000 Berliner Arbeitersportler zur Verfügung.[209]

Brecht, Slatan Dudow als leitender Regisseur, und Hanns Eisler, der vor allem für die Musik verantwortlich zeichnete, bildeten den Kern des »Künstlerkollektivs«, das ausgehend von der gemeinsamen Zielsetzung die Filmarbeiten leitete. Die Bedeutung der gemeinsamen Zielsetzung (Darstellung und Durchschaubarmachung der gesellschaftlichen Realität, Ausrichtung der künstlerischen Arbeit auf die politische Praxis der Arbeiterbewegung) für das kollektive Arbeiten zeigt sich z. B. darin, daß man Mitarbeiter auswechselte, deren Arbeit der Verwirklichung dieser Zielsetzung nicht gerecht wurde.[210]

Aus dem gesamten Verlauf der Produktion, die hier nur in einigen wesentlichen Fakten beleuchtet werden kann, ist abzulesen, mit welchen Schwierigkeiten vor allem finanzieller Art die Hersteller zu kämpfen hatten. Das führte einerseits dazu, daß ca. ein Viertel des gesamten Filmes in zwei Tagen gedreht wurde[211] – für normale und vor allem anspruchsvolle Filmarbeiten eigentlich ein unmögliches Pensum, das die Gefahr formaler und inhaltlicher Schwächen in sich birgt. Zum anderen mußten die Dreharbeiten häufig unterbrochen werden, so daß aufgrund der »Schwierigkeiten, immerfort die Geldmittel aufzutreiben, (...) die Herstellung des Films über ein Jahr (dauerte)...«[212] Der kritischste Punkt war zweifellos der Zusammenbruch und die Liquidierung der Prometheus-GmbH im Jahre 1932, ausgelöst durch die Aufkündigung der Kredite von Banken oder von Firmen, die der Prometheus technische Apparate zur Verfügung gestellt hatten.[213] Im letzten Moment gelang es, die »Präsens-Filmverleih-GmbH«, eine kleine, ebenfalls kapitalschwache Firma, zur Übernahme der Produktion zu gewinnen. So konnte schließlich, wenn auch unter größten Schwierigkeiten, bei denen sich das Autorenkollektiv fast mehr mit finanziellen als mit künstlerischen Problemen »herumschlagen« mußte[214], der Film doch noch fertiggestellt werden.

3.4.2.

Mit der Fertigstellung waren die Schwierigkeiten allerdings keineswegs überwunden, sondern setzten sich nur auf anderer Ebene fort: Die Aufführung des Films wurde durch die Zensur verboten, mit Entscheidung der staatlichen Filmprüfstelle Berlin vom 31. 12. 1932. Als

Hauptgrund wurde genannt, der Film in seiner Gesamtaussage greife in tendenziöser Weise »unsere ganze Gesellschafts- und Wirtschaftsordnung« an[215], er fordere zum aktiven Widerstand auf und gefährde somit die innere Sicherheit und Ordnung.[216] Gegen das Verbot erhob sich eine starke Protestbewegung, der sich sowohl die KPD und andere proletarische Organisationen als auch kritische Intellektuelle und liberale Kreise anschlossen. In der Presse begann eine breite Kampagne und es kam zu Protestveranstaltungen und dergleichen.

Die Präsens-GmbH entschloß sich zu einigen Schnitten, um die beanstandeten »tendenziösen Angriffe« zu beseitigen, und legte den Film dann nochmals zur Prüfung in Berlin vor. Trotzdem erneuerte die Oberprüfstelle am 9. 4. 1932 das Verbot – mit dem Vermerk, »die Gesamtdarstellung des Bildstreifens (sei) geeignet, an den Grundfesten des Staates zu rütteln«[217], d. h. durch Herausschneiden einzelner Szenen sei diese Gesamtaussage nicht zu verändern.

Der nun noch verstärkt einsetzende Druck der demokratischen Öffentlichkeit erreicht jedoch, daß *Kuhle Wampe* nach einigen weiteren Schnitten schließlich am 21. 4. zugelassen wird und am 30. 5. 1932 im »Atrium«, einem der repräsentativen Berliner Uraufführungskinos, anläuft. Bereits nach einer Woche hat man 14000 Besucher gezählt. In der Folgezeit wird der Film von 15 Berliner Vorortkinos ins Programm genommen – Kinos, die überwiegend in Arbeitervierteln liegen. Dort erreicht er sein wahres Zielpublikum.[218]

Die Auseinandersetzungen um die Zulassung von *Kuhle Wampe* – aber auch anderer vorwiegend kritischer Filme[219] – beleuchten exemplarisch die Praktiken der staatlichen Zensurbehörden, die seit Anfang der 30er Jahre zunehmend gekennzeichnet waren durch die allgemeine Tendenz, demokratische und fortschrittliche Kräfte in ihrer Arbeit zu behindern. Rudolf Olden, einer der Beisitzer in der Prüfungskommission, der sich für die Zulassung des Films ausgesprochen hatte, bemerkte dazu im *Berliner Tageblatt* vom 2. 4. 1932: »Wir schreiben hier nur für die künftigen Historiographen auf, daß vorgestern ein wilder Zensurexzeß in aller Stille verübt wurde. Kann sein, es kommt die Zeit, da dort wieder für bürgerliche Freiheiten geschwärmt wird, wo man sie jetzt mit dem Stiefel tritt. Wer dabei war, wird nicht vergessen, was über jede Notwendigkeit (...), über jede Nützlichkeit (...), über jede Klugheit (...), über jede Vernunft hinaus geleistet wird an Unterdrückung bürgerlicher Freiheit.«[220] Und in der *Weltbühne* erschien am 5. 4. 32 ein Beitrag von Rudolf Arnheim, in dem es heißt: »Immer deutlicher wird, daß man gesonnen ist, alle irgend freiheitlichen und fortschrittlichen Filme zu verbieten, koste es, was es wolle.«[221]

Wenn auch ein totales Verbot damals noch nicht durchsetzbar war, so wurden doch Schnitte erzwungen, die zwar – wie die Zensurbehörde selbst einräumte – die »Gesamtaussage« des Films offensichtlich nicht schmälern konnten, aber gewiß die Verständlichkeit einzelner Aspekte erschweren. So erklären sich wohl auch im wesentlichen die oben erwähnten Unklarheiten (im Zusammenhang mit der Schwangerschaft bzw. dem Schwangerschaftsabbruch der Tochter Bönike).[222] Mithin ist der Film in seiner schließlichen Fassung, in der er der Öffentlichkeit zugänglich wurde (und auch dieser Analyse zugrunde liegt) nicht unwesentlich geprägt durch seine Produktions- wie Distributionsbedingungen.

3.4.3.

Die Reaktionen der Öffentlichkeit, soweit sie in der Presse zum Ausdruck kamen[223], lassen sich – abgesehen von den konservativen Blättern, die den Film rundweg als »marxistisches Parteitamtam« abtaten[224] – zusammengefaßt am ehesten als verhalten und, was die linken Publikationen betrifft, als kritisch-solidarisch bezeichnen. In der bürgerlichen Presse wurde die unsentimentale Darstellungsweise hervorgehoben, zuweilen sprach man sogar von »Schönfärberei« und bemängelte, daß die »wirkliche« Not der Arbeiter nicht angemessen dargestellt worden sei.[225] Der Rezensent des *Berliner Tageblatts* ging sogar soweit zu behaupten, die »gestaltende Hand Brechts« reiche »nicht über die theoretisierende Anschauung vom Arbeiter hinaus und nicht ins Innere des menschlich-proletarischen Problems«[226]. Man erwartete offensichtlich einen Film, der wie andere sozialkritische Werke in der herkömmlichen Weise psychologisierend und unter melodramatischen Aspekten an das Problem herangehen sollte. Die von Brecht und seinen Mitarbeitern entwickelten Gestaltungsprinzipien wurden eher negativ als »zu theoretisch« und dem Sachverhalt nicht immer angemessen beurteilt.

In der linken, vor allem der KPD-nahen Presse galt *Kuhle Wampe* überwiegend als ein »bewußter sozialistischer Tendenzfilm«[227] oder als der »erste proletarische Tonfilm«, der allerdings einige Mängel aufweise. Man registrierte zwar die besonders schwierigen Produktionsbedingungen und die erzwungene Rücksichtnahme der Hersteller auf die Zensur, die in der vorsichtig-kritischen Position des Films zum Ausdruck komme, bemängelte aber eine »teilweise schiefe Darstellung des Proletariats«[228]. So seien zwar »die kleinbürgerlichen Lebensformen scharf, aber das kämpfende Proletariat etwas blaß, summarisch und idealisiert« dargestellt worden.[229] In jedem Falle zeigen die Rezensionen der Arbeiterpresse ebenso wie die Tatsache, daß der Film nach seiner erfolgreichen Uraufführung in der Berliner Innenstadt (deren Erfolg sich wohl nicht zuletzt den Auseinandersetzungen um seine Freigabe verdankte) vor allem in Arbeitervierteln die Kinos füllte, auf welches Interesse er bei den Arbeitern stieß: In *Kuhle Wampe* fanden sie ihre Lage in wesentlichen Aspekten zutreffend wiedergegeben.

Interessant ist ein Vergleich der verschiedenen Rezensionen mit den Ansichten der Zensurbehörde: Während die Presse im einzelnen Mängel fand und eine durchgehend konsequente Darstellungsweise vermißte, sahen die Zensoren gerade in der »Gesamtaussage« des Films eine eindeutig »staatsgefährdende« Tendenz und entdeckten – wie sie detailliert aufführten – Angriffe auf die Sozialdemokratie, den Staat, die Justiz und schließlich die Aufforderung zum Aufruhr, obwohl im Film selbst das alles nicht direkt formuliert worden sei.[230] Es scheint also, daß die Zensurbehörde den Gestaltungsprinzipien und Konzeptionen des Autorenkollektivs mehr Qualitäten zusprach als die zeitgenössische Presse. Gleichsam anerkennend schrieb Brecht daher, der Zensor habe »ein kleines Kolleg über den Realismus gehalten. Vom Polizeistandpunkt aus«[231].

3.5. Feinanalyse einzelner Sequenzen

Im folgenden werden die »Aussagen« des Films zu den behandelten Problemen exemplarisch anhand ausgewählter Sequenzen zunächst nach ihrer formalen und inhaltlichen Gestaltung immanent analysiert und dann auf ihre »Richtigkeit« hin mit den dargestellten Realitätsaspekten verglichen. Die Probleme, die der Film direkt anspricht, sind die *Arbeitslosigkeit*, die *Justiz*, das *passive, resignative Verhalten eines Teils der Arbeiterschaft* und die *Perspektive einer politischen Lösung*. Zu untersuchen ist also im einzelnen das Verhältnis von künstlerischem Abbild und Bezugsrealität, aus dem sich letztlich eine Bewertung der gesellschaftlichen Funktion des Films ableiten läßt.

3.5.1.
Die Arbeitslosigkeit

Dieses zentrale Problem der ausgehenden Weimarer Zeit wird im ersten Teil unter dem Titel *»Ein Arbeitsloser weniger«* thematisiert. Auf einen *Vorspann* folgt zunächst die *Arbeitssuche,* dann die Darstellung der durch die Weltwirtschaftskrise geprägten *Familienverhältnisse* bei den Bönikes und schließlich der *Freitod* des jungen Bönike.

a) Der *Vorspann* besteht aus einer schnellen Schnittfolge, die Hinweise auf den Ort der Handlung und die Situation der Arbeiter (eben auf ihre Arbeitslosigkeit) gibt, unterlegt mit Musik.

Es handelt sich um dokumentarisches Material, einerseits um direkte Abbildungen von Erscheinungen der Realität (Brandenburger Tor, Fabriken, Häuser), andererseits um Abbilder bereits formulierter Aussagen über die Realität (Zeitungsseiten).

Das erste »Bild« zeigt das Brandenburger Tor, das bekannteste Berliner Bauwerk, das sofort Assoziationen zu Berlin entstehen läßt. Es erhält als Teil des Vorspanns die Funktion, einen ersten deutlichen Hinweis auf den Ort des folgenden Handlungsablaufs zu geben. In den weiteren Einstellungen sieht man typische, nicht näher gekennzeichnete Fabrikanlagen und -gebäude. Es folgen 8 Aufnahmen von überwiegend dunklen Häuserfronten und Hinterhöfen. Sie lassen den (damaligen) Zuschauer auf Arbeitersiedlungen schließen, wie sie ihm aus seiner alltäglichen Umgebung bekannt sind. Durch die Häufung und Art der Darstellung (düster, trist, grau) wird verdeutlicht, daß es sich offenbar um typische Arbeiterwohnverhältnisse handelt.

In den folgenden Einstellungen wird durch Zeitungsschlagzeilen die historische Phase, auf die sich der Film bezieht, genauer bestimmt: Weltwirtschaftskrise, deutlicher Anstieg der Arbeitslosenzahlen. Auffallend ist dabei die formale Gestaltung: Die Zeitungsüberschriften (Arbeitslosenzahlen) werden jeweils nach oben weggezogen, man sieht zwischendurch nach oben laufende Schriftzeilen, bis zum nächsten Schnitt und zur nächsten Überschrift. Zum anderen sind diese Zahlenangaben ansteigend geordnet. Durch diese formale Gestaltung wird über die Tatsache der Arbeitslosigkeit hinaus das Moment der Entwicklung betont – eben daß sie in der Realität immer mehr Arbeiter betrifft.

Das dokumentarische Material erhält also durch die Anordnung in einer bestimmten Abfolge – durch die Montage – einen bestimmten neuen Sinnzusammenhang. Bilder vom Brandenburger Tor, Fabriken, Häuser oder Zahlenangaben für sich genommen weisen kaum über das Abgebildete hinaus. Erst durch die Zusammenstellung und Kombination ergibt sich der Sinnzusammenhang eines in sich relativ geschlossenen »Bildes«: Die Aufnahmen der Fabriken und Wohnhäuser lassen diese als die beiden wichtigsten Lebensbereiche der Arbeiter erkennen und veranschaulichen deren soziale Lage, während die steigende Arbeitslosenzahl als Auswirkung der Weltwirtschaftskrise auf die Verschlechterung dieser Lage hinweist und eine genauere Zeitbestimmung gibt. Das Brandenburger Tor und die Angabe über die Arbeitslosigkeit in Berlin geben Hinweise auf den Ort des Handlungsablaufs. Der Vorspann vermittelt diese Information über die »Bilder«, durch die Montage ausgewählter, typischer, dokumentarischer Aufnahmen. Die einzelnen Einstellungen sind nur kurz und hart aneinander geschnitten.

Die Wirkung der inhaltlichen Aussage dieser »Bilder« wird durch die Musik nicht unwesentlich geprägt. Diese läßt sich grob umrissen als schnell und insgesamt durchaus aggressiv bezeichnen, so daß die Bilder im Zusammenhang mit dem Ton nicht deprimierend, sondern eher aufrüttelnd wirken.

Es entsteht ein gewisser Gegensatz zwischen Bild und Ton, der, wie Eisler schrieb, »mehr Widerstand als einfühlende Sentimentalität hervorruft« [232]. Der Zuschauer wird in seiner Einstellung den vermittelten Erkenntnissen gegenüber nicht zu einer mitleidvollen Einfühlung veranlaßt, sondern zu einer spannungsgeladenen Aufmerksamkeit. In diesem Sinne äußerte sich ein Besucher über die Wirkung des Films: »Herzbeklemmend, wenn die Kamera die öden Mauern der Mietskasernen emporklettert und uns durch das Festhalten nacktester Wahrhaftigkeiten mit einer knirschenden Wut vollpumpt ...« [233]

So trifft bereits der Vorspann grundlegende Aussagen über die soziale Lage der Arbeiter in Deutschland zu Anfang der 30er Jahre – als energische Einführung in den Handlungsverlauf.

b) Die *Arbeitssuche*: Zunächst wird in einer Totale gezeigt, wie sich auf einer Straße an einer Litfaßsäule arbeitslose Arbeiter versammeln. Sie warten offensichtlich. Schließlich erscheint ein Verteiler des »Stellenanzeigerblattes«, die Zeitungen werden ihm förmlich aus den Händen gerissen, die Angebote rasch überflogen, und schon schwingen die ersten Arbeitsuchenden sich auf ihre Fahrräder, um die ausgeschriebenen Stellen zu ergattern. Hierbei wird (durch Nahaufnahmen etc.) ein junger Arbeiter besonders hervorgehoben, der, wie sich später herausstellt, der Sohn der Familie Bönike ist. In einer Gruppe von mehreren Arbeitslosen fährt er zu verschiedenen Betrieben, gibt aber seine Bemühungen nach dem dritten Versuch ergebnislos auf. Die Gruppe geht, ihre Fahrräder schiebend, nach Hause.

Die Sequenz beginnt mit der Abbildung einer Zeitungsseite: »Arbeitsmarkt, herausgegeben vom ›Berliner Lokalanzeiger‹ mit Stellenangeboten (kostenlos)«[234]. Dieses Bild ist sowohl aus formalen wie inhaltlichen Gründen nicht etwa dem Vorspann, sondern der nachfolgenden Sequenz zuzuordnen: Zum einen hört die Musik schlagartig mit den letzten Arbeitslosenzahlen des Vorspanns auf, und die Einstellung selbst ist vollkommen tonlos und wesentlich länger als die vorherigen. Zum anderen gibt es einen wichtigen Hinweis für den folgenden Handlungsablauf: Wenn der Zeitungsverteiler erscheint und die Wartenden ihm die Blätter aus der Hand reißen, weiß der Zuschauer sofort, daß es sich um eine Zeitung mit Stellenanzeigen handelt und daß die Wartenden arbeitslos sind. Es bedarf keiner weiteren bildlichen oder akustischen Erläuterung der Personen und der Situation. Unterstützend wirkt hier natürlich der Vorspann und der Titel des ersten Hauptteils, die beide, wenn auch allgemeiner, bereits zielstrebig auf den Sachverhalt hinweisen.

An der folgenden Sequenz des »Zeitungsverteilens« wird deutlich, daß der Vorgang nicht nur wiedergegeben wird, sondern eine Dramatisierung erfährt. Dafür sind die *Wahl des Bildausschnitts,* die *Einstellungslänge* und der *Ton* (die *Musik*) von entscheidender Bedeutung.

Das Versammeln und Warten der Arbeitslosen wird (einmal unterbrochen durch eine Halbtotale) in der Totale gezeigt, gut eine Minute lang. In scharfem Gegensatz zu dieser langen, ruhigen Einstellung steht die wieder einsetzende laute und sehr unruhige Musik. Die Ankunft des Zeitungsverteilers wird aus kürzerer Entfernung, in der Halbnahen gezeigt. Die Einstellung ist wesentlich kürzer (ca. 15 Sek.). Das Verteilen der Blätter wird schließlich in der Nahaufnahme gezeigt, knapp 10 Sekunden lang. Musik und Bild nähern sich in ihrem Charakter einander an. Das Bild ist in »Bewegung geraten«, sowohl formal wie inhaltlich: Auf der formalen Ebene durch den Wechsel des Bildausschnitts (Totale → Nahaufnahme) und die Verkürzung der Einstellungslänge; auf der inhaltlichen, indem die Wartenden sich um den Zeitungsverteiler drängen, um ein Blatt zu erhalten.

Aus dieser Gestaltung der Bildabfolge ergibt sich ein Spannungsbogen, der die gesamte Behandlung des Themas »Arbeitssuche« durchzieht. Schon zu Beginn wird durch den Widerspruch zwischen der langen, ruhigen Totale (Bild) und der unruhigen Musik (Ton) ein erstes Spannungsmoment erzeugt. Der Zuschauer erwartet geradezu, daß etwas geschieht; sein Interesse ist geweckt. Dann entwickelt sich das Geschehen und erfährt, unterstützt von der Musik, durch die Verkürzung der Einstellungen eine Dynamisierung. Zugleich wird die Distanz des Zuschauers zum Geschehen auf der Leinwand schrittweise abgebaut (Übergang von der Totale zur Nahaufnahme). Der Zuschauer wird direkt in die Handlung hineingeführt.

In der anschließenden Arbeitssuche mit ihren »Fahrteinstellungen« setzt dieser Spannungsbogen sich fort. Man sieht eine Gruppe von Arbeitslosen, die mit dem Fahrrad (für Arbeiter damals ein wichtiges Fortbewegungsmittel) zu verschiedenen Betrieben fahren. Unter ihnen befindet sich auch der junge Bönike. Die Einstellungen im einzelnen:

42	HN	Fahrende Räder, von rechts nach links; man sieht die in die Pedale tretenden Beine.	Musik (kein O-Ton)
43	HN	Die Fahrer, vorbei an Häusern; man sieht die ersten drei, in der Mitte den jungen Bönike.	relativ gleichlange, kürzere Einstellungen
44	HN	Wie 42, die Pedale werden weniger heftig getreten, es geht leicht bergab.	↓
45	HT	Die Radfahrer kommen von rechts. Die Kamera schwenkt mit den Näherkommenden nach links und verfolgt sie über den Fußweg in die Toreinfahrt eines Hauses.	längere Einstellung
46	HT	Auf einem Hinterhof, neben einem Fenster, ein Schild »Portier«. Das Rad an der Hand, geht der junge Bönike auf das Fenster zu. Von dem Pförtner ist nur das Gesicht zu sehen. Er gibt anscheinend eine abschlägige Auskunft. Der junge Bönike geht nach links aus dem Bild. Ein zweiter Arbeitsloser fährt heran, steigt ab und fährt, als auch er abgewiesen wird, sofort weiter. Nun stellt der Pförtner ein beschriebenes Brett ans Fenster. Ein dritter Radfahrer hält an dem Brett nur noch kurz, ein vierter fährt im Bogen daran vorbei.	lange Einstellung ↓

47	N	Das Brett: »Arbeiter werden nicht eingestellt.«	
48	HT	Wie 46. Ein abfahrender Radler, ein weiterer fährt an dem Fenster mit dem Schild vorbei.	↑
49	N	Fahrende Räder, ähnlicher Ausschnitt wie 42, links nach rechts.	
50	HN	Der junge Bönike, im Hintergrund Häuser, Straßenverkehr.	kürzere Einstellung
51	N	Wie 49, die Kamera fährt an ihnen vorbei und zeigt groß Vorderrahmen und Lenker eines Fahrrades.	↓
52	HT	Ein Fabrikgebäude. Sehr schnell von links vorn kommend radeln die Arbeitsuchenden, Bönike an der Spitze, in eine Durchfahrt in der Bildtiefe. Die Kamera schwenkt langsam nach oben und zeigt das Gebäude, Fensterreihe um Fensterreihe. Oben angekommen, schwenkt sie rasch wieder nach unten auf die Durchfahrt, aus der die Arbeiter in großer Eile herausgefahren kommen.	längere Einstellung rascher vertikaler Schwenk
53	N	Kamera vor den schnell rollenden Rädern, man sieht nur die Räder und das Pedaltreten.	kurze Einstellung
54	G	Bönikes Kopf, die Bewegungen ganz vom Rhythmus des Tretens beherrscht. Er sieht sich im Fahren um.	starke Hell-Dunkel-Kontraste
55	N	Wie 53.	
56	T	Eine Straße, gerade aus der Bildtiefe heraus. Die Radlergruppe kommt näher, fährt direkt auf die Kamera zu. Diese schwenkt mit, als die Gruppe nach rechts auf einen kleinen Fabrikhof einbiegt. Ein Radler verläßt gerade den Hof. Kurze Zeit später kommen die Arbeitsuchenden, nun ihre Räder schiebend, wieder heraus. Der junge Bönike knüllt die Zeitung zusammen und wirft sie weg.[235]	längere Einst. ruhiger Schwenk Musik endet

In den Einstellungen 42–44 und 49–51 wird ein Aspekt – *das Pedaltreten* – durch Nahaufnahmen besonders hervorgehoben und in 53–55 noch betont. Es handelt sich hier um ein heftiges Treten, die Fahrräder bewegen sich immer unruhiger. Durch die harte Beleuchtung wirken sie fast schattenhaft, während die Straße das Licht scharf reflektiert. So entsteht eine große Unruhe im Bild. Vor allem das heftige Treten der Pedale und das Sich-Umschauen des jungen Bönike vermitteln den Eindruck einer *Wettfahrt*. Durch diese Bilder stellt sich die Arbeitssuche als äußerst anstrengend, ja *selbst als Arbeit* dar und schließlich, versinnbildlicht in der Wettfahrt, als *Konkurrenzkampf* der Arbeitsuchenden untereinander.

Zwischen diese *Fahrt*-Sequenzen eingefügt sind Bilder vom *Erreichen eines Betriebs,* vom *Nachfragen, Abgewiesenwerden* und *Weiterfahren* (Einst. 45–48, 52, 56). In dieser Vollständigkeit wird der Ablauf nur einmal gezeigt, in 46–48 – betont knapp wiedergegeben –, ohne Originalton und ohne ein gesprochenes Wort. Die Information vermittelt sich eindeutig über die Bilder: Der junge Bönike tritt ans Fenster des Pförtnerhauses – klar, daß er nach Arbeit fragt. Er geht weiter – negativer Bescheid. Das Heraushängen des Schildes beseitigt schließlich jeden Zweifel und verkürzt den Vorgang noch mehr: Die ankommenden Radfahrer lesen das Schild nur noch im Vorbeifahren und drehen gleich wieder ab. Hier vermittelt sich die Aussage maßgeblich über den Bewegungsablauf, gleichsam durch die *Choreographie,* die die Schauspieler vollführen, durch das Herantreten und Weggehen vom Fenster mit dem Schild, bzw. im folgenden durch das Vorbeifahren im Bogen von links nach rechts.

In den Einstellungen 52 und 56 wird dieser Vorgang der Nachfrage nicht mehr gezeigt. Man sieht die Arbeitsuchenden in das Gebäude oder den Fabrikhof hinein- und wieder herausfahren, ohne daß ein Bruch im Handlungsablauf entsteht. Der Film deutet den Ablauf nur noch an, und der Zuschauer erkennt aus dem Gesamtzusammenhang ohne Schwierigkeiten den ganzen Vorgang.

Wie schon bei der Behandlung der »Zeitungssequenz« und der »Fahrt« angedeutet, erfährt der Handlungsablauf eine Steigerung. Diese erfolgt nicht ruckartig, sondern in einer ständig ansteigenden Linie, nicht nur inhaltlich im schnelleren Treten der Pedale, sondern auch formal durch die Kameraführung. Die Einstellung 52 zeigt, wie die Arbeitsuchenden in die Durchfahrt eines Fabrikgebäudes fahren. Danach schwenkt die Kamera langsam nach oben und zeigt Fensterreihe für Fensterreihe des Gebäudes. Sie hält bei der letzten an und schwenkt rasch nach unten auf die Durchfahrt, aus der die Arbeitslosen wieder mit großer Hast herausfahren.[236] Einerseits deutet der langsame Schwenk nach oben und das Anhalten an, daß die Zeit vergeht, während die Arbeitslosen im Betrieb nach Arbeit fragen, andererseits entsteht im Bild und damit auch für die Handlung durch den schnellen Schwenk nach unten eine Dynamik, die die anschließende »Wettfahrt« vorbereitet. Dagegen bleibt in der Einstellung 56 die Kamera, nachdem sie den Radfahrern in einem horizontalen Schwenk auf den Fabrikhof gefolgt ist, ruhig stehen. Sie »wartet« auf das Wiedererscheinen der Arbeiter und schwenkt erst dann wieder mit ihnen mit. Hier wird die bisherige Steigerung und Dynamik durch die Kameraführung wieder zurückgenommen, gleichsam als Vorbereitung auf das Ende, den Abbruch der vergeblichen Arbeitssuche. Dieser Vorgang, Anfang der 30er Jahre sicherlich eine alltägliche Erscheinung, wirkt im Film ungewöhnlich, erscheint als etwas *Besonderes.* Er wird, damit er »als das gesellschaftlich bedeutende und problematische Ereignis erscheint, das er ist, ... dem Publikum entfremdet ... durch die Darstellung«[236a].

Im weiteren Verlauf des ersten Teils, in der *Tischszene* und im *Freitod* des jungen Arbeitslosen, wird die soziale Lage der Arbeiterfamilie Bönike umrissen.

c) In der *Tischszene* wird die Familie Bönike vorgestellt. Der Sohn kommt nach der vergeblichen Arbeitssuche nach Hause. Während der Vater in der Wohnstube zeitunglesend am Tisch sitzt, hat die Mutter in der Küche das Essen vorbereitet. Die Tochter Anni kommt ebenfalls nach Hause. Man setzt sich in der Wohnstube zum Essen an den Tisch. Es kommt zu einem Gespräch, in dem folgende Informationen vermittelt werden: Dem Sohn ist die Arbeitslosenrente gestrichen worden, die Miete kann seit Monaten nicht mehr bezahlt werden, die Hoffnung auf Unterstützung durch das Wohlfahrtsamt ist gering, der Vater ist ebenfalls seit längerer Zeit arbeitslos.

In dieser Sequenz kommt zum ersten Mal der *Originalton* zum Einsatz, die *Sprache* wird zu einem wichtigen, den visuell gezeigten Handlungsablauf mitbestimmenden Informationsträger.

Im Laufe des Gesprächs kommt es zu einem Streit: Die Eltern werfen dem Sohn als Grund für seine Arbeitslosigkeit eine persönliche Unhöflichkeit und »Untüchtigkeit« vor. Der Sohn schweigt dazu, er fühlt sich getroffen. Seine Schwester tritt für ihn ein und hält dem Vater dessen eigene Arbeitslosigkeit vor. Der Vater fährt erbost auf und verläßt die Wohnung. Dieser Streit ist, wie die Mutter am Ende feststellt (»Jeden Tag derselbe Streit!«), längst ein Stück Alltag im Familienleben geworden.

Durch dieses Gespräch, das zum Streit ausartet, vermittelt die Szene ein Bild der sozialen Lage der Arbeiterfamilie. Aufgrund der Arbeitslosigkeit des Vaters und des Sohnes kann die Familie seit Monaten nicht mehr die Wohnungsmiete aufbringen. Die Streichung der Arbeitslosenunterstützung für den Sohn bedeutet eine weitere Verschlechterung der finanziellen Basis. Diese bedrohliche Lage erschüttert auch die menschlichen Beziehungen innerhalb der Familie.

d) Den Abschluß des ersten Teils bildet der *Freitod*: Der junge Bönike sitzt allein in der Wohnstube am Tisch, mit apathischem, ausdruckslosem Gesicht; er steht auf, geht ans Fenster, öffnet es, schaut hinaus und verweilt einen Moment dabei. Diese und die folgenden Einstellungen zeigen ihn in Rückansicht (HT→N). Dann erblickt er an seinem linken Arm seine Uhr, bindet sie ab und legt sie auf eine Kommode, wendet sich wieder zum Fenster, stellt einen Blumentopf beiseite und steigt auf das Fensterbrett. Hier wird der Handlungsablauf unterbrochen: Man sieht die Mutter die Treppe hinaufkommen.

In der folgenden Einstellung sieht man nur die Hand des jungen Bönike (N), er hält sich offensichtlich am oberen Fensterrahmen fest. Die Hand löst sich. Man hört einen Aufschrei. Es folgen längere Einstellungen: das Fensterbrett mit dem beiseite gerückten Blumentopf – die Uhr auf der Kommode – fahrende Räder (wie in 53) – das hängende Rad des jungen Bönike – im Hinterhof (aus der Vogelperspektive) eine Menschenmenge um den mit einer Plane bedeckten Leichnam Bönikes.[237]

Die unmittelbare Vorbereitung des Freitodes wird in einer langen Einstellung wiedergegeben. Die Kamera »registriert« nur den Vorgang, schwenkt mit, als der junge Bönike aufsteht und zum Fenster geht, fährt langsam heran und zeigt in der Nahaufnahme, wie er ganz ruhig seine Uhr abbindet. Die Bildführung ist ruhig, der ganze Ablauf wird ohne jede hektische Bewegung dargestellt. Die Hand am Fensterrahmen, das Loslassen und der Aufschrei reichen aus, um im Zuschauer die Assoziation »Sprung in den Tod« zu erzeugen.

Wichtig für das »Verständnis« des Freitodes sind zwei Aspekte: Die *typisierende Gestaltung* der Person und die an den Todessprung anschließende *Schnittfolge*. Der junge Bönike, der im Mittelpunkt des ersten Teils steht, wird in seiner individuellen Persönlichkeit kaum entwickelt. Man erfährt nicht einmal seinen Namen. Die Motivation seiner Handlungsweise erschließt sich nur aus der Situation – eben aus der Arbeitslosigkeit. Sowohl die »Wettfahrt«, an der er teilnimmt, als auch der Freitod erklären sich daraus. Das Schicksal des jungen Bönike wird also nicht als ein individuelles, sich aus seiner Persönlichkeitsstruktur ergebendes dargestellt, sondern als ein durch die gesellschaftlichen Verhältnisse bedingtes. Dadurch wird die Aufmerksamkeit des Zuschauers nicht auf eine Anteilnahme am traurigen Schicksal des jungen Arbeiters gelenkt, sondern ganz auf die gesellschaftlichen Ursachen dieses Schicksals.

Unterstützt wird diese Wirkung durch die *Schnittfolge* nach dem Selbstmord: Das Bild der schnellfahrenden Räder (wie in 53) ruft einerseits die zuvor gezeigte hoffnungslose Arbeitssuche in Erinnerung, andererseits bewirkt die Einblendung der Aufnahme von dem hängenden, stillstehenden Rad des jungen Bönike, daß der Zuschauer Kausalzusammenhänge zwischen dem Freitod und der Arbeitslosigkeit (sowie der gesamten sozialen Lage der Arbeiter) herstellt.

So versucht der Film, durch bewußte Verknüpfung bestimmter Bilder gedankliche Assoziationen zu wecken und durch bildhafte Vergleiche gesellschaftliche Zusammenhänge zu erklären.

Die Wirksamkeit dieser Darstellung eines typischen Schicksals bestätigt sich unter anderem in den Zensurverhandlungen. Denn die Zensoren hatten durchaus erkannt, wie Brecht dazu schreibt, daß der Film darauf abzielt, »den Selbstmord als typisch hinzustellen, als etwas nicht nur dem oder jenem (...) Individuum Gemäßes, sondern als Schicksal einer ganzen Klasse« [238].

Vergleicht man die bisherige Aussage des Films mit den gesellschaftlichen Verhältnissen im Deutschland der frühen 30er Jahre, so erweist sich, daß die Arbeitslosigkeit als gesellschaftliche Tatsache und bedeutendes existentielles Problem der Arbeiter durchaus adäquat wiedergegeben wird. Die *Tischszene* und der *Freitod* des jungen Arbeiters verdeutlichen noch die existenzbedrohenden Folgen: Die Streichung der Arbeitslosenunterstützung bewirkt eine weitere Verschlechterung des allgemeinen Lebensniveaus der Familie, das ohnehin schon prekär genug ist (siehe die nicht entrichteten Wohnungsmieten). Sie verweist auf die damals verhängten »Notverordnungen« der Reichsregierung, vermittels derer z. B. über die Senkung der Sozialausgaben die wirtschaftlichen Verhältnisse in Deutschland saniert werden sollten. Wenn auch dieser Aspekt im Film nicht sehr deutlich hervortritt (vermutlich aufgrund der Zensurmaßnahmen), so ist doch anzunehmen, daß der zeitgenössische Zuschauer den Zusammenhang zwischen Notverordnungen und Streichung der Arbeitslosenunterstützung durchaus erkannte. Auch hier werden also wesentliche gesellschaftliche Zustände dargestellt. Zu Anfang der 30er Jahre verschlechterte sich das allgemeine Lebensniveau durch die staatlich sanktionierten Lohn- und Gehaltssenkungen erheblich, und die Löhne lagen z. T. weit unter dem Existenzminimum.[239]

Auch für den Freitod des jungen Arbeiters als gesellschaftlich bedingten Vorgang lassen sich Belege in der Realität finden. So weist beispielsweise ein Artikel der Zeitung *Die literarische Welt* im Rahmen der Auseinandersetzung um die Freigabe von *Kuhle Wampe* darauf hin, daß die Zahl der Selbstmorde gerade in den Krisenjahren »erschreckend« zugenommen hatte.[240] Insgesamt zeigt der erste Teil also wesentliche Zusammenhänge zwischen Arbeitslosigkeit und sozialer Verelendung der Arbeiter auf, indem er das Verhalten der Personen stets in eine Beziehung zu ihrer konkreten Situation setzt. Zugleich vermittelt er damit dem Zuschauer eine deutliche Kritik der gesellschaftlichen Verhältnisse in der Weimarer Republik.

3.5.2.
Die Rolle der Justiz

Diese Thematik wird im zweiten Teil behandelt – unter dem ironischen Titel *»Das schönste Leben eines jungen Menschen«*. Die dafür entscheidende Sequenz ist die *Exmittierung der Familie Bönike*.

Die Familie muß, da sie die fällige Miete nicht mehr bezahlen kann, auf gerichtlichen Beschluß ihre Wohnung räumen. Da es nicht gelingt, die »Exmittierung« abzuwenden, müssen die Bönikes in Anbetracht ihrer desolaten finanziellen Lage sich schließlich in der Zeltsiedlung »Kuhle Wampe« – ursprünglich eine reine Wochenendsiedlung – als ihrer neuen »Heimat« niederlassen.

Die Exmittierungs-Sequenz besteht aus drei Einstellungen: Ein Richter sitzt hinter einem Pult, nimmt eine Akte in die Hand, blättert darin und verliest ein Urteil: »In Sachen des Hauseigentümers Gustav Stephan, Klägers, gegen den 1. Franz Bönike, 2. dessen Ehefrau Greta, (...), Beklagte, wegen Mietaufhebung, hat das Amtsgericht erkannt: Die Beklagten werden verurteilt, dem Kläger die Wohnung herauszugeben. Obwohl der Beklagte bereits seit längerer Zeit erwerbslos ist, wären die Eheleute bei einigem guten Willen doch in der Lage gewesen, die fällige Miete zu bezahlen. Ihre jetzige Notlage muß also als selbstverschuldet angesehen werden.«[241] Während der Richter das Urteil verliest (Ton), folgt die nächste Einstellung. Man sieht, wie die Mutter Bönike in der ausgeräumten Wohnung, auf einer Leiter stehend, von der Decke eine Lampe abhängt. Die dritte Einstellung zeigt wiederum den Richter. Er hat die Urteilsverkündung beendet und nimmt eine neue Akte auf. In dieser kurzen Sequenz wird bereits während der Urteilsverkündung – als Vorgriff auf deren praktische Konsequenz – der Auszug der Bönikes gezeigt. Diese Einblendung, die einzige Darstellung des Auszugs, reicht jedoch vollkommen aus, um den Tatbestand zu verdeutlichen.

Auffallend ist die *Darstellung des Richters*: Gekennzeichnet durch seine Amtstracht und das Verlesen des Urteils, wird er ein wenig von unten hinter seinem Richtertisch sitzend gezeigt. Dieser füllt den ganzen unteren Teil des Bildes wie ein schwarzer Streifen und wirkt gleichsam als trennende Barriere zwischen Zuschauer und Richter. Diese »Trennung« und die leichte Untersicht evozieren die Amtsautorität der Justiz, die zugleich durch die Art der Urteilsverkündung sowie das Urteil selbst wieder in Frage gestellt wird: Der Richter als Vertreter der staatlichen Rechtsprechung verliest mit unbeteiligtem Blick und monotoner Stimme ein Urteil, dessen Rechtmäßigkeit im Zusammenhang mit dem bisherigen Geschehen bezweifelt werden muß. Diese Wirkung ergibt sich einerseits aus der Einstellung selbst, aus dem Widerspruch zwischen unbeteiligtem Blick, monotoner Stimme und »Amtsautorität«, andererseits aus dem Widerspruch zwischen dem Urteil und den bisherigen Informationen über die soziale Lage der Familie Bönike. Der Film klagt also die Ungerechtigkeit des Urteils an. Die Justiz schützt die Interessen der Besitzenden (Hausbesitzer) und trägt zur weiteren Verelendung der Arbeiter bei.

Belege für die Richtigkeit dieser Darstellung finden sich ausgerechnet in den Protokollen der Zensurbehörde. So gab der Sachverständige des Innenministeriums in den Verhandlungen um die Freigabe des Films zu, daß »der Betrieb in den Berliner Amtsgerichten so (war)« – d. h. so wie im Film dargestellt.[242] Ähnlich äußerte sich der Sachverständige der Praesens-Filmverleih-GmbH: »Die Kritik an diesem Richter gehe aber nicht über das hinaus, was er (der Autor, R. H.) verschiedentlich selbst erlebt habe. Diese Szene würde höchstens ein Lächeln hervorrufen, wenn man sähe, wie solche Dinge gemacht würden.«[243]

Den Widerspruch zwischen der durch die Weltwirtschaftskrise hervorgerufenen Verschlechterung der Lebensbedingungen der Arbeiter und der herrschenden Rechtsprechung, die den sozialen Erfordernissen nicht gerecht wird, führt der Film eindringlich am Beispiel der »Exmittierung« einer Arbeiterfamilie vor. Der Zuschauer wird mit zwei einander widersprechenden Erscheinungen der gesellschaftlichen Realität konfrontiert und dadurch zu einer Stellungnahme herausgefordert. Er bleibt also nicht passiver Konsument, sondern wird zum aktiven Mitdenken angeregt.

3.5.3.
Die Passivität eines Teils der Arbeiterschaft

Eins der wichtigsten Themen von *Kuhle Wampe* ist das *Verhalten der Arbeiter selbst*: In den ersten beiden Teilen des Films werden Arbeiter dargestellt, die sich mit ihrer Notlage abfinden (die Eltern Bönike) oder an ihr scheitern (der Freitod des jungen Bönike). Diesen wird dann im dritten Teil – unter dem provozierenden Titel *»Wem gehört die Welt?«* – die organisierte Arbeiterbewegung gegenübergestellt, die sich aktiv für ihre Interessen und die Veränderung der Gesellschaft einsetzt.

Im folgenden geht es zunächst um die Analyse einiger Sequenzen, in denen das Sichabfinden von Arbeitern mit ihren Lebensbedingungen, mit ihrem sozialen Abstieg dargestellt wird. Es sind vor allem die bereits erwähnte *Tischszene*, der *Umzug in die Zeltsiedlung »Kuhle Wampe«*, die *Mata-Hari-Sequenz* und die *Verlobungsfeier*.

a) In der *Tischszene* werden die Positionen vor allem der Eltern, die offensichtlich nicht in der Lage sind, die Ursachen der Arbeitslosigkeit zu erkennen, einer noch näher zu bestimmenden Kritik unterzogen:

Wohnstube der Bönikes, die Familie beim Essen.			O. T.
65	N	*Mutter Bönike:* »Wer tüchtig ist, kommt immer vorwärts. Wenn man sich überhaupt nicht bemüht, dann braucht man sich nicht zu wundern, wenn's bergab geht.«	
66	T	Die Arbeitslosen fahren auf ihren Rädern schnell eine Straße entlang.	
67	HN	(Über den Sohn auf den Vater.) Der *Vater:* »Und der Junge hat nicht mal nötig, den Hauswirt zu grüßen.«	

68	HN	*Anni:* »Das Grüßen macht's auch nicht, wenn ihr sechs Monate die Miete nicht bezahlt.«
69	HN	*Mutter Bönike:* »So kriegt man keine Arbeit.«
70	HN	*Vater:* »So nicht, mit Unhöflichkeit nicht!« *Anni:* »Und mit Höflichkeit auch nicht!«
71	HN	(Über die Mutter auf Anni.) *Anni:* »Es gibt keine Arbeit.«
72	N	Fahrende Räder der Arbeitslosen, die kräftig in die Pedale treten, wie Einst. 53 (vgl. S. 189)
73	HN	Der Vater und Anni essend. Der *Vater:* »Man kann arm sein, man kann Unglück haben. Aber schließlich gibt's ja auch Menschen, die nicht sieben Monate hintereinander Unglück haben.« *Anni:* »Du meinst, der Junge ist besonders untüchtig.« *Vater:* »Ja, das meine ich.«
74	HT	(Mutter von hinten, links der Sohn, rechts Anni, frontal Vater Bönike.) *Anni:* »Und du? Wie weit bist du gekommen? Hast ja auch bloß die Stempelkarte in der Tasche.« [244]

Die Eltern vertreten die Ansicht, daß man sich der Situation anzupassen habe (arbeitslos und dann auch noch unhöflich, das kann sich keiner leisten). Sie begreifen die Situation als schicksalhaft (man kann arm sein, man kann Unglück haben) und meinen, mit Tüchtigkeit und »anständigem« Benehmen könne man weiterkommen. Dieser Argumentation stehen auf der anderen Seite die Aussagen der Tochter sowie visuell die eingeblendeten Bilder der Arbeitsuchenden (66/72) entgegen. Darin wird im Zusammenhang mit dem bisherigen Ablauf des ersten Teils die Arbeitslosigkeit als Bestandteil der gegenwärtigen gesellschaftlichen Verhältnisse dargestellt und damit der Widerspruch zu den Aussagen der Eltern formuliert.

In den Einstellungen 71/72 wird dieser Standpunkt besonders eindringlich durch die filmische Gestaltung wiedergegeben. Die Tochter stellt fest: »Es gibt keine Arbeit.« Der Satz wird rezitierend gesprochen und trotz seiner Kürze in einer von den anderen Aussagen getrennten »eigenen« Einstellung wiedergegeben. Unterstützt durch die folgende

Einstellung, in der die Räder der Arbeitslosen und das heftige Pedaltreten gezeigt werden, erhält die Aussage innerhalb des Gesprächs ein besonderes Gewicht.

So zeigt der Film eindeutig das Illusorische in den Vorstellungen der Eltern Bönike: zum einen durch die in das Gespräch *einmontierten Bilder* der Arbeitsuchenden, zum anderen auch über die *Sprechweise* der Darsteller, die betont langsam reden, so daß die einzelnen Sätze und Aussagen hervorgehoben und auffällig werden – Sätze, die dem alltäglichen Sprachgebrauch entstammen, hier aber durch die verfremdende Wiedergabe – ihrer »Natürlichkeit« beraubt – dem Zuschauer als problematisch vorgeführt werden.

Vor allem jedoch im Zusammenhang mit der Arbeitssuche wird die Meinung der Eltern Bönike, in der eine völlige Verkennung der tatsächlichen Situation zum Ausdruck kommt, im Film als illusionär und falsch erkennbar.

b) Das Sichabfinden mit der Situation und die Passivität eines Teils der Arbeiterschaft spiegeln sich in der Sequenz *Umzug der Familie Bönike in die Zeltsiedlung »Kuhle Wampe«*. Dabei begnügt sich der Film nicht mit der einfachen Darstellung des Verhaltens der Arbeiter, sondern formuliert zugleich eine kritische Position.

Während die Familie in die Zeltsiedlung einzieht, werden Bilder des dortigen Lebens gezeigt: Leute sitzen in Liegestühlen in der Sonne, spielen Skat oder Schach. Man hört Radio: »Armeemärsche aus alter und neuer Zeit«[245]. Zwischendurch zeigt die Kamera eine »Grabplatte« mit der Inschrift: »Hier ruht unsere letzte Hoffnung auf Arbeit ›Kuhle Wampe‹.«[246]

Die kritische Wirkung ergibt sich aus der Montage der dokumentarischen Aufnahmen: Bilder des scheinbar »idyllischen Lebens« werden mit solchen des Einzuges der Familie Bönike und der »Grabplatte«, aus der hervorgeht, daß die dort Anwesenden beschäftigungslose Arbeiter sind, konfrontiert. Durch den Hinweis auf die Existenzbedingungen der dort Lebenden zeigt sich die Idylle der Siedlung als Scheinidylle. Durch den Widerspruch zwischen der sozialen Lage und dem »sorglosen« Leben der Kuhle-Wampe-Bewohner erscheint ihr Verhalten der Situation nicht angemessen.

c) In der *Mata-Hari-Sequenz* wird diese Kritik noch weiter verschärft – hier im wesentlichen durch die Asynchronität von Bild und Ton:

Vater und Mutter Bönike sitzen im Zelt an einem Tisch. Er raucht eine Zigarre und liest langsam, mitunter buchstabierend aus einem Artikel vor, in dem die Nackttänzerin Mata Hari[247], insbesondere ihr Körper, in schwülstigen Worten beschrieben wird. Währenddessen notiert die Mutter unberührt davon in einem Notizblock Haushaltausgaben.

Die Einstellungsfolge:

188	HN	Vater und Mutter Bönike im Zelt am Tisch sitzend; er lesend und rauchend, sie rechnend.	im Ton: Stimme des Vaters
189	G	Sorgenvolles Gesicht der Mutter.	
190	N	Ein aufgeschlagenes Notizbuch, in dem verschiedene Lebensmittelposten untereinander geschrieben sind, die Hände der Mutter, die einen Strich unter die Preise ziehen, sie rechnet die Gesamtkosten aus.	
191	N	Leberwürste mit Preisschild.	
192	HN	Kartoffeln mit Preisschild.	
193	N	Schreibende Hand der Mutter.	
194	HN	Der Vater, hält die Zeitung in Augenhöhe.	
195	G	Der Kopf der Mutter.	
196	N	Abgepacktes Schmalz mit Preisschild.	
197	N	Heringe mit Preisschild.	
198	HN	Im Vordergrund der Vater zeitunglesend, die Mutter weiterhin in ihrem Notizbuch rechnend.	
199	G	Die schreibende Hand der Mutter.	
200	N	Zwiebeln mit Preisschild.	
201	HN	Die Mutter, nachdenklich schreibend.	
202	N	Brote mit Preisschild.	
203	N	Margarine mit Preisschild.	
204	N	Käse mit Preisschild.	
205	HN	Im Vordergrund der Vater lesend, die Mutter schreibend.[248]	

Die Einstellungen zeigen im wesentlichen die Tätigkeit der Mutter. Bei den gezeigten Lebensmitteln handelt es sich um Grundnahrungsmittel: Brot, Kartoffeln, Fett, Wurst. Aus dem sorgenvollen Gesicht der Mutter (Großaufnahme) und der Berechnung in ihrem Notizbuch (Nahaufnahme) geht hervor, daß das verfügbare Geld kaum für die notwendigste Versorgung der Familie ausreicht. Das *Bild* gibt hier also einen (weiteren) Hinweis auf die soziale Notlage der Bönikes bzw. der Arbeiter insgesamt.

Im krassen Gegensatz zu diesem Bild steht der *Ton*: Während der ganzen Sequenz hört man nur die Stimme des Vaters, der aus einem Zeitungsartikel über die Tänzerin Mata Hari vorliest, die als Kurtisane wohlhabender Kreise vorgestellt und deren Körper in »delikaten« Einzelheiten beschrieben wird.

Auffällig ist dabei die *Vortragsweise*. Der Vater hat Mühe, den Artikel zu entziffern, häufig stockt er, insbesondere bei Fremdwörtern. Zudem liest er den Artikel laut vor. Daraus gewinnt man den Eindruck, daß die Aufmerksamkeit und das Interesse des Vaters sich ganz auf die Inhalte der Mata-Hari-Geschichte konzentriert.

Dieses Interesse erfährt durch den Widerspruch zu den Bildinhalten eine kritische Interpretation. Es wird deutlich, daß der Vater sich in keiner Weise für die eigene Notlage interessiert, sondern Unterhaltung, Ablenkung bzw. Zerstreuung in der Beschreibung und Schilderung einer für ihn unwirklichen Welt sucht.

Die *Mata-Hari-Sequenz* gestaltet durch die Montage der Bilder und den Bild-Ton-Widerspruch einerseits die Notlage, andererseits die Kritik am Verhalten der Arbeiter. Dem Betrachter werden in Bild und Ton zwei sich widersprechende Informationen gegeben, die, indem sie eine Bewertung herausfordern, es ihm schließlich ermöglichen, eine kritische Position zur Haltung der Bönikes zu beziehen.

d) Schließlich die *Verlobungsfeier*. Sie steht am Ende des zweiten Teils und bildet zugleich den Abschluß und Höhepunkt der Auseinandersetzung mit dem Problem der Passivität und der Resignation. Sie bedient sich dazu einer neuen Darstellungsweise, die man als *satirische Überspitzung* bezeichnen kann:

Zunächst herrscht eine feierliche Atmosphäre. Die Gäste und Gastgeber einschließlich der Verlobten sind feierlich gekleidet, man sitzt an einer mit Blumen geschmückten und einem weißen Tuch bedeckten Tafel im Zelt der Bönikes. Es wird Kaffee und Kuchen gereicht, danach eine Platte mit Speisen und Bier. Allmählich verkommt die Feier zu einem wüsten Freß- und Saufgelage.

Das satirische Moment ergibt sich aus der Überzeichnung der Vorgänge und Personen. So sieht man zum Beispiel in einer Nahaufnahme den Kuchen, der von allen Seiten gleichzeitig durch »zugreifende

Hände« abgetragen wird. Der Vorgang wiederholt sich (bei gleicher Kameraeinstellung): Auf die leere Essensplatte werden Knochen mit Fleischresten nachgeschüttet, die sofort mit Gabeln und Händen weggerissen werden, bis die Platte wieder leer ist. Es entsteht der Eindruck, daß die Gäste förmlich über das Essen herfallen. Ferner wird gezeigt, wie sie die Speisen – Topfkuchen, Fleisch(-knochen) – geradezu verschlingen. Dem Zuschauer wird der Gedanke nahegelegt, daß die soziale Verelendung der Kuhle-Wampe-Bewohner auch zu Hungererscheinungen führt. Diese Wirkung wird zusätzlich unterstützt durch einen Ausspruch des Verlobten: »Nischt zu fressen, aber Lackstiefel muß er haben.« Der Schein der Feierlichkeit, hier bereits in Frage gestellt, wird im weiteren Verlauf vollends ad absurdum geführt.

Der Film beschreibt in charakteristischen Details die durch den Alkoholkonsum stark angeheiterte Gesellschaft. Die Männer haben ihre Jacketts und Schlipse abgelegt, ihre Hemden stehen offen. Man schunkelt, prostet grölend auf die Gemütlichkeit, obwohl von Gemütlichkeit in diesem Zelt und in dieser Lebenslage nicht die Rede sein kann. Man beginnt zu »knutschen«, einer der Gäste, »Onkel Otto«, will die Tafelrunde verlassen und stößt dabei Flaschen, Gläser und Geschirr um, hält sich am Kopf eines anderen Gastes fest, fällt am Zelteingang hin und reißt einen Hocker und eine Wanne um. Seine Frau kommt aufgebracht und zeternd hinter ihm her und will ihn zurückhalten.

Die Inszenierung der Verlobungsfeier in diesen hier kurz beschriebenen Details wirkt beißend satirisch: Deutlich wird der Widerspruch zwischen dem Versuch der Kuhle-Wampe-Bewohner, geordnete, kleinbürgerliche Lebensverhältnisse (feierliche Kleidung, festlicher Rahmen der Verlobungsfeier) aufrechtzuerhalten, und ihrer tatsächlichen Notlage. Der Film formuliert also durchgängig eine Kritik an Arbeitern, die sich mit ihren Lebensbedingungen, mit der Verschlechterung ihrer sozialen Lage abfinden. Die kritische Wirkung der Darstellung ergibt sich aus dem offensichtlichen Widerspruch zwischen dem Verhalten der Personen und ihrer realen Situation, die der Film jeweils mit verschiedenen Mitteln verdeutlicht: in der *Tischszene* durch die Montage mit Bildern von der *Arbeitssuche*, beim *Umzug* durch Aufdeckung der Scheinidylle des Lebens in »Kuhle Wampe«, in der *Mata-Hari-Sequenz* durch den Gegensatz von Bild und Ton und in der *Verlobungsfeier* durch die satirische Überspitzung.

3.5.4.
Die Perspektive einer politischen Lösung

Der dritte Teil des Films, aufrüttelnd überschrieben »*Wem gehört die Welt?*«, deutet die Perspektive einer Lösung der in den ersten beiden aufgezeigten gesellschaftlichen Probleme an: im solidarisch geführten politischen Kampf der Arbeiter für ihre Interessen. Entscheidend dafür ist der Schluß des Films, die *S-Bahn-Sequenz*. Sie wird im Anschluß genauer zu untersuchen sein, doch zuvor muß das *Sportfest* mit seinen verschiedenen Sequenzen knapp beleuchtet werden.

Es beginnt wieder mit einem Vorspann, bestehend aus einer Folge dokumentarischer Aufnahmen, die Details von Fabrikanlagen – Kräne, Greifer, Silos, Kohlenhalden etc. – zeigen. Danach sind Vorbereitungen zu einem Arbeitersportfest zu sehen: Teilnehmer und Zuschauer strömen zum Sportplatz, auf Motorrädern oder zu Fuß, in geschlossenen Gruppen marschierend, auf den Lippen das »Solidaritätslied« (von Brecht und Eisler). Es folgt das Fest selbst: zunächst die Wettkämpfe (Motorradrennen, Rudern, Schwimmen), dann der politische Teil mit einem Auftritt der Agitpropgruppe »Das rote Sprachrohr«, die das Problem der »Exmittierung« darstellt und zum solidarischen Kampf gegen die soziale Not auffordert. Abschließend singen alle, Teilnehmer und Zuschauer gemeinsam, das Solidaritätslied, womit der offizielle Teil des Sportfests beendet ist. Doch man sitzt noch eine Weile beisammen, unterhält sich, diskutiert über politische und philosophische Probleme. Schließlich brechen alle mit ihren Booten, Motor- und Fahrrädern unter den Klängen des Solidaritätsliedes zur Heimkehr auf. Viele nehmen die S-Bahn.

Hervorstechende Merkmale dieser Sportfest-Szenen sind die *Gemeinsamkeit* (vermittelt durch Massenaufnahmen) und die *Aktivität* der Arbeiter (in den sportlichen Wettkämpfen). Beides wird noch unterstrichen durch die *Musik*: Bereits im Vorspann setzt stark rhythmisiert das Solidaritätslied in orchestraler Fassung ein und gibt damit einen ersten Hinweis auf die Thematik des folgenden Geschehens. Es taucht (gesungen von Arbeiterchören) während des gesamten dritten Teils immer wieder auf, beim Marsch zum Sportfest, während des Festes im gemeinsamen Gesang der Teilnehmer und Besucher, bei der Heimkehr und schließlich am Schluß des dritten Teils und damit des ganzen Films. Das Lied zieht sich wie ein roter Faden durch den Schlußteil und gibt dessen Grundgehalt wieder: die Aufforderung zum gemeinsamen solidarischen Handeln. Das drückt sich sowohl im Text als auch in der musikalischen Gestaltung des Liedes aus. Die Vielzahl der Stimmen des Chores und die mitreißende Art des Gesangs unterstützen das Moment der Gemeinschaftlichkeit, der kämpferischen Solidarität.

Die *»S-Bahn-Sequenz«* zeigt ein politisches Gespräch über die Weltwirtschaft zwischen Sportfestteilnehmern und anderen Fahrgästen. Auslösender Faktor ist ein Zeitungsartikel, der berichtet, daß in Brasilien Kaffee verbrannt wird, um die hohen Preise aufrechtzuerhalten.

Die Diskussion vermittelt sich nicht nur über den Text (Ton), sondern auch in der Einheit mit dem Bild und mit der Gestaltung und Charakterisierung der einzelnen Personen. Erst in dieser Einheit ergibt sich die vollständige Darstellung und Bewertung der (politischen) Positionen und damit die Wirkung der Sequenz auf den Zuschauer. Daher werden im folgenden die wesentlichen Standpunkte der Diskussionsteilnehmer in ihrer inhaltlich-formalen Gestaltung untersucht.

Die Einstellungsfolge beginnt mit einer Totale, einer relativ langen Einstellung, durch die der Zuschauer mit dem Ort der Handlung und der Ausgangssituation vertraut gemacht wird. Man sieht, wie die Teilnehmer des Sportfests in ein S-Bahnabteil hineindrängen, bis dieses mit stehenden und sitzenden Fahrgästen gefüllt ist. Der Film vermittelt die Information »S-Bahn« über typische Interieurs eines S-Bahnabteils – Mittelgang, links und rechts Bankreihen mit darüber angebrachter Gepäckablage. Der Eindruck »fahrende S-Bahn« wird über Ton und Beleuchtung erzeugt. Während der gesamten Sequenz sind im Hintergrund typische Geräusche eines fahrenden Zuges, Stimmengewirr von Fahrgästen sowie zwischendurch die Stimme eines Schaffners zu hören: »Zurücktreten! Abfahren!« Darüber hinaus wechselt die Beleuchtung ständig: in unregelmäßigen Abständen fällt von rechts und links Licht ins Abteil. So entsteht der Eindruck, daß sich der Zug bewegt und anscheinend an Häuserfluchten o. ä. vorbeifährt. Die Kamera braucht diesen für den Inhalt nebensächlichen, aber aus dem Handlungsablauf sich logisch ergebenden Aspekt nicht genauer einzufangen und kann sich ganz auf die Wiedergabe des Gesprächs konzentrieren.

Das Gespräch: Ein Fahrgast liest aus einem Zeitungsartikel vor, der berichtet, daß in Brasilien 24 Mio. Pfund Kaffee verbrannt worden sind. In den folgenden Einstellungen werden die ersten spontanen Reaktionen einiger Fahrgäste gezeigt, aus denen sich bereits die Grundpositionen abzeichnen, die in der Diskussion weiter ausgeführt werden.

465	N	*Mann mit Stehkragen:* »Halt ich glatt für 'ne Verhetzung.«
466	HN	*Ein alter Herr mit Brille:* »Hab's ja auch gelesen, aber das kann ich nicht glauben.«
467	N	*Mann mit weißem Hut:* »Das sagt einem doch schon der gesunde Menschenverstand, daß sowas gar nicht möglich sein kann.«
468	HN	*Mann mit Bärtchen,* liest aus der Zeitung vor: »Verbrannter Kaffee. Hier bitte schön. In Santos, dem größten Kaffeehafen der Welt, lagert mehr Kaffee als die Welt ... fähig ist, zu kaufen ... Alles zusammen zwölf bis fünfzehn Mill. Sack Kaffee ... (...) Und da immer mehr Kaffee hinzukommt, ...«
469	HN	Fahrgäste, um den Lesenden herum, hören zu. *Mann mit Bärtchen:* »... läßt die Regierung den Überschuß verbrennen.«
470	HN	*Arbeiter in Hemdsärmeln:* »24 Millionen Pfund Kaffee verbrannt – das ist aber wirklich 'ne Affenschande!«
471	N	*Arbeiter im Pullover:* »Mit uns könn' se's ja machen!« [249]

Die Beiträge des *alten Herrn mit Brille,* der den Tatbestand nicht für möglich hält und sich nicht erklären kann, sind wichtig, insofern in ihnen entscheidende Fragen angeschnitten werden, die dem Gespräch die Richtung geben. So in der Einstellung 466: Durch seine »Ungläubigkeit«, die unterstützt wird durch die Aussage des *Mannes mit weißem Hut* (467), ergibt sich (in der Logik des Gesprächs) die nähere Erklärung des Tatbestands (Einst. 468–69). Ferner löst seine Frage nach dem Zweck und den Gründen der Kaffeeverbrennung die folgende Diskussion über die Gesetzmäßigkeiten der kapitalistischen Wirtschaft aus.

Prüft man die einzelnen Beiträge der Diskussionsteilnehmer, so lassen sich aus ihnen verschiedene politische Positionen ablesen. Der *Mann mit Stehkragen* formuliert folgende Vorstellungen: »Und warum zahln wir die hohen Preise? Weil uns die Hände gebunden sind. Weltpolitisch! Wenn wa 'ne Flotte hätten, dann hätten wa ooch Kolonien. Wenn wa Kolonien hätten, dann hätten wa ooch Kaffee. Und wenn wa Kaffee hätten...« Einwurf des *Mannes mit Bärtchen:* »... Denn gehn de Preise wohl runter, was?« *Mann mit Stehkragen:* »Solln se ja jar nich. Aber denn machen wir doch das Geschäft!«[250] Der Besitz von Kolonien, der ja schließlich (da nach dem Ersten Weltkrieg dem Deutschen Reich sämtliche Kolonien abgenommen worden waren) nur durch Entfesselung eines Aggressionskrieges zu verwirklichen wäre, brächte demnach die Lösung des Problems. Dabei benutzt der Redner ständig das Wort »wir« und unterstreicht damit die angebliche Allgemeinnützigkeit einer derartigen Politik. Hier setzt denn auch die Kritik an, die *Kurt,* einer der Wortführer der Arbeiter in dieser Diskussion, vorträgt:

»Ich höre immer ›wir‹. Wer is'n das: Wir? Sie und ich? Und der Herr da? Und die Dame da? Und der olle Mann da? Also: ›Wir‹ machen das Geschäft. Mensch das glauben sie doch selber nich!«[251] Das »wir« wird aus der ideologisch-theoretischen Ebene in die Realität geholt und vom Standpunkt der Arbeiter als demagogische Phrase entlarvt. Sie bestreiten, daß eine derartige Politik tatsächlich den Interessen aller Bevölkerungsschichten gerecht würde, zumal ja die Preise (hier des Kaffees) dabei unverändert blieben.

Ein weiterer Teilnehmer der Diskussion ist der *Mann mit weißem Hut.* Seine Beiträge beschränken sich auf Einwürfe wie »sehr richtig!« (insgesamt fünfmal), »überhaupt ist heute Sonntag«, »Kaffee ist überhaupt Luxus. Früher haben die Leute auch keinen Kaffee getrunken«[252]. Er bezieht keine erkennbare politische Stellung, sondern unterstützt sowohl den Standpunkt der Arbeiter als auch den des *Mannes mit Stehkragen* – Standpunkte, die sich in ihrer Gegensätzlichkeit nicht auf einen Nenner bringen lassen. Er schwankt (politisch gesehen) zwischen den Fronten.

Die *Arbeiter* knüpfen an dem Zeitungsbericht an und geben Antwort auf die Frage, welchen Zweck die Verbrennung des Kaffees bzw. die kapitalistische Wirtschaft hat: »Die verdien' doch nich an dem, wat se wegschmeißen, sondern an dem, was se behalten und uns teuer verkoofen.« – »Es muß immer weniger Ware da sein, als gebraucht wird. Sonst gibt's doch kein Geschäft!« – »Geschäfte kann man bloß machen, wenn's immer noch Leute gibt, die was brauchen und nichts kriegen.«[253]

Am Beispiel des verbrannten Kaffees wird aufgezeigt, daß die kapitalistische Wirtschaft einzig an der Profitmaximierung interessiert ist und unter Umständen sogar Unsummen von Werten vernichtet, um ein profitables Geschäft zu gewährleisten. Besonders betroffen sind davon die Arbeiter, die gesamte arbeitende Bevölkerung. Sie hat die hohen Preise zu zahlen und ist ständig von den Auswirkungen der Wirtschaftspolitik betroffen, wie der Zeitungsartikel ausführt: »Wir haben teuren Weizen und arbeitslose Industriearbeiter, während Argentinien teure Industriewaren hat und arbeitslose Landarbeiter.«[254] Daraus leiten die Arbeiter die Notwendigkeit ab, daß die Welt zu verändern sei, eine Aufgabe, die die fortschrittliche Arbeiterbewegung selbst zu lösen habe – eben diejenigen Bewohner dieser Welt, »denen sie (die Welt, R. H.) nicht gefällt«[255].

Wesentlich für die Wirkung dieses Gesprächs ist auch seine formale Gestaltung. Es wird im umgangssprachlichen Ton geführt. Der Berliner Dialekt schlägt an einigen Stellen durch, die Wortwahl entspricht der Alltagssprache. Das Thema wird auf einer konkret nachvollziehbaren, nie theoretisch abgehobenen Ebene behandelt, auf der sich dem Zuschauer das Wesentliche der inhaltlichen Aussage erschließt. Zu dieser Konkretheit tragen auch die Zahlen (die Menge des verbrannten Kaffees bzw. dessen Wert) bei, die sehr anschaulich demonstrieren, welche Werte um des Profits willen vernichtet werden und wie berechtigt die Empörung und der Widerstand der Arbeiter gegen solche Verhältnisse ist.

Die *S-Bahn-Sequenz* wirkt wesentlich auch durch das *Bild,* durch die Wahl der *Kameraeinstellung* und die »Maske« der Personen. Die ersten spontanen Reaktionen auf die Nachricht der Kaffeeverbrennung werden in der Nahaufnahme oder der Halbnahen gezeigt:

465	N	Gesicht des Mannes mit Stehkragen.
466	HN	Alter Herr mit Brille, sitzt neben einer Frau auf der Bank.
467	N	Gesicht des Mannes mit weißem Hut.
470	HN	Arbeiter auf eine Rückenlehne gestützt.
471	N	Gesicht eines Arbeiters.

Dadurch wird der Zuschauer mit den einzelnen Fahrgästen, die sich maßgeblich an der Diskussion beteiligen, direkt konfrontiert; seine Aufmerksamkeit wird ganz auf sie und ihre Aussagen konzentriert, die hierdurch eine Betonung und größere Eindringlichkeit erhalten.

Demgegenüber werden andere, parallel zu der Diskussion ablaufende Unterhaltungen nur in der Halbtotale oder Halbnahaufnahme in jeweils einer einzigen Einstellung gezeigt – etwa ein Gespräch kleinbürgerlicher Frauen über das Kaffeekochen oder ein anderes zweier Männer über die Möglichkeiten des Kaffeeanbaus in Deutschland.

Die im Mittelpunkt stehende Diskussion spitzt sich im weiteren Verlauf zu. Es herrscht eine emotional aufgeheizte Stimmung. Die Konfrontation spielt sich insbesondere zwischen dem *Mann mit Stehkragen* und *Kurt* mit den anderen Arbeitern ab. Diese beginnen, sich über ihren Gegner lustig zu machen. Es kommt zu einer Art spontaner Solidarität. Auch hier trägt die Kameraführung wesentlich zur Steigerung des Vorgangs bei. Von oben aufgenommen, wird die zunehmende Hilflosigkeit des *Mannes mit Stehkragen* gegenüber den zusammenhaltenden Arbeitern bildhaft konkretisiert. Er dreht sich um seine eigene Achse, weiß nicht mehr, wohin und an wen er sich wenden soll, um den vielen auf ihn niedergehenden verbalen »Angriffen« zu begegnen. Das Hin und Her des Mannes, aus dieser Perspektive gezeigt, symbolisiert gleichsam die Hilflosigkeit bzw. daraus ableitbar die Wirksamkeit solidarischen Handelns der Arbeiter. Zusätzlich wird die Dynamik des Vorgangs durch einen mehrmaligen Schwenk, dem einzigen der gesamten Sequenz, betont.

Am Schluß der Sequenz erfährt die aus der Diskussion resultierende Frage: »*Wer wird die Welt ändern?*« (so gestellt von dem Mann mit Stehkragen) durch eine Folge von kurzen, aneinandergereihten Nahaufnahmen eine Steigerung. Es werden verschiedene Gesichter gezeigt – von den kleinbürgerlichen Hausfrauen bis zu dem Mann mit Stehkragen. Die Zuspitzung ergibt sich zum einen aus der Anordnung der Personen nach ihrer Wichtigkeit im Rahmen der Diskussion, zum anderen aus der rhythmischen Verdichtung und Steigerung zur Großaufnahme: zunächst werden je zwei Aufnahmen von Gesichtern mit einer Einstellung auf Kurt montiert, dann nur noch jeweils eine Aufnahme eines Gesichtes mit einer von Kurt. Der Spannungsbogen kulminiert in der Großaufnahme des Mannes mit Stehkragen, der schließlich die entscheidende Frage nach dem Subjekt der Veränderung stellt. Darauf folgt eine wesentlich längere Einstellung, in der Gerda als Vertreterin der Arbeiterschaft agitatorisch rezitierend den Satz ausspricht: »*Die, denen sie nicht gefällt!*«

Durch den Schnitt und die damit erzeugte Spannung erhält der entscheidende Satz, die entscheidende Aussage eine bedeutende Wirkungskraft, die unterstützt wird durch das in der anschließenden Einstellung erneut einsetzende Solidaritätslied. Die Aufforderung zum solidarischen Handeln der Arbeiter und damit zur Veränderung der Welt ist offensichtlich.

Entscheidend für diese Wirkung der Sequenz ist schließlich die Charakterisierung der Personen. Es handelt sich eindeutig um eine typisierende Gestaltung.

Der *Mann mit Stehkragen* ist durch wenige Attribute gekennzeichnet: durch den auch damals schon altmodischen, aus der Kaiserzeit stammenden Stehkragen, die militärisch schneidende Stimme, den Schnauzbart. Auch durch seine Mimik: verächtlich heruntergezogene Mundwinkel, Blick »von oben herab« mit hochgezogenen Augenbrauen und halb geschlossenen Augen. Die gesamte Darstellung (Bild und Ton) ergibt das vollendete Bild eines Vertreters jener militaristisch-chauvinistischen Politik, die zur Zeit der Weimarer Republik in den monarchistischen und rechtskonservativen Parteien gefordert wurde. Zugleich wird dieser Standpunkt einer kritischen Wertung unterzogen, die sich zwar bereits in der Diskussion vollzieht, aber durch die typisierende Charakterisierung noch verschärft und zur radikalen Verurteilung verdichtet. Gerade die in den Nahaufnahmen besonders deutlich hervorgetretene Mimik erweckt den Eindruck einer hochmütigen, arroganten Selbstherrlichkeit.

Die Charakterisierung des *Mannes mit weißem Hut* erfolgt auf ähnliche Weise. Seine Kleidung – weißer Anzug, dazu passender Hut und Fliege – lassen auf gehobenere finanzielle Verhältnisse schließen. Er vertritt offenbar den Typus des liberalen Bürgers. Seine Mimik: betont bedeutungsvoller Gesichtsausdruck (hochgezogene Augenbrauen, leicht heruntergezogene Mundwinkel). Er scheint, wie aus dieser Mimik deutlich wird, mit großem Ernst der Diskussion zu folgen und bewußt zu dieser oder jener Stellungnahme seine Zustimmung zu geben. Durch den eklatanten Widerspruch zwischen seinem übertrieben bedeutungsvollen Gesichtsausdruck und seinem schwankenden politischen Standpunkt bzw. der Nichtigkeit seiner Aussagen wirkt er letztendlich geradezu lächerlich.

Auf der anderen Seite stehen, besonders hervorgehoben, *Kurt* und *Gerda* als Repräsentanten des *bewußten Proletariats,* die, gekennzeichnet durch selbstsicheres, ungekünsteltes Auftreten, dessen Standpunkt offensiv und entschlossen darlegen.

Derart versucht der Film in der S-Bahn-Sequenz, durch alle verfügbaren Gestaltungsmöglichkeiten – Typisierung, ironische Überzeichnung bestimmter Figuren, Aufbau der Diskussion, Kameraführung und Schnitt – wesentliche Gesetzmäßigkeiten des Kapitalismus konkret anschaulich zu vermitteln. Es wird deutlich, daß die Ursache für die soziale Verelendung der Arbeiter im System selbst begründet liegt und daß nur der solidarische Kampf der Benachteiligten dieses Systems, also insbesondere der Kampf der Arbeiter für eine Veränderung der Gesellschaft, eine wirkliche Lösung der geschilderten Probleme herbeiführen kann. Diese Konsequenz wird in der Gegenüberstellung verschiedener politischer Positionen eindringlich herausgearbeitet. Ihre Bewertung erfolgt danach, welche Lösungsmöglichkeiten sie für die aus der kapitalistischen Wirtschaftskrise resultierenden Probleme, insbesondere für die Beseitigung der sozialen Notlage der Arbeiter anbieten. Während in der militaristisch-chauvinistischen Position die Interessen der breiten Bevölkerung unberücksichtigt bleiben, kommt in der bürgerlich-liberalen Haltung keine eindeutige Position zum Ausdruck. Die Lösung der Probleme kann somit nur durch die organisierte Arbeiterbewegung, durch die Aktivität der Arbeiter selbst erreicht werden. In diesem Sinn wird in der Schlußsequenz durch die Großaufnahme des Gesichtes der Arbeiterin Gerda, die sich direkt an das Publikum wendet (Frontalansicht) und durch das wiedereinsetzende »Solidaritätslied« ein eindeutiger Appell zur Aktivierung der Zuschauer formuliert.

An der S-Bahn-Sequenz läßt sich ein weiterer Aspekt der künstlerischen Methode Brechts und seiner Mitarbeiter veranschaulichen: die *Verbindung lehrreicher und unterhaltsamer Elemente.* Für Brecht waren sie zwei einander bedingende Momente. Anläßlich der bürgerlichen Kritik gegen seine nichtaristotelische Dramatik bemerkte Brecht dazu: »Einer der Haupteinwände der bürgerlichen Kritik (...) stützt sich auf eine ebenfalls rein bürgerliche Trennung der Begriffe ›unterhaltsam‹ und ›lehrreich‹. (...) Dieser Trennung nachzugehen, ist nicht ohne Reiz. Es mag überraschen, daß hier eine Degradierung des Lernens schlechthin beabsichtigt ist, indem es nicht als Genuß vorgestellt wird. In Wirklichkeit wird natürlich der Genuß, indem er so sorgfältig von jedem Lehrwert entleert wird, degradiert.«[256] Kommt das unterhaltende, aber zugleich auf Erkenntnis ausgerichtete Moment in der satirisch inszenierten *Verlobungsfeier* zum Ausdruck, so wird dies in der S-Bahn-Sequenz in der umgangssprachlichen Unterhaltung, in der Einblendung ironischer Episoden – etwa der Unterhaltung kleinbürgerlicher Frauen – deutlich, ohne daß dabei das eigentliche Anliegen verschüttet würde:

477 HN Zwei ältere Frauen sitzen auf einer Bank im S-Bahnabteil, rechts eine mit kariertem Kleid, links eine mit Korallenkette. *Frau mit kariertem Kleid:* »Wissen Se, Kaffee darf nie kochen, sach ick Ihnen. Wenn der Kaffee erst gekocht hat, dann is aus mit'm Kaffee.« *Frau mit Korallenkette:* »Und denn: den Kaffee niemals in de Blechkanne schütten, denn jeht det janze Aroma flöten.« [257]

Die ironisierende, belustigende Wirkung ergibt sich aus der Einfügung dieser Episode in die zentrale Diskussion. Es wird deutlich, daß das Problembewußtsein der beiden Frauen kaum über den alltäglichen Bereich hinausreicht. Wie auch in den anderen erwähnten Beispielen ergibt sich die unterhaltsam-belustigende Wirkung gerade aus der Verbindung bzw. Einheit von unterhaltenden und lehrreichen Momenten. Der Zuschauer soll offensichtlich auch Spaß an dem Film haben. Es geht ihm darum, dem Publikum sowohl in lehrsamer als auch in unterhaltsamer Art und Weise den Sachverhalt begreifbar und hinterfragbar zu machen, die Zuschauer anzusprechen.

3.6.
Schlußbewertung

Kuhle Wampe stellt die Lage der Arbeiter unter den Bedingungen der Weltwirtschaftskrise dar. Ihre soziale Verelendung wird zurückgeführt auf die kapitalistische Wirtschaft, auf das kapitalistische Gesellschaftssystem insgesamt. Die Beseitigung der aufgezeigten Mißstände ist nur durch den organisierten Kampf der Arbeiter, durch ihr eigenes Handeln zu erreichen, das in seiner Konsequenz eine Veränderung der Gesellschaft beinhaltet.

Zur Bewältigung dieser komplexen Thematik wird die Bezugsrealität über verschiedenste Gestaltungsmittel künstlerisch bearbeitet, im filmischen Abbild wiedergegeben. Dies zeigt sich bereits in der Verwendung des dokumentarischen Materials: Durch die Auswahl typischer Dokumentaraufnahmen und ihre Montage in einer bestimmten Abfolge wird den Bildern ein über das Abgebildete hinausweisender Bedeutungsgehalt gegeben. Die Verwendung dokumentarischen Materials steht in *Kuhle Wampe* allerdings nicht im Vordergrund, da »weniger denn je eine einfache ›Wiedergabe der Realität‹ etwas über die Realität aussagt. Eine Photographie der Kruppwerke oder der AEG sagt beinahe nichts über diese Institute. (...) Es ist also tatsächlich

›etwas aufzubauen‹, etwas ›Künstliches‹, ›Gestelltes‹.«[258] Bereits in der Darstellung der Tatsache, daß »es keine Arbeit gibt«, inszenierten Brecht, Dudow und Eisler über die Dokumentation von Arbeitslosenzahlen hinaus einen Handlungsablauf.

Die künstlerische Bearbeitung und Veränderung von Erscheinungen der gesellschaftlichen Realität (Arbeitslosigkeit), wie sie in der Arbeitssuche als »Kampf um einen Arbeitsplatz« zum Ausdruck kommt, ist also offenbar notwendig, um über die bloße Wiedergabe der Erscheinung hinaus die Durchschaubarkeit der Wirklichkeit zu erreichen. *Kuhle Wampe* stellt exemplarisch in konkreten, anschaulichen Episoden (Geschehnissen) vor allem die Wechselbeziehung zwischen dem Verhalten der handelnden Personen und ihrer Situation dar.

Brecht und seine Mitarbeiter bevorzugen ganz offensichtlich Gestaltungsmethoden, die eine Verallgemeinerung der Aussage ermöglichen. Hierzu dient ihnen z. B. die Typisierung der Personen (Freitod des jungen Bönike). Die individuelle Persönlichkeit der Figuren tritt fast völlig in den Hintergrund. »Es ist grundfalsch, das heißt, es führt zu nichts, (...) daß der riesige komplizierte, tatsächliche Lebensprozeß der Menschen im Zeitalter des Endkampfes der bürgerlichen mit der proletarischen Klasse als ›Fabel‹, Staffage, Hintergrund für die Gestaltung großer Individuen ›verwendet‹ werden soll. Den Individuen kann in den Büchern nicht viel mehr Platz eingeräumt werden als in der Wirklichkeit.«[259]

Auffallend ist auch der spezifische Einsatz des Tons. Im Unterschied zum bürgerlichen Film, in dem »die Klangaufzeichnung naturalistisch durchgeführt (wird), also in einer Weise, die genau mit der Bewegung auf der Leinwand korrespondiert und eine gewisse ›Illusion‹ sprechender Menschen oder hörbarer Objekte etc. vermittelt«[260], stellen Brecht, Dudow und Eisler den Ton gerade auch in bewußten Gegensatz zum Bild. Aus der sich widersprechenden Verwendung von Bild und Ton (beispielsweise in der Mata-Hari-Sequenz) ergibt sich konkret anschaulich die Widersprüchlichkeit des Verhaltens der Personen (Bönikes) zu ihrer Situation und damit die Möglichkeit der Kritik an ihrer Passivität. Der Ton dient also nicht zur bloßen Untermalung des Bildes, sondern erhält die Funktion, den Vorgang »in relativer Selbständigkeit (zu) interpretieren«[261]. In diesem Sinne wird auch die Musik Eislers (etwa im dritten Teil des Films) eingesetzt. Sie bezieht sich »nicht eigentlich auf das, was die Bilder äußerlich aussagen, sondern (...) auf ihren tieferen Inhalt«[262].

Es läßt sich feststellen, daß der Film durchgängig darauf angelegt ist, dem Zuschauer die gesellschaftliche Realität durchschaubar zu machen und die Notwendigkeit ihrer Veränderung aufzuzeigen. Daraus ist auch die gewisse »Kühle« des Films zu erklären. Denn alle unterhaltsamen Momente – z. B. die satirische Inszenierung der Verlobungsfeier – begründen sich aus der inhaltlichen Intention. Der Zuschauer soll nicht passiv, sondern in einem aktiven emotionalen und rationalen Erkenntnisprozeß das Filmgeschehen verfolgen.[263] Von daher gesehen steht das Künstlerkollektiv der psychologischen Darstellungsweise, wie sie z. B. in *Mutter Krausens Fahrt ins Glück* angewandt wird, kritisch gegenüber. In dem »Mitfühlen« des Zuschauers, in seiner Identifikation mit den Figuren und ihrem individuellen Schicksal sehen die Autoren von *Kuhle Wampe* die Gefahr einer Ablenkung von den eigentlichen Intentionen.

In der Aufdeckung der gesellschaftlichen Realität drückt sich zugleich auch die Parteilichkeit des Künstlers aus. Brecht bemerkt dazu in seinem Essay *Volkstümlichkeit und Realismus* (1938): »Die herrschenden Schichten bedienen sich offener der Lüge als ehedem und dickerer Lüge. Die Wahrheit zu sagen erscheint als immer dringendere Aufgabe. (...) Es liegt im Interesse des Volkes, der breiten, arbeitenden Massen, von der Literatur wirklichkeitsgetreue Abbildungen des Lebens zu bekommen, und wirklichkeitsgetreue Abbildungen des Lebens dienen tatsächlich nur dem Volk...«[264]

Dieser Forderung kommt gerade für den Film als einem wesentlichen Massenmedium besondere Bedeutung zu. Die Existenz einer proletarischen Filmfirma und die Zusammenarbeit mit der kommunistischen Arbeiterbewegung ermöglichten es Brecht, Dudow und Eisler, ihre Intentionen im Film umzusetzen.

Aus der gesamten »Tendenz« des Films geht schließlich seine gesellschaftliche Funktion hervor. *Kuhle Wampe* drückt eine eindeutige Parteinahme für die arbeitenden Massen, für die Arbeiter als gesellschaftliche Klasse aus. Die Auseinandersetzungen um die Zulassung des Films hatten gezeigt, daß seine Bedeutung sowohl von der Reaktion (Zensurbehörde) als auch von den fortschrittlichen Kräften, insbesondere von den Arbeitern erkannt worden war. Freilich konnte er nur beschränkt wirksam werden. Es gelang der Zensurbehörde zwar nicht, ihn zu verbieten, aber die auferlegten Schnitte minderten die Schärfe der Aussage. Zudem wurde er bereits ein Jahr später, am 20. März 1933, von der faschistischen Zensur definitiv verboten.[265]

Anmerkungen

Teil I

[1] Ich gehe hier von dem entwickelten Begriff der Widerspiegelung aus, wie er Grundlage der materialistischen Erkenntnistheorie und damit auch der materialistischen Ästhetik ist. Vgl. z. B. Thomas Metscher, *Ästhetik und Abbildtheorie,* in: *Das Argument* Nr. 77, Dezember 1972, und ders., *Ästhetische Erkenntnis und realistische Kunst,* in: *Das Argument* Nr. 90, Mai 1975; Moissej Kagan, *Vorlesungen zur marxistisch-leninistischen Ästhetik,* Berlin 1970 (1. Fassung) und die erweiterte und überarbeitete Fassung, München 1974; Erhard John, *Einführung in die Ästhetik,* Halle 1972, und ders., *Probleme der marxistisch-leninistischen Ästhetik,* Halle 1976; Erwin Pracht, *Abbild und Methode,* Halle 1974; J. Kuczynski, W. Heise, *Bild und Begriff,* Berlin–Weimar 1975.
Vgl. zur Besonderheit und zur Gemeinsamkeit von künstlerischer und wissenschaftlicher Aneignung von Wirklichkeit z. B. Kagan (2. Fassung, München 1974), besonders S. 91/105 ff./109/245/276–290/312/324/439/475/493 ff./511 ff./591/727 ff., auch Metscher (1972 u. 1975), besonders 1975, S. 241 ff. und Pracht, besonders S. 34 ff.

[2] In der Geschichte der Kunst lassen sich genügend Beispiele finden, in denen jeweils eine Seite der dialektischen Einheit von objektiver Erkenntnis und subjektiver, von Form und Inhalt etc. verabsolutiert ist. In diesem Sinne ist z. B. die abstrakte Kunst ein Extremfall, in dem sich die Form auf Kosten des Inhalts verselbständigt.
Bezogen auf den absoluten Film schreibt z. B. R. Kurtz: »Die Frage nach dem Sinn ist unzulässig: beabsichtigt ist lediglich, konstruktiv mit exakt umgrenzten Formelementen ein Weltgefühl zu verwirklichen.« – Rudolf Kurtz, *Expressionismus und Film,* Berlin 1926, S. 92.

[3] Kagan, a. a. O., Berlin 1971, S. 164.

[4] Daß dieses allerdings auch in einer sehr oberflächlichen und verharmlosenden Form geschehen kann, zeigt u. a. die »Filmgeschichte« von Curt Riess, *Das gabs nur einmal,* Wien–München 1977, 2 Bde.

[5] Bertolt Brecht, *Ges. Werke,* Band 18, Frankfurt/M. 1967, S. 167/68.

[6] Klaus Kreimeier, *Kino und Filmindustrie in der BRD,* Kronberg 1973, S. 17/18 ff.

[7] Lenin, *Werke,* Bd. 20, Berlin 1973, S. 8/9.

[8] Metscher (1972), a. a. O., S. 942.

[9] Lenin, *Werke,* Band 14 *(Materialismus und Empiriokritizismus),* S. 129.

[10] Eine Aufarbeitung dieser Fragestellung findet sich z. B. in Koch u. a. (Autorenkollektiv), *Zur Theorie des sozialistischen Realismus,* Berlin

1974. – Eine Darstellung generell des Liberalismus im deutschen Bürgertum z. B. in Reinhard Kühnl, *Formen bürgerlicher Herrschaft,* Reinbek 1971, besonders S. 64 ff.

[11] Autorenkollektiv, *Imperialismus und Kultur,* München 1975, S. 25. – Vgl. dazu die auch für diese Problemstellung sehr hilfreiche Textsammlung Marx/Engels/Lenin, *Über Kultur, Ästhetik, Literatur,* Leipzig 1971.

[12] Autorenkollektiv, *Imperialismus...,* a. a. O., S. 56.

[13] *Ebenda,* S. 60.

[14] *Ebenda,* S. 31.

[15] *Ebenda,* S. 31.

[16] Hans Richter, *Der Kampf um den Film,* München 1976 (Hrsg. v. J. Römhild), S. 48/49.

[17] Peter Bächlin, *Der Film als Ware,* Basel 1945, als Reprint der Edition Kunst und Gesellschaft, Berlin o. J., S. 16.

[18] *Ebenda,* S. 12/13.

[19] Richter, a. a. O., S. 13/14.

[20] Bächlin, a. a. O., S. 12/13.

[21] Abgedruckt in Brecht, *Ges. Werke,* Bd. 18, S. 139 ff.

[22] *Ebenda,* S. 146.

[23] *Ebenda,* S. 147.

[24] Vgl. hierzu Martin Osterland, *Gesellschaftsbilder in Filmen,* Stuttgart 1970, besonders S. 213 ff. – Er kommt zu sehr ähnlichen Ergebnissen bezogen auf die Spielfilmproduktion der BRD nach 1945.

[25] Richter, a. a. O., S. 56.

[26] John, a. a. O., S. 64.

[27] Vgl. zur Problematik der Film-»Sprache« und generell zu dem hier angesprochenen Problembereich die – auch für Unterrichtszwecke sehr gut geeignete – Textsammlung von Joachim Paech (Hrsg.), *Film und Fernsehsprache 1,* Frankfurt/M.–Berlin–München 1975.

[28] André Bazin, *Was ist Kino?,* Köln 1975, S. 28/29.

[29] *Ebenda,* S. 29.

[30] Béla Balázs, *Der Film* (1949), erweiterte Fassung Wien 1972, S. 19 ff.

[31] J. M. Peters, *Die Struktur der Filmsprache,* in: K. Witte, *Theorie des Kinos,* Frankf./M. 1972, S. 176.

[32] *Ebenda,* S. 176.

[33] Siehe z. B. Toeplitz, a. a. O., S. 18 ff.

[34] Zitiert nach Basse/Mohaupt/Patalas/Wolf, *Bilddokumente zur Geschichte des Films,* herausgegeben vom Institut für Film und Bild in Wissenschaft und Unterricht (FWU), München 1967, S. 13.

[35] Jerzy Toeplitz, *Geschichte des Films,* Band 1, Berlin 1975, S. 36.

[36] *Ebenda,* S. 15.

[37] *Ebenda,* S. 15.

38 Der Theaterdirektor, Illusionist und Magier Georges Méliès stellte ab 1897 erstmalig als Regisseur, Kameramann, Autor, Dekorateur, Schauspieler und Produzent in Personalunion inszenierte Handlungsabläufe mit kleinen Gags in der Machart von verfilmten Bühnenstücken her. Er hielt sich dabei an die »Konventionen des Theaters..., den Vorhang, die Einteilung des Films in Akte, Szenen und Bilder und eine gleichbleibende starre Entfernung zwischen Kamera und Filmgegenstand« (Toeplitz, S. 25). Daneben allerdings experimentierte er in seinen über 400 z. T. kurzen Streifen mit den Möglichkeiten des Films. Er entwickelte eine Vielzahl von Filmtricks wie Überblendung, Doppelbelichtung, Kolorierung etc. Seine »Filmzaubereien« und Märchen wurden neben den sonst üblichen gefilmten »Sensationen«, »Aktualitäten« und Varieténummern zur Attraktion des Wanderkinos. Sein wohl berühmtester Film *Die Reise zum Mond* (1902) hat die für damalige Verhältnisse sensationelle Länge von ca. 16 Minuten Vorführdauer.

39 Toeplitz, a. a. O., S. 40. – »Méliès war ein Anhänger von Dreyfus und daher ist sein *Prozeß Dreyfus* (1899, H. K.) von Sympathie für das Opfer der Heereskamarilla gefärbt. Williamson verteidigte in *Soldiers Return* (›Die Heimkehr des Soldaten‹ [1901, H. K.]) die sozialen Interessen der Arbeiterklasse, während ein anderer englischer Regisseur, Cecil Hepworth, die Zuschauer zu chauvinistischen antisemitischen Exzessen ermunterte (*The Alien's Invasion* – ›Die fremde Invasion‹). Er ›zeigte‹, wie die aus Osteuropa kommenden Juden den Engländern die Arbeit wegnehmen. Man brachte gleichzeitig Neuigkeiten vom Zarenhof und einen Film, der mit dem Aufstand auf dem Panzerkreuzer ›Potemkin‹ (1905) sympathisierte. Während der Revolution von 1905 produzierte eine englische Filmgesellschaft einen Film, dessen Held ein Attentäter auf das Leben eines zaristischen Generals war. 1908 zeigte zur Bestürzung der deutschen Presse ein Kino in Rom einen Film unbekannter Herkunft, der die brutale Aussiedlung polnischer Bauern durch die Hakatisten ... und deren Aufstand behandelte, der blutig durch preußische Soldaten niedergeschlagen wurde ... Diese Beispiele, denen man viele hinzufügen könnte, sind ein Beweis für die relative Freiheit, die im Jahrmarktkino bestand, das noch nicht ganz von kapitalistischen Konzernen beherrscht und nicht übermäßig rigoros durch den bürgerlichen Staatsapparat kontrolliert wurde.« Toeplitz a. a. O., S. 40/41.

40 Dieter Prokop, *Soziologie des Films,* Neuwied 1970, S. 25.
»Der größte Trumpf des Kinos, der dazu beitrug, ein immer zahlreicheres Publikum an sich zu ziehen, war wohl die Mannigfaltigkeit und die Vielseitigkeit des Programms. Die Länge der Vorführungen, die anfangs zwanzig Minuten bis zu einer halben Stunde betrug, wuchs schrittweise bis zu einer Stunde und mehr, überschritt jedoch niemals eine Begren-

zung von zwei Stunden. Das Programm setzte sich aus mehreren kleinen Kurzfilmen, meist mehr als zehn Streifen der unterschiedlichsten Genres zusammen. Die Attraktionen eines deutschen Kinos um 1900 bestanden z. B. aus: ›Musik pièce, Aktualität, Humoristisch, Drama, Komisch. – Pause. – Naturaufnahmen, Komisch, Die große Attraktion, Wissenschaftlich, Derbkomisch‹.« Toeplitz, a. a. O., S. 39.

41 »Bis etwa zum Jahre 1908 reicht die sogenannte 1-Rollen-Periode des Films, d. h. die Filme waren kaum länger als 10 Minuten. Zeit genug, um das noch anspruchslose Publikum in Erstaunen und Freude zu versetzen und es also zu unterhalten, was von der Frühzeit bis zur Gegenwart noch immer die wichtigste Funktion des Films gewesen ist. Die Kürze der Zeit, der noch unbeholfene Ausdruck, sie reichten kaum aus, um eine komplizierte Geschichte zu erzählen und sich entwickeln lassen zu können. Vielmehr zielten diese Filme auf einen einfachen Höhepunkt, meist einen überraschenden Gag oder aber eine Verfolgungsjagd, womit mehr oder weniger bewußt bereits eines der Grundprinzipien des Films, Bewegung und Dynamik, bestätigt wurde.« Basse/Mohaupt/Patalas/Wolf, *Bilddokumente zur Geschichte des Films,* Band 1, a. a. O., S. 12–13.

42 Vgl. dazu z. B. Bächlin, a. a. O.; Gregor/Patalas, *Geschichte des Films,* München, Gütersloh, Wien 1973, besonders die Seiten 13–15, 29, 46; Toeplitz, a. a. O., besonders S. 47 ff., 61 ff., 69 ff., 75 ff., 105 ff., 115–116, 142 ff.; Prokop, *Soziologie des Films,* Neuwied und Berlin 1970.

43 »Im Jahre 1902 hatte es in Deutschland nur zwei feste Lichtspielhäuser (in Hamburg und Würzburg) gegeben, zwölf Jahre später waren es schon mehrere Tausend Theater und schätzungsweise zwei Millionen Besucher täglich. In England gab es 1912 sechstausend, in den USA vierzehntausend Kinos.« Basse/Mohaupt/Patalas/Wolf, *Bilddokumente zur Geschichte des Films,* a. a. O., S. 15.

44 Peters, a. a. O., S. 175.

45 Richter, a. a. O., S. 50/51.

46 Vgl. dazu Toeplitz, a. a. O., S. 29 ff. und Georges Sadoul, *Geschichte der Filmkunst,* Wien 1957, S. 66 ff.

47 Vgl. z. B. Toeplitz, a. a. O., S. 31–32.

48 *Ebenda,* S. 118.

49 *Ebenda,* S. 111.

50 »*Die Geburt einer Nation* ist von der rassistischen Ideologie des amerikanischen Südens durchtränkt, die in dem verlorenen Sezessionskrieg und in der Aufhebung der Sklaverei die Ursachen für alles Unglück sieht, das über Amerika gekommen ist. Gerettet werden kann Amerika nur durch den Grundsatz der Rassentrennung, die völlige Rechtlosigkeit der Neger und das Behüten des Wohlstandes der weißen Herren. Die Rächer des Ku-Klux-Klan sind die Helden des Films.« Toeplitz, a. a. O., S. 117.

[51] »Am wichtigsten und gelungensten ist zweifellos die moderne Episode, die in einer Szene kulminiert, in der streikende Arbeiter von der Fabrikmiliz niedergemetzelt werden. Der Realismus der Milieuzeichnung ist gleichfalls erwähnenswert. Griffith legte dieser Episode zeitgenössische Vorgänge zugrunde... Griffith gab den Konflikt zwischen der Welt der Arbeit und des Kapitals wirklichkeitsgetreu wieder. Die Szenen des Blutbades unter den Arbeitern sind bis zum heutigen Tage eine der kühnsten Sequenzen in der amerikanischen Filmproduktion geblieben.« Toeplitz, a. a. O., S. 121/122.

[52] Gregor/Patalas, a. a. O., S. 37.

[53] Lewis Jacobs, *The Rise of the American Film,* New York 1939, abgedruckt in: *L. Reiniger, D. W. Griffith, H. Langdon,* herausgegeben vom »Kommunalen Kino«, Frankfurt/M. 1972, S. 14.

»Griffith hat behauptet, er habe auf einem einzigen Bild der Perserarmee 16 000 Menschen gezeigt. Für Transport, Verpflegung und Führung dieser gewaltigen Truppen, deren Sold häufig 12 000 Dollar täglich erreichte, mußten Telephonleitungen und Eisenbahnlinien angelegt werden. Die befahrbaren Stadtmauern von Babylon waren so hoch wie ein vierstöckiges Haus, und zwei Viergespanne konnten sich auf ihm kreuzen ... Insgesamt sollen 60 000 Komparsen, Arbeiter, Schauspieler, Zimmerleute, Techniker usw. während der 22 Monate und 12 Tage der Herstellung beschäftigt gewesen sein.« Sadoul, a. a. O., S. 134.

[54] Hans Richter, *Der politische Film* (1944), in: Witte, a. a. O., S. 61.

[55] Toeplitz, a. a. O., S. 121.

[56] Jacobs, a. a. O., S. 14.

[57] Die Einschätzung des politischen Engagements von Griffith ist in der Literatur recht unterschiedlich, nicht zuletzt wegen der widersprüchlichen politischen Standpunkte, die er in *The Birth of a Nation* und in *Intolerance* vertritt:

»*Intolerance* ist durchzogen von der ganzen Begrenztheit und Unbeweglichkeit des philosophischen Systems Griffiths, eines Systems, das in Wirklichkeit nur als Sprungbrett diente, um mit dem Film in Zeit und Raum zu jonglieren.« Toeplitz, a. a. O., S. 121. – »Die gesamte bürgerliche Kinematographie hat seitdem, also seit mehr als zwanzig Jahren, keinen einzigen Film hervorgebracht, der eine so scharfe revolutionäre Kritik am Kapitalismus enthalten hätte wie dieser Griffith-Film, in welchem der Planwechsel zum ersten Mal zum Gestaltungsprinzip des Films geworden ist. Aus dem *revolutionären Geist des Inhaltes* konnte die vollkommen neue revolutionäre Form entstehen.« Béla Balázs, *Zur Kunstphilosophie des Films,* in: K. W. Witte, a. a. O., S. 162.

[58] S. M. Eisenstein, *Dickens, Griffith und Wir,* 1941/42, in: Eisenstein, *Gesammelte Aufsätze I,* Zürich o. J., S. 113.

59 *Ebenda*, S. 118.

60 *Ebenda*, S. 118.

61 Richter, *Der Kampf um den Film*, a. a. O., S. 53.

62 Vgl. dazu z. B. Toeplitz, a. a. O., S. 167, 123 ff; Balázs, a. a. O., S. 162 ff.

63 Siehe dazu Kapitel 3.

64 Erste Versuche, den Film vom »Odium des Plebejerschauspiels« (Gregor/Patalas) zu reinigen, finden sich bereits ab 1907 in Frankreich, in dem »ebenso wirklichkeitsfremden wie akademischen Genre des Films d'Art« (Gregor/Patalas, S. 20), die sich in dieser Form aber nicht durchsetzen können. Siehe dazu auch Sadoul, a. a. O., S. 78 ff.

65 Toeplitz, a. a. O., S. 106.

66 Diese vergleichsweise hohe künstlerische Qualität wird vor allem durch die erstmalige sehr breite Mitarbeit von Künstlern, Autoren, Regisseuren, Schauspielern, Malern etc. neben den zur Verfügung stehenden finanziellen Mitteln erreicht. Nach G. A. Huaco sind vor allem zwei Faktoren entscheidend: »a) das Hervortreten einer Gruppe kreativer Film-Regisseure, Designer und Autoren; b) die Nutzbarkeit der expressionistischen Tradition aus der Malerei und Bildhauerei.« G. A. Huaco, *Elemente einer Soziologie der Filmkunst*, in: D. Prokop (Hrsg.), *Materialien zur Theorie des Films*, München 1971, S. 245.
Vgl. dazu auch S. Kracauer, *Von Caligari bis Hitler*, in: D. Prokop, a. a. O.; L. H. Eisner, *Die dämonische Leinwand*, hrsg. vom Kommunalen Kino, Frankfurt/M. 1975; Gregor/Patalas, a. a. O., S. 55 ff.; Toeplitz, a. a. O., S. 211 ff.; R. Arnheim, *Film als Kunst*, München 1974; Rudolf Kurtz, *Expressionismus und Film* (1926), Reprint Zürich 1965; Rudolf Harms, *Philosophie des Films* (1926), Reprint Zürich 1970.

67 Da diese spezielle Problematik – wie generell die Filmentwicklung in der Weimarer Republik – im 3. Kapitel detaillierter behandelt wird, kann an dieser Stelle nur kurz darauf eingegangen werden.

68 Huaco, a. a. O., S. 244.

69 Gregor/Patalas, a. a. O., S. 57.

70 Huaco, a. a. O., gibt auf S. 246 einen tabellarischen Überblick über die wichtigsten expressionistischen Filme.

71 »Kein deutscher Film dieser Zeit aber faßt soziale oder politische Realitäten direkt ins Auge ... die Schrecken gesellschaftlichen Zwanges spiegelten sich verinnerlicht, als das Leiden an einem irrational ›Bösen‹ in der eigenen Seele wider.« Alle Zitate nach Gregor/Patalas, a. a. O., S. 60.

72 Die z. B. bei Lupu Pick auftauchende »montageähnliche« Verwendung von Einstellungsgrößen und -inhalten hat eine grundsätzlich andere Funktion als z. B. im sowjetischen Film und ist auch von ihrer Bedeutung für die Gesamtgestaltung und vor allem auch in ihrer Aussagekraft in keiner Weise mit den Griffithschen Montagen vergleichbar. »In sei-

nem damals bahnbrechenden Film *Sylvester* schnitt Lupu Pick teils stille, teils stürmisch wogende Meereswellen zwischen die einzelnen Szenen ein. Er wollte die rhythmische und emotionelle Wirkung seiner Szenen durch das Aufzeigen dieser Parallele der Stürme des Dramas und der Stürme des Meeres steigern.

... Die Kosakenstiefel (in Eisensteins *Potemkin,* 1925, H. K.) ... waren von Eisenstein keineswegs nur, um ein Gleichnis zu schaffen, erfunden und in den Film eingefügt worden. Sie sind reale Bildelemente der Szenenreihe innerhalb der Handlung. Nur die Tatsache, daß sie hervorgehoben und in besonderer Einstellung (Nahaufnahme, H. K.) gezeigt wurden, verleiht ihnen – über ihre eigentliche Bedeutung hinaus – Gewicht, macht sie zu Symbolen. Unter den Tritten der Aufständischen Pudowkins (in *Die Mutter,* 1926, H. K.) brodeln und schäumen die Gewässer der Schneeschmelze *wirklich,* der Schnitt allein verleiht ihnen metaphorische Bedeutung. In Lupu Picks Filmstory hingegen kommt das Meer überhaupt nicht vor. Hier hat der Regisseur die Wellenbilder lediglich als Parallele, als Gleichnis zwischen die Stadtaufnahmen geschnitten. Nicht ein organischer Bildteil der Filmerzählung wurde zum Symbol gemacht, man hatte einfach eine von außen herangeholte Allegorie – eingeklebt.« Balázs, *Der Film,* a. a. O., S. 111/112.

[73] Eisenstein, *Dialektische Theorie des Films* (1929), in: Prokop, *Materialien zur Theorie des Films,* München 1971, S. 68.

Vgl. zur großen Bedeutung des Films für den Aufbau der UdSSR z. B.: *Lenin über den Film – Dokumente und Materialien,* München 1971. Dazu auch die hilfreiche Dokumentation (Redaktion U. Gregor): *Künstlerische Avantgarde im sowjetischen Stummfilm,* herausgegeben von den »Freunden der Kinemathek e. V.«, Berlin 1974.

[74] Arnold Hauser, *Sozialgeschichte der Kunst und Literatur,* München 1972, S. 1026.

[75] Rudolf Arnheim, *Film als Kunst,* München 1974, S. 112.

Vgl. zu den vielfältigen Ausdrucks- und Anwendungsmöglichkeiten der Montage die (allerdings etwas unsystematische und die Form–Inhalt–Dialektik vernachlässigende) Darstellung von Hilmar Hoffmann, *Marginalien zu einer Theorie der Filmmontage,* Bochum (Bochumer Texte zur Visuellen Kommunikation) 1969.

[76] Hans Richter, *Der politische Film,* in: Witte, a. a. O., S. 62–63.

Nicht nur die Produktion der Filme erhielt damit grundlegend neue Züge, auch auf dem Gebiet der Distribution mußten neue Wege und Möglichkeiten gefunden werden. Um vor allem auch die Landbevölkerung zu erreichen, wurden mobile Filmproduktions- und Vorführeinrichtungen (z. B. Kinozüge) geschaffen. Die sowjetische Filmproduktion bestand in der Zeit von 1918–1920 fast ausschließlich aus kurzen Agitationsfilmen, die sowohl politische Agitation und Aufklärung betreiben als auch wissenschaftlich-technische Erkenntnisse vermitteln sollten. Da feste Filmtheater nicht in der genügenden Zahl – und allenfalls in den Großstädten – zur Verfügung standen, wurden sie auf allen größeren Plätzen, Dampferanlegestellen, Bahnhöfen etc. vorgeführt. Die formale Gestaltung der in kürzester Zeit heruntergedrehten Streifen war sehr unterschiedlich, häufig hatten die Filmbilder nur illustrierenden Charakter für die verbalen Zwischentitel. Erst ab 1921 begann sich sehr langsam auch eine eigene Spielfilmproduktion zu entwickeln. – Vgl. dazu besonders W. Shdan u. a. (Autorenkollektiv), *Der sowjetische Film,* Bd. 1, Berlin 1974, S. 85 ff., und *Lenin über den Film,* a. a. O.

77 Dieser Einfluß wird deutlich z. B. in den (frühen) Arbeiten von Eisenstein und besonders in den Filmen und Manifesten Vertovs. – Vgl. dazu Dsiga Vertov, *Schriften zum Film,* München 1973.

78 Vertov, a. a. O., S. 44.

79 *Ebenda,* S. 77.

80 *Ebenda,* S. 77.

81 Vgl. dazu Shdan u. a. (Autorenkollektiv), a. a. O., S. 125 ff.

82 *Ebenda,* S. 127.

83 *Ebenda,* S. 128/29.

84 W. Pudowkin, *Filmtechnik – Filmmanuskript und Filmregie,* Zürich 1961, S. 10.

85 S. M. Eisenstein; *Dialektische Theorie des Films* (1929), in: D. Prokop, *Materialien zur Theorie des Films,* München 1971, S. 76.

86 *Ebenda,* S. 69.

87 *Ebenda,* S. 80.

88 Vgl. dazu auch Toeplitz, a. a. O., S. 304 ff., S. 311 – und Eisenstein selbst, z. B. bezogen auf eine Vorführung von *Streik* in einem Moskauer Vorstadtbezirk: »Alles verlief wunderbar. Der Film kam ausgezeichnet an, mit einer Ausnahme – der des Finales (der erwähnten Sequenz Niedermetzelung der Arbeiter – Schlachthaus, H. K.). Gerade das zum Entsetzen erstarrte Blut des Finales kam nicht an. Ich war über diesen Reinfall verblüfft, bis ich mir klarmachte, daß ein ›Schlachthof‹ keinesfalls nur als poetische Verallgemeinerung, als Metapher rezipiert werden mußte. Der Schlachthof kann auch als ein Ort rezipiert werden, wo Lebensmittel, Fleisch zubereitet werden. Obwohl die ›Simonovka‹ ein Arbeiterbezirk war, hatte sie sich doch noch einen vorstädtisch-landwirtschaftlichen Charakter bewahrt. Das Abschlachten eines Schweinchens oder Kälbchens war eine ganz normale Sache... Die Ströme von Blut und das Zusammenzucken der Lebewesen unter dem Messer des Schlächters, die dem Filmpublikum im Stadtzentrum eisige Schauer über den Rücken jagen, wurden im Außenbezirk in produktions- und wirtschafts-

bezogener Weise rezipiert. Das Betrachten dieser Filmstücke weckte weniger Assoziationen an Tod und Blut, als vielmehr an Rindfleisch und Koteletts...« Eisenstein, *Zur Komposition des ›Streik‹-Finale,* in ders.: *Schriften 1/Streik,* München 1974, S. 275.

89 Eisenstein, *Dialektische Theorie des Films,* a. a. O., S. 80.

90 Shdan u. a. (Autorenkollektiv), *Der sowjetische Film,* Band I, Berlin 1974, S. 148.

91 Werner Sudendorf, *Sergej M. Eisenstein – Materialien zu Leben und Werk,* München 1975, S. 47.

92 Toeplitz, a. a. O., S. 309 – Vgl. dazu auch Eisenstein, *Theater und Film,* Zürich 1960, S. 32 ff.

93 Hans Richter, *Der Kampf um den Film* (1939), München 1976, S. 111.

94 Sadoul, a. a. O., S. 185/86.

95 Pudowkin, *Filmtechnik...,* a. a. O., S. 11.

96 *Ebenda,* S. 11/12.

97 Pudowkin, *Über die Montage,* in: Witte, a. a. O., S. 120.

98 *Ebenda,* S. 116.

99 Mit *realistisch* ist hier die künstlerische Darstellung der Wirklichkeit gemeint, wie sie z. B. Brecht bezogen auf die Literatur in seinem 1938 geschriebenen Aufsatz *Volkstümlichkeit und Realismus* programmatisch beschreibt: »Volkstümlich heißt: den breiten Massen verständlich, ihre Ausdrucksform aufnehmend und bereichernd/ ihren Standpunkt einnehmend, befestigend und korrigierend/ den fortschrittlichsten Teil des Volkes so vertretend, daß er die Führung übernehmen kann, also auch den anderen Teilen des Volkes verständlich/ anknüpfend an die Traditionen, sie weiterführend/ dem zur Führung strebenden Teil des Volkes Errungenschaften des jetzt führenden Teils übermittelnd ... Realistisch heißt: den gesellschaftlichen Kausalkomplex aufdeckend/ die herrschenden Gesichtspunkte als die Gesichtspunkte der Herrschenden entlarvend/ vom Standpunkt der Klasse aus schreibend, welche für die dringendsten Schwierigkeiten, in denen die menschliche Gesellschaft steckt, die breitesten Lösungen bereit hält/ das Moment der Entwicklung betonend/ konkret und das Abstrahieren ermöglichend.« – Bertolt Brecht, *Über Realismus*, Frankfurt/M. 1971, S. 69/70.

100 So z. B. noch deutlich in den ersten Tonfilmen mit realistischem Anspruch wie *Kuhle Wampe* (1932) von Brecht/Dudow/Eisler – aber auch nach 1945 in den frühen DEFA-Filmen von Staudte, Maetzig etc. *Anklänge* an diese entwickelten filmischen »Sprachformen« lassen sich z. B. auch (in Schnittechnik und verwendeten Metaphern) in dem Film *1900* von Bertolucci (1976) feststellen.

Daß die aus den besonderen Notwendigkeiten der Intentionen der realistischen Filmkunst entwickelten Formen (Montage) sich auch abgelöst von diesen Inhalten – sogar intentional ins Gegenteil verkehrt – verwenden lassen, zeigt z. B. die Montageverwendung in den nationalsozialistischen Filmen (z. B. *Hitlerjunge Quex,* 1932).

101 Siegfried Kracauer, *Von Caligari bis Hitler,* Hamburg 1968, S. 68.

102 *Ebenda,* S. 95/96.

103 Béla Bálazs, *Der Film* (1949), Wien 1972, S. 147.

104 *Ebenda,* S. 145.

105 Alfred Kerr, *Der Vorstoß im Film,* Artikel im *Berliner Tageblatt* vom 16. 6. 1927, zitiert nach Greve/Pehle/Westhoff, *Hätte ich das Kino,* Katalog einer Ausstellung des Schiller-Nationalmuseums 1976, S. 377.

106 Walter Ruttmann, in *Illustrierter Film-Kurier,* Jahrgang 9, 1927, Nummer 658, zitiert nach Greve/Pehle/Westhoff, a. a. O., S. 379.

107 John Grierson, zitiert nach Klaus Wildenhahn, *Über synthetischen und dokumentarischen Film,* Frankfurt (Kommunales Kino) 1973, S. 81.

108 Wildenhahn, a. a. O., S. 80.

109 Vgl. z. B. Toeplitz, *Geschichte des Films,* Band 2, Berlin 1976, S. 7 ff.

110 Kracauer, a. a. O., S. 130.

111 Eisenstein/Pudowkin/Alexandrow, *Manifest zum Tonfilm* (1928), in: Dieter Prokop, *Materialien zur Theorie des Films,* München 1971, S. 83 ff.

112 Gerd Hardach, *Zur politischen Ökonomie der Weimarer Republik,* in: Kühnl/Hardach (Hrsg.), *Die Zerstörung der Weimarer Republik,* Köln 1977, S. 14.

113 Vgl. dazu Wolfgang Abendroth (1), *Aufstieg und Krise der deutschen Sozialdemokratie,* o. J. o. O., S. 26 ff. und 38/39 – und ders. (2), *Sozialgeschichte der europäischen Arbeiterbewegung,* Frankf./M. 1973, S. 51 ff.

114 Abendroth (2), a. a. O., S. 70.

115 Vgl. dazu Abendroth (1), a. a. O., S. 39 ff. und ders. (2), a. a. O., S. 71.

116 Abendroth (2), a. a. O., S. 72.

117 *Ebenda,* S. 72/73.

118 Andersen nennt folgende »Kapitalquellen, die sich in Deutschland (bis ca. 1913, H. K.) der Filmproduktion zur Verfügung stellten ... die Schokoladenfabrik Hartwig & Vogel, dann in der Hauptsache die Deutsche Bank, die Darmstädter Bank, die Dresdener Bank und die Diskonto-Bank« – Curt I. J. Andersen, *Über die deutsche Filmindustrie und ihre volkswirtschaftliche Bedeutung unter Berücksichtigung ihrer internationalen Beziehungen,* Dissertation München 1929, S. 37/38; vgl. dazu Zimmerschied, *Die deutsche Filmindustrie, ihre Entwicklung, Organisation und Stellung im deutschen Staats- und Wirtschaftsleben.* Dissertation Frankfurt/M. 1921 (Stuttgart 1922) und Emilie Altenloh, *Zur Soziologie des Kino,* Jena 1914; ein Auszug findet sich in Bredow/Zurek, *Film und Gesellschaft in Deutschland,* Hamburg 1975, S. 34 ff.

119 Altenloh, a. a. O., S. 10.

[120] *Ebenda,* S. 14.

[121] Jürgen Spiker, *Film und Kapital,* Berlin 1975, S. 11.

[122] Adolf Sellmann, *Der Kinematograph als Volkserzieher,* in: *Pädagogisches Magazin,* Heft 470, Langensalza 1912, S. 6 u. 10.

[123] Vgl. dazu Spiker, a. a. O., S. 15/16.

[124] Kracauer, a. a. O., S. 13.

[125] Karl Brunner, *Der Kinematograph von heute – eine Volksgefahr,* Berlin 1913, S. 15/16/17.

[126] So z. B. Ulrich Rauscher in der *Frankfurter Zeitung* Nr. 362 vom 31. 12. 1912, abgedruckt in: Greve/Pehle/Westhoff, a. a. O., S. 31/32.

[127] Hans Richter, *Der Kampf um den Film* (1939), München 1976, S. 71.

[128] Hermann Friedemann in der *Deutschen MontagsZeitung* vom 11. 11. 1912, abgedruckt in: Greve/Pehle/Westhoff, a. a. O., S. 28.

[129] Vgl. dazu Hans Traub, *Die UFA – Ein Beitrag zur Geschichte des deutschen Filmschaffens,* Berlin 1943, S. 12 ff. und 126.

[130] Unter diesen nach außen vorgetragenen kulturellen, sittlichen und moralischen Argumenten verbergen sich handfeste ökonomische Interessen der Theaterbesitzer. Sie versuchten, durch die Denunzierung der Film-»Dramen«, durch die Beschränkung des Films auf dokumentarische Kultur- und Lehrfilme, die bedrohliche Konkurrenz der Kinos zurückzudrängen. Besonders deutlich ist diese Verbindung z. B. festzustellen bei Hermann Häfker, *Die Aufgaben der Kinematographie in diesem Kriege,* in: *Flugschriften des »Dürer-Bundes«* Nr. 128, München 1914; vgl. auch Traub, a. a. O., S. 127 ff. und für diese Einschätzung: *Kino und Proletariat,* in *Rote Fahne* vom 11. Juni 1922 (o. V.), abgedruckt in: *Film und revolutionäre Arbeiterbewegung in Deutschland 1918–1932* (Hochschule für Film und Fernsehen der DDR), Band 1, Berlin 1975.

[131] Robert Gaupp, *Der Kinematograph vom medizinischen und psychologischen Standpunkt,* in: *Flugschriften des »Dürer-Bundes«* Nr. 100, München 1912, S. 10 f.

[132] »Von dem Richter O'Sullivan in New York wurde ein junger Mann, der ein minderjähriges Mädchen verführt hatte, indem er es mehrfach in Kinematographentheater mitnahm und es dadurch gefügig machte, zu einer Zuchthausstrafe von neuneinhalb Jahren verurteilt. In der Urteilsbegründung hob der Richter hervor, es gäbe keine schlimmeren Fälle, um Mädchen in Unglück und Schande zu bringen, als die Kinematographentheater.« Albert Hellwig, *Schundfilms. Ihr Wesen, ihre Gefahren und ihre Bekämpfung,* Halle/Saale 1911, S. 63.

[133] Brunner, a. a. O., S. 3.

[134] Konrad Lange, *Der Kinematograph vom ethischen und ästhetischen Standpunkt,* in: *Flugschrift des »Dürer-Bundes«* Nr. 100, München 1912, S. 14, 15, 32.

[135] So z. B. Lange, a. a. O., S. 14, Brunner, Sellmann u. a.

[136] Brunner, a. a. O., S. 8.

[137] Sellmann, a. a. O., S. 29.

[138] Gaupp, a. a. O., S. 12. Vgl. dazu auch Albert Hellwig, *Die maßgebenden Grundsätze für Verbote von Schundfilms nach geltendem und künftigem Rechte,* in der Zeitschrift *Verwaltungsarchiv* (Sonderdruck), Band 21, Heft 5, Berlin 1913; vgl. auch Griebel, *Die Kinematographenzensur,* 1913, in: Bredow/Zurek, a. a. O., S. 67 ff.

[139] So z. B. bei Erwin Ackerknecht, *Das Lichtspiel im Dienste der Bildungspflege,* in: *Die Bedeutung des Films und Lichtbildes,* München 1917; Adolf Sellmann, *Kino und Volksbildung,* Mönchen-Gladbach 1914 u. a. – Dieser Ansatz fließt in vielen Punkten in die spätere Filmarbeit der SPD ein, vgl. dazu z. B. Siegfried Nestriepke, *Wege zu neuer Filmkultur,* Berlin 1926 und ders., *Die technischen und kulturellen Möglichkeiten des Films,* 1929, als Ausschnitt abgedruckt bei Bredow/Zurek, a. a. O., S. 121 ff. Darüber hinaus lassen sich sehr deutlich Bezüge zur Medienpädagogik der 50er und 60er Jahre in der BRD feststellen.

[140] Clara Zetkin, *Kunst und Proletariat,* in: *Die Gleichheit,* 21. Jg. 1910/11, Beilage zu Nr. 8, abgedruckt in: dieselbe, *Über Literatur und Kunst,* Berlin 1955.

[141] Gaupp, a. a. O., S. 4.

[142] Vgl. dazu *Kino und Proletariat,* a. a. O.

[143] Brunner, a. a. O., S. 9.

[144] Häfker, a. a. O., S. 7.

[145] *Ebenda,* S. 5.

[146] Vgl. dazu Altenloh, a. a. O., S. 39 ff.

[147] Vgl. dazu Traub, a. a. O., S. 135 u. 145.

[148] Abendroth (1), a. a. O., S. 46.

[149] Wolfgang Ruge, *Deutschland 1917–1933,* Berlin 1974, S. 12/13.

[150] Abendroth (1), a. a. O., S. 49/50.

[151] Vgl. dazu Traub, S. 19/20 und 130 ff.

[152] *Ebenda,* S. 20.

[153] *Ebenda,* S. 130 ff.

[154] *Ebenda,* S. 20.

[155] Häfker, a. a. O., S. 1 u. 2.

[156] Kracauer, a. a. O., S. 17.

[157] Zitiert nach Traub, a. a. O., S. 136.

[158] So z. B. bei Ferdinand Avenarius, *Das Bild als Verleumder, Flugschrift des »Dürer-Bundes«* Nr. 151, München 1915 – und die Broschüre der »Deutschen Lichtbild-Gesellschaft«: *Die DLG im Dienste der nationalen, wirtschaftlichen und kulturellen Propaganda,* Berlin 1918.

[159] Zitiert nach Traub, a. a. O., S. 133.

[160] Zitiert nach Spiker, a. a. O., S. 21.

[161] Zitiert nach Traub, a. a. O., S. 133/34; vgl. dazu auch Spiker, a. a. O., S. 23.

[162] Klitzsch (1915), zitiert nach Traub, a. a. O., S. 134. – »Bereits seit dem November 1916 hatte der Vertreter der Firma Kathreiners Malzkaffee, Herr Bintz, den Vertrieb für Filme in Schweden durchorganisiert. Am 9. 1. 1917 erbittet er vom Bufa telegraphisch: ›Filme für Schweden viel zu wenig Handlung. Man verlangt möglichst grausame, sensationelle Schlachtenbilder, ähnlich englischem Sommefilm ... empfehle dringend, wirksamen Spielfilm anzufertigen ...‹. Im August fordert er mehr lustige Unterhaltungsfilme, *ebenda,* S. 133.
Vgl. dazu auch Traub, a. a. O., S. 22 ff. und vor allem die relativ ausführliche Beschreibung von Gertraude Bub, *Der deutsche Film im Weltkrieg und sein publizistischer Einsatz,* Dissertation Berlin 1938.

[163] Traub a. a. O., S. 134, vgl. auch Spiker, a. a. O., S. 23.

[164] Vgl. Traub, a. a. O., S. 24 und Spiker, a. a. O., S. 22/23.

[165] Titel einer DLG-Broschüre von 1918.

[166] Vgl. zum Aufgabengebiet des BUFA: Traub, a. a. O., S. 136 ff.

[167] Vgl. dazu Horst Knietzsch, *Film – Gestern und heute,* Leipzig/Jena/Berlin 1967, S. 78/79, und Spiker, a. a. O., S. 23 ff.

[168] Spiker, a. a. O., S. 25; vgl. dazu auch Traub, a. a. O., S. 32 ff. u. 138 ff.

[169] Spiker, a. a. O., S. 26: »Die ausländischen Verleih- und Theaterorganisationen der UFA erstreckten sich über die Länder Holland ..., Dänemark ..., Schweden ..., Finnland ..., Österreich ..., Jugoslawien..., Tschechoslowakei ..., Ungarn ..., Polen ..., Schweiz ..., Rumänien ..., Bulgarien ..., Türkei ...« Andersen, a. a. O., S. 43.

[170] Zitiert nach Traub, a. a. O., S. 138/9, auch abgedruckt in Bredow/Zurek, a. a. O., S. 162 ff.

[171] Zitiert nach Ritter/Miller (Hrsg.), *Die deutsche Revolution 1918–1919,* Frankfurt/M. 1968, S. 91 ff.

[172] Karl Dietrich Bracher, *Die deutsche Diktatur,* Köln 1969, S. 76/77.

[173] *Ebenda,* S. 76. Vgl. dazu auch Abendroth (1 u. 2), a. a. O. und Reinhard Kühnl, *Deutschland zwischen Demokratie und Faschismus,* München 1969 u. a.

[174] Toeplitz, a. a. O., Band 1, S. 212.

[175] So schreibt der bereits erwähnte Kinoreformer K. Lange 1920: »Dann werden wir ein Kino haben, in dem die wilden, ungezügelten Massen Nahrung für ihren Zerstörungstrieb finden werden. Dieses Kino wird im Dienste des Terrors stehen«; Konrad Lange, *Das Kino in Gegenwart und Zukunft,* Stuttgart 1920, S. 127/8.

[176] Die wichtigsten Passagen des Reichslichtspielgesetzes lauten:
(§ 1) »... Sie (die Zulassung, H. K.) ist zu versagen, wenn die Prüfung

ergibt, daß die Vorführung des Bildstreifens geeignet ist (lebenswichtige Interessen des Staates oder – Novelle v. 6. 10. 1931) die öffentliche Ordnung oder Sicherheit zu gefährden, das religiöse Empfinden zu verletzen, verrohend oder entsittlichend zu wirken, das deutsche Ansehen oder die Beziehungen Deutschlands zu auswärtigen Staaten zu gefährden. Die Zulassung darf wegen einer politischen, sozialen, religiösen, ethischen oder Weltanschauungstendenz als solcher nicht versagt werden. Die Zulassung darf nicht versagt werden aus Gründen, die außerhalb des Inhalts der Bildstreifen liegen.« Zitiert nach Wolfgang Petzet, *Verbotene Filme,* Frankfurt/M. 1931, Anhang. Wie der in diesen Formulierungen liegende Ermessensspielraum ausgenutzt werden kann, beschreibt Petzet, bezogen auf ein Urteil der Filmoberprüfstelle von 1926: »z. B. als solcher ist ... der soziale Tendenzfilm nicht verboten, selbst, ›wenn die tatsächlichen Verhältnisse übertrieben und verzerrt dargestellt sind‹; er ist jedoch zu verbieten, ›wenn die durch die Darstellung sozialer Gegensätze in einer bestimmten Richtung beeinflußten Zuschauer dazu gereizt werden, mit ungesetzlichen Mitteln eine Änderung der bestehenden Verhältnisse herbeizuführen‹«; *ebenda,* S. 48/49.

177 Spiker, a. a. O., S. 32.

178 Vgl. dazu Traub, a. a. O., S. 41.

179 Spiker, S. 34.

180 *Ebenda,* S. 36 ff.

181 Kracauer, a. a. O., S. 26.

182 Vgl. dazu Sadoul, a. a. O., S. 151.

183 Lotte H. Eisner, *Die dämonische Leinwand,* Frankfurt/M. 1976, S. 323/4.

184 Kracauer, a. a. O., S. 30.

185 Es wird sich – meiner oben entwickelten Fragestellung entsprechend – nicht um eine den Film in seiner Gesamtheit als Kunstwerk erfassende Analyse handeln, sondern primär um eine Untersuchung seiner damaligen politischen Funktion und der zugrundegelegten Methode. Es wird also weitgehend davon abstrahiert, ob z. B. den herstellenden Künstlern die ideologischen Implikate bewußt waren. Ebenso muß auf eine genauere Untersuchung z. B. der deutlich vorhandenen Bezüge zur »Reinhardt-Bühne« (Max Reinhardt) verzichtet werden.

186 Kracauer, a. a. O., S. 31.

187 Abendroth (1), a. a. O., S. 67; vgl. dazu auch Kühnl, a. a. O. und besonders Eberhard Czichon, *Wer verhalf Hitler zur Macht,* Köln 1967 u. a.

188 Spiker, a. a. O., S. 36.

189 *Ebenda,* S. 43.

190 Sadoul, a. a. O., S. 233.

191 Spiker, a. a. O., S. 48.

192 Toeplitz, Band 1, a. a. O., S. 421.

Neben den wiederaufkommenden Aufklärungsfilmen und patriotischen Streifen wird auch versucht, durch erhöhten Kapitalaufwand Kassenerfolge zu erzielen. So wird z. B. 1927 mit mehreren Millionen Mark Produktionskosten und zweijähriger Produktionszeit der Filmgigant *Metropolis* von der UFA unter der Regie von Fritz Lang hergestellt. Er ist gleichzeitig ein Paradestück der beschriebenen Methode der Ideologievermittlung: Das Leben der Arbeiter (Unterstadt) und das Leben des Kapitalisten (Oberstadt) wird deutlich gegenübergestellt, die gesellschaftlichen Widersprüche aber in einer »idyllischen Eintracht von Kapital und Arbeit« (Toeplitz) gegen Ende des Films, in der Vermittlung der »Herzen zwischen Hirn und Händen«, überwunden: Vgl. dazu Toeplitz, Band 1, a. a. O., S. 425 ff.; Kracauer, a. a. O., S. 107 ff.

193 Vgl. dazu Kracauer, a. a. O., S. 121 ff.; Toeplitz, Band 1, a. a. O., S. 432.

194 Toeplitz, Band 1, a. a. O., S. 436.

195 Kracauer, a. a. O., S. 109.

196 *Ebenda,* S. 111.

197 Vgl. dazu Petzet, a. a. O.

198 Kracauer, a. a. O., S. 135.

199 Vgl. dazu Spiker, a. a. O., und Wolfgang Becker, *Film und Herrschaft,* Berlin 1973.

Teil II

1 Programm der Sozialdemokratischen Partei Deutschlands (Görlitz, 1921): Kultur- und Schulpolitik, in: Wolfgang Abendroth, *Aufstieg und Krise der deutschen Sozialdemokratie,* o. J. o. O., S. 105; Parteitagsprogramm der SPD (Heidelberg 1925), Kultur- und Schulpolitik, *ebenda,* S. 111.

2 Parteitag der SPD 1920, zitiert nach Gabriele Gerhard-Sonnenberg, *Marxistische Arbeiterbildung in der Weimarer Republik,* Köln 1976, S. 44.

3 *Arbeiterbildung,* Organ für sozialdemokratische Bildungsarbeit (1926), zitiert nach Ludwig Hoffmann,/Daniel Hoffmann-Ostwald, *Deutsches Arbeitertheater 1918–1933,* Berlin 1961, S. 31.

4 Vgl. Gabriele Gerhard-Sonnenberg, a. a. O., S. 47.

5 *Die Volksbühne,* 7. Jg. (1919), H. 9; zitiert nach Rolf Henke/Richard Weber, *Arbeiterbühne und Film,* Reprint, Köln 1974, S. 7.

6 Dieser »Neutralitätsstandpunkt« der Volksbühne offenbarte sich besonders deutlich in der Auseinandersetzung des Vorstandes der Volksbühne mit Erwin Piscator und seinen »politischen« Theaterinszenierungen in dem volksbühneneigenen Theater am Bülowplatz. Vgl. dazu: Erwin Piscator, *Das politische Theater,* Reinbek 1963, S. 98 ff.

7 Siegfried Nestriepke, *Wege zu neuer Filmkultur,* Berlin 1926, S. 1. – Die

im folgenden entwickelten Vorstellungen der SPD zum Film basieren auf zwei Aufsätzen von Nestriepke, der einer der maßgeblichen Förderer und Theoretiker sozialdemokratischer Filmarbeit war. Vgl. seinen Aufsatz: *Die technischen und kulturellen Möglichkeiten des Films,* in: *Film und Funk* (sozialistischer Kulturtag in Frankfurt/M. 1929), Berlin 1929.

8 Siegfried Nestriepke, *Die technischen und kulturellen Möglichkeiten...,* S. 28.

9 *Ebenda,* S. 22.

10 Materialien zur Filmarbeit der SPD, die diesem Aufsatz zugrunde liegen: *Film und revolutionäre Arbeiterbewegung in Deutschland 1918–1932,* Bd. II, Berlin 1975; Ulla Stegen, *Zur Rolle des Films in der sozialdemokratischen Kulturarbeit der Weimarer Republik,* Braunschweig 1976 (unveröffentlichte Zulassungsarbeit für die Prüfung zum künstlerischen Lehramt 1976/77).

11 Es kann hier aus Platzgründen nicht ausführlicher auf diesen Film eingegangen werden, der – aufgrund seiner Thematik den im folgenden analysierten Filmen nahestehend – erst in einer Detailanalyse endgültig bewertet werden kann.

12 Vgl. den *Bericht über den Gründungsparteitag der kommunistischen Partei Deutschlands (Spartakus-Bund),* o.O. o.J. Zur Geschichte der KPD siehe auch: *Geschichte der Deutschen Arbeiterbewegung,* Berlin 1967, Kapitel VI–X sowie Wolfgang Ruge, *Deutschland von 1917 bis 1932,* Berlin 1974.

13 Clara Zetkin, *Kunst und Proletariat (1910/11),* in: dieselbe, *Über Literatur und Kunst,* Berlin 1955, S. 103.

14 Vgl. dazu die *Thesen und Resolutionen des 11. Parteitages der KPD in Essen 1927,* Berlin 1927.

15 Zur »Assoziation revolutionärer bildender Künstler Deutschlands« (ASSO): *Kunst als Waffe, die »ASSO« und die revolutionäre Bildende Kunst der 20er Jahre,* Ausstellungskatalog, Düsseldorf 1971, Parteivorstand der DKP (Hrsg.); und Ullrich Kuhirt, *Assoziation revolutionärer Bildender Künstler Deutschlands,* in: *Tendenzen* Nr. 66, Mai/Juni 1970 und Nr. 67/68 Juli/August 1970, 11. Jg., München 1970.

16 Vgl. zum »Bund proletarisch-revolutionärer Schriftsteller«: *Entwurf eines Aktionsprogramms (1928),* in: Horst Hartmann, *Textsammlung zur Literaturtheorie,* Berlin 1975, S. 222 ff.

17 Zur MASCH vgl. Gabriele Gerhard-Sonnenberg, a. a. O.

18 Willi Münzenberg war seit 1924 Inhaber und Leiter des Neuen Deutschen Verlages, der unter anderem die Arbeiter-Illustrierte-Zeitung (AIZ) herausgab. Vgl. dazu Heinz Willmann, *Geschichte der Arbeiter-Illustrierten Zeitung,* Berlin 1974, S. 20.

[19] Zur »Arbeiter-Korrespondenten-Bewegung« vgl. Peter Kühn, *Die Arbeiterkorrespondenten-Bewegung der Roten Fahne (1924–1933)*, in: Claudio Pozzoli, *Jahrbuch Arbeiterbewegung*, Bd. 3, Frankfurt/M. 1975, S. 247 ff. Zur »Arbeiter-Fotografen-Bewegung« vgl. *Ästhetik und Kommunikation* 10, Januar 1973, 3. Jg., Frankfurt/M. 1973. Zur Arbeiter-Zeichner-Bewegung vgl. Ullrich Kuhirt, *Die Arbeiter-Zeichner-Bewegung*, in: W. Jacobeit/U. Mohrmann (Hrsg.): *Kultur und Lebensweise des Proletariats*, Berlin 1974.

[20] Zum Arbeitertheater vgl.: Hoffmann/Hoffmann-Ostwald: *Deutsches Arbeitertheater 1918–1933*, Berlin 1977.

[21] Willi Münzenberg, *Erobert den Film!*, in: Willi Lüdicke, *Der Film in Agitation und Propaganda der revolutionären deutschen Arbeiterbewegung (1919–1933)*, Berlin 1973, S. 80.

[22] Béla Balázs, *Der revolutionäre Film*, in: *Film und revolutionäre Arbeiterbewegung*, Bd. 1, a. a. O., S. 36 (daraus hier die meisten Informationen zum proletarischen Film).

[23] Projektus; *Um den revolutionären Film*, in: *ebenda*, S. 39.

[24] Vgl. zur IAH Willi Münzenberg, *Fünf Jahre IAH*, Berlin 1926.

[25] Vgl. dazu Gerd Meier, *Materialien zur Geschichte der Prometheus Film-Verleih und Vertriebs GmbH. 1926–1932*, in: *Deutsche Filmkunst*, Zeitschrift für Theorie und Praxis des Filmschaffens. Hrsg. v. Henschel-Verlag Berlin, 10. Jg. (1962), Heft 1–8.

[26] *Weltfilm GmbH:* gegründet 1927 für den nichtkommerziellen Verleih von Filmen an Organisationen, zeitweise in bis zu 15 Ländern vertreten. Vgl. dazu: mehrere Beiträge in *Film und revolutionäre Arbeiterbewegung ...*, Bd. 2, S. 347 ff.

[27] Vgl.: *Filmveranstaltungen (der IAH) zur Stärkung der Kampfkraft der streikenden Berliner Metallarbeiter im Oktober 1930*, in: *Film und revol. Arbeiterbewegung ...* Bd. 2, S. 230 f. Beispiele der filmpolitischen Massenarbeit der KPD, des RFB und der IAH, in: *ebenda*, a. a. O., S. 194 ff. und H. Kleye, *Film und Lichtbild im Dienste der Deutschen Arbeiterbewegung (1919–1933)*, in: *Deutsche Filmkunst*, Berlin 1956, Heft 5, S. 148 ff.

[28] Gründungsaufruf des Volksfilmverbandes vom Januar 1928, in: *Film und revolutionäre Arbeiterbewegung*, Bd. 2, a. a. O., S. 236.

[29] Vgl. dazu: *Film und IfA* (o. V.), in: *Film und Volk* (Reprint), 2. Jg., H. 9/10, Nov. 1929, S. 22; vgl. auch: *Filmpolitische Materialien des Reichskongresses der IfA vom 14.–15. März 1931 in Leipzig*, in: *Film und revolutionäre Arbeiterbewegung*, Bd. 2, a. a. O., S. 398 ff.

[30] Zur proletarischen Filmproduktion siehe auch den Aufsatz von Happel/Michaelis.

[31] Rudolf Freund/Michael Hanisch (Hrsg.), *Mutter Krausens Fahrt ins*

Glück, Filmprotokoll und Materialien, Berlin 1976, S. 184. Dieses Buch, in dem neben einem ausführlichen Filmprotokoll vor allem zeitgenössische Presseberichte zusammengetragen worden sind, war eine hilfreiche Grundlage für die Analyse.

[32] »Schlafburschen« wurden eigentlich die Untermieter genannt, die lediglich ein zu anderer Tageszeit von den Vermietern genutztes Bett beanspruchten. Hier wird der Begriff einfach für Untermieter verwendet. Vgl. dazu Otto Rühle, *Illustrierte Kultur- und Sittengeschichte des Proletariats,* autorisierter Neudruck der Erstausgabe von 1930, Reprint Frankfurt/M. 1971, S. 393 ff.

[33] Zitiert nach Erhard Frommhold, *Otto Nagel – Zeit – Leben – Werk,* Berlin 1974, S. 134.

[34] Edwin Hoernle, *Über kommunistische Bildungsarbeit* (1922), in: *Film und revolutionäre Arbeiterbewegung in Deutschland 1918–1932.* Hochschule für Film und Fernsehen der DDR (Hrsg.), Berlin 1975, 2 Bde., Bd. 1, S. 38.

[35] *Ebenda,* S. 40.

[36] Zur Entwicklung des bürgerlichen Films vgl. oben Teil 1, Kapitel 3: Zur Entwicklung des proletarischen Films, oben Teil 2, Kapitel 1.

[37] Freund/Hanisch, a. a. O., S. 176 (Nachwort des Herausgebers).

[38] Zum Beispiel »Zwischen Spree und Panke«, siehe dazu: Freund/Hanisch, a. a. O., S. 129.

[39] Damit war der Film bei der Linken zumindest weitgehend als »Zille-Film« anerkannt. Vgl. dazu: *Film und Volk,* Februar 1928–März 1930, Reprint 1975, Richard Weber (Hrsg.), 1. Jg. H. 2, S. 21 – 2. Jg. H. 7, Umschlagseite.

[40] Horst Knietsch, *Film gestern und heute,* Leipzig–Jena–Berlin 1967, S. 101.

[41] *Ebenda,* S. 101.

[42] Toeplitz, *Geschichte des Films,* Bd. 1, Berlin 1975, S. 436.

[43] Otto Steinicke, *Der Zille-Film »Die Verrufenen«* (1925), in: *Film und revolutionäre Arbeiterbewegung...,* Bd. 1, S. 167.

[44] Toeplitz, a. a. O., S. 436.

[45] Ein solches Vorgehen entsprach der in der Neuen Sachlichkeit intendierten »Hinwendung zur Wirklichkeit« und zur »Anerkennung der realen Sachwelt«, wie sie sich in anderer Weise zum Beispiel in den »Querschnittsfilmen« äußerte. Siehe dazu das Stichwort »Neue Sachlichkeit« in: *Lexikon der Kunst,* Leipzig 1975, Bd. 3; zu »Querschnittsfilmen«, oben Teil I, Kap. 2, 3.1.

[46] Toeplitz, a. a. O., S. 436.

[47] Vgl. dazu oben den Aufsatz von Happel/Michaelis.

[48] Angaben zu »Hunger in Waldenburg« in: *Film und revolutionäre Arbeiterbewegung...,* Bd. 2, a. a. O., S. 504 u. 74 ff.

[49] Vgl. dazu Happel/Michaelis.

[50] Vgl. dazu: *Film und revolutionäre Arbeiterbewegung...*, Bd. 2, a.a.O., S. 74ff. und: *Film und Volk,* Reprint, H. 3, 2. Jg., S. 1ff.; Leo Lenia, *Hunger im Kohlenrevier.*

[51] Über die Situation der Arbeiter in Waldenburg vgl. Rühle, a.a.O., S. 389.

[52] Wolfgang Gersch, *Exposition und Modell. Sozialistisches Menschenbild im deutschen proletarisch-revolutionären Film vor 1933,* in: Hartmut Albrecht u. a., *Sozialistisches Menschenbild und Filmkunst,* Berlin 1970.

[53] Durus: *Ein Film der Wirklichkeit: »Hunger in Waldenburg«* (1929), in: *Film und revolutionäre Arbeiterbewegung ...*, Bd. 2, a.a.O., S. 79f.

[54] Aufzeichnung des Filmreferenten im Reichsinnenministerium über das Zulassungsverfahren zu *Hunger in Waldenburg,* in: *Ebenda,* S. 74ff.

[55] Vgl. dazu: *Film und Volk,* Reprint, a.a.O., H. 8, 2. Jg. S. 6ff. und H. 9/10, 2. Jg. S. 11; Siegfried Kracauer, *Von Caligari bis Hitler,* Hamburg 1958, S. 127f. (verschiedene Artikel und Aussagen über *Jenseits der Straße).*

[56] Die wesentlichen Informationen zur Entstehungsgeschichte des Films stammen aus Freund/Hanisch, a.a.O., bes. S. 175ff. und Hanisch, *Gespräch mit Walli Nagel,* in: Horst Knietsch (Hrsg.), *Prisma, Kino und Fernsehalmanach 6,* Berlin 1975, S. 266ff.

[57] *Gespräch mit Walli Nagel,* a.a.O., S. 267f.

[58] *Ebenda,* S. 266.

[59] Freund/Hanisch, a.a.O., S. 180f., Nachwort der Herausgeber.

[60] Jürgen Spiker, *Film und Kapital,* Berlin 1975, S. 38.

[61] Freund/Hanisch, a.a.O., S. 180. So erhielt zum Beispiel Otto Nagel für seine Mitarbeit am Film und ein Filmplakat insgesamt 900 Mark, Gerhard Bienert für seine Rolle als Schlafbursche ebenfalls 900 Mark, wie Walli Nagel berichtet. (*Gespräch mit Walli Nagel,* a.a.O., S. 271.)

[62] *Gespräch mit Walli Nagel,* a.a.O., S. 271ff.

[63] Moissej Kagan, *Vorlesungen zur marxistisch-leninistischen Ästhetik,* München 1974, S. 415.

[64] Obwohl Zille natürlich nicht mehr selbst am Projekt beteiligt war, sind seine Intentionen in den Film eingeflossen, da ja sein künstlerisches Werk die Vorlage abgab.

[65] Richard Hamann/Jost Hermand, *Naturalismus,* Berlin 1968, S. 324.

[66] *Ebenda,* S. 10.

[67] Hans Baluschek, Ausstellungskatalog, Karlsruhe 1975, S. 22.

[68] Käthe Kollwitz, Ausstellungskatalog, Frankfurter Kunstverein, Frankfurt 1973, Nr. 107. Vgl. zu Käthe Kollwitz auch: Otto Nagel, *Käthe Kollwitz,* Dresden 1971, und Harri Nündel, *Käthe Kollwitz,* Leipzig 1975.

[69] Freund/Hanisch, a.a.O., S. 177.

[70] Hamann/Hermand, a.a.O., S. 321.

[71] Baluschek, Katalog, a.a.O., S. 14.

[72] Georg Piltz, *Geschichte der europäischen Karikatur*, Berlin 1976, S. 265. Vgl. zu Zille auch Otto Nagel, *Heinrich Zille*, Berlin 1973.

[73] Vgl. zu Nagel: Erhard Frommhold, *Otto Nagel...;* Antje Richter (Hrsg.), *Otto Nagel. Berliner Bilder*, Berlin 1974 und Sybille Schallenberg-Nagel (Hrsg.), *Otto Nagel, Die Gemälde und Pastelle*, Berlin 1974.

[74] Zur Auseinandersetzung um kulturpolitische Fragen der Linken bis 1923 vergleiche Walter Fähnders/Martin Rector, *Literatur im Klassenkampf. Eine Dokumentation*, München 1971.

[75] Vgl. dazu: Autorenkollektiv: *Geschichte der deutschen Arbeiterbewegung*, Berlin 1967, v. a. Kap. VII und VIII.

[76] Frommhold, a. a. O., S. 86.

[77] *Ebenda*, S. 115.

[78] Die kommunistische Künstlergruppe »Rote Gruppe« veröffentlichte 1924 ein Arbeitsprogramm »zur verstärkten Wirksammachung der kommunistischen Propaganda durch Schrift-, Bild und Bühnenmittel. Ihr gehörten unter anderem Grosz, Piscator und Heartfield an. Vgl. den Abdruck dieses Programms in: Eckhard Siepmann, *Heartfield*, Berlin 1977, S. 92.

[79] John Heartfield, zitiert nach Frommhold, a. a. O., S. 110.

[80] *Ebenda*, S. 115.

[81] Georg Lukács, *Ästhetik*, Neuwied 1972, 3. Teil, S. 32.

[82] Frommhold, a. a. O., S. 88.

[83] Zum Problem der aristotelischen Katharsis vergleiche u. a. Werner Mittenzwei, *Der Streit zwischen nichtaristotelischer und aristotelischer Kunstauffassung. Die Brecht-Lukács-Debatte*, in: Mittenzwei (Hrsg.): *Dialog und Kontroverse mit Georg Lukács*, Leipzig 1975, S. 153 ff. und Wilhelm Girnus, *Zweitausend Jahre Verfälschung der aristotelischen »Poetik«*; ders.: *Betrachtungen zur »Ästhetik« von Georg Lukács*, beides in Wilhelm Girnus, *Wozu Literatur?*, Frankfurt/M. 1976, S. 184 ff. und S. 201 ff.

[84] Georg Klaus/Manfred Buhr, *Philosophisches Wörterbuch*, Berlin 1972, Stichwort »Katharsis«.

[85] Kurt Blatt, *Erlebnis des Umbruchs und harmonische Gestalt. Der Dialog zwischen Anna Seghers und Georg Lukács*, in: *Dialog und Kontroverse mit Georg Lukács*, a. a. O., S. 237.

[86] Mittenzwei, a. a. O., S. 194.

[87] Vgl. dazu Mittenzwei; auch Wolfgang Gersch, *Film bei Brecht*, München 1975, S. 116 ff.

[88] Frommhold, a. a. O., S. 88 (über Nagel).

[89] Blatt, a. a. O., S. 238.

[90] Mittenzwei, a. a. O., S. 196.

[91] Karl Haacker, *Die Architekten beim Zille-Film*, in: *Film und Volk*, 3. Jg. H. 1, Jan. 1930; in: Freund/Hanisch, a. a. O., S. 127.

[92] H. Landberg, *Mein Beruf und meine Sorgen. Der Filmregisseur Piel*

Jutzi erzählt, in: *Berlin am Morgen,* 2. Jg., Nr. 71, 25. März 1930, in: *Ebenda,* S. 167 f.

93 Bertolt Brecht, *Der Dreigroschenprozeß* (1931), in: *Gesammelte Werke,* Bd. 18, Frankfurt 1967, S. 179.

94 Otto Nagel, *Heinrich Zille,* in: *Film und Volk,* 2. Jg., H. 7, Aug./Sept. 1929, S. 2 f.; in: Freund/Hanisch, a. a. O., S. 115.

95 Hans Koch (Hrsg.), *Zur Theorie des sozialistischen Realismus,* Berlin 1974, S. 14 f.

96 Eine kurze Darstellung des proletarischen Filmschaffens haben wir (Happel/Michaelis) zu geben versucht. Siehe dazu unseren Aufsatz.

97 W. Nettelbeck, *Zensur und Presse,* in: *Film und Volk,* Reprint, H. 4, 2. Jg., S. 4 f.

98 Haacker, a. a. O., S. 127.

99 Otto Nagel, *Mit der Kamera am Wedding,* in: *Die Welt am Abend,* Jg. 7, Nr. 303, 30. Dez. 1929; in: Freund/Hanisch, a. a. O., S. 124.

100 *Ebenda.*

101 Otto Nagel, *Heinrich Zille und der Wedding* (aus dem »Prometheus-Werbeheft«), in: *Film und revolutionäre Arbeiterbewegung,* a. a. O., S. 103.

102 Freund/Hanisch, a. a. O., S. 183. Die Prometheus nahm nach der Zensur offenbar selbst eine Kürzung vor. Der Film wurde von ursprünglich 3297 m auf 2797 m gekürzt (Freund/Hanisch, a. a. O., S. 112 u. 156), möglicherweise um den Film von Längen zu befreien, die in einigen Rezensionen negativ vermerkt worden waren.

103 Berichte von Arbeiterkorrespondenten in der *Roten Fahne,* 13. Jg., Nr. 8, 10. Jg. 1930; in: Freund/Hanisch, a. a. O., S. 163 f.

104 *Ebenda,* S. 164.

105 Durus: *Der erste deutsche proletarisch-revolutionäre Film: Heinrich Zille: Wedding,* in: *Die Rote Fahne,* 1. Jan. 1930; in: *Film und revolutionäre Arbeiterbewegung ...,* Bd. 2, a. a. O., S. 113 ff.

106 In Freund/Hanisch das Kapitel über die Resonanz der bürgerlichen Presse, a. a. O., S. 143 ff.

107 Michael Mendelsohn, *Der Zille-Film am Wedding. Wie er auf Besucher wirkt und was sie sagen,* in: *Die Welt am Abend,* Jg. 8, Nr. 41, 18. Febr. 1930; in: Freund/Hanisch, a. a. O., S. 140.

108 Béla Balázs, *Arbeitertheater,* in: Ludwig Hoffmann/Daniel Hoffmann-Ostwald, *Deutsches Arbeitertheater 1918–1933,* Berlin 1977, Bd. 2, S. 119.

109 Die Inhaltsangabe wurde ebenso wie alle weiteren Angaben mit Hilfe des Filmprotokolls in Freund/Hanisch angefertigt. Die in eckigen Klammern angegebenen Nummern folgen der Numerierung der Einstellungen, wie sie dort angegeben sind.

110 Hamann/Hermand, a. a. O., S. 146.

111 Vgl. dazu Heinrich Zille, *Rund ums Freibad* (1926), Nachdruck, Hannover 1968.

112 Vgl. dazu Piel Jutzi, *Mohrrübe tanzt,* in: *Tempo,* 2. Jg. Nr. 303, 30. Dez. 1929; in: Freund/Hanisch, a. a. O., S. 125 f.

113 Es wäre falsch anzunehmen, dokumentarisches Material, in einem Film verwendet, führe prinzipiell zu größerer Wirklichkeitsnähe. Entscheidend ist hier nicht das Material, sondern seine filmische Verwertung. Wie man durch filmischen Eingriff dokumentarisches Material anders verwenden kann, zeigt besonders gut der kurz vor *Mutter Krause* entstandene Film *Berlin – Die Symphonie einer Großstadt* (1927, Regie Ruttmann). Hier verhindert gerade der Zusammenschnitt eine Aussage über das menschliche *Leben,* indem Menschen gleich Maschinen in den Filmrhythmus eingepaßt zu Gegenständen degradiert werden. John Grierson, »Vater der englischen Dokumentarfilmbewegung«, beschreibt den Film folgendermaßen: »Trotz allen Lärms um Arbeiter und Fabriken und dem Saus und Braus der Großstadt sagt uns ›Berlin‹ nichts Wesentliches ... Fünf Millionen Großstädter standen glänzend auf, stürzten sich in eindrucksvoller Weise in ihren ewig gleichen Tageslauf und gingen wieder zu Bett, aber kein anderes göttliches oder menschliches Ereignis kam zustande als das plötzliche Ausgießen von beschmutztem Regenwasser über Leute und Pflastersteine«, in: Klaus Wildenhahn, *Über synth. und dokum. Film,* Frankfurt/M. 1975, S. 81. Vgl. auch den Aufsatz von Helmut Korte (Teil I, Kap. 2, 3.1).

114 Jutzi, *Mein Beruf und meine Sorgen,* a. a. O., S. 168.

115 Frommhold, a. a. O., S. 75.

116 Michael Owsjannikow, *Marxistisch-leninistische Ästhetik,* Berlin 1976, S. 274.

117 Vgl. unten den Aufsatz von Happel über *Kuhle Wampe.*

118 Rühle, a. a. O., S. 386.

119 Hamann/Hermand, a. a. O., S. 143.

120 Koch, *Theorie des soz. Realismus,* a. a. O., S. 16.

121 »Bei der Ausarbeitung jeder Einzelheit muß der Autor sorgfältig den besten optischen Ausdruck aussuchen; er muß bedenken, daß es für jeden Gedanken, jede Idee, Hunderte von plastischen Ausdrucksmöglichkeiten gibt, und daß es seine Aufgabe ist, die klarsten und eindrucksvollsten herauszugreifen. Dabei sei auf die besondere Rolle hingewiesen, die der tote Gegenstand im Film spielt. Beziehungen zwischen Menschen werden größtenteils durch Dialoge, durch Worte dargelegt; mit Gegenständen jedoch kann man keine Gespräche führen, und darum ist die Arbeit mit dem Gegenstand für den Filmschaffenden von ganz besonderem Interesse ... Versuchen wir, uns Zorn, Freude, Verwirrung, Kummer, usf. nicht mit den sie begleitenden Worten und Gesten, sondern in der Be-

ziehung zum Objekt ausgedrückt vorzustellen, so werden uns sogleich eine Menge plastisch ausdrucksvoller Bilder in den Sinn kommen ... Handelt es sich um die Charakterisierung einer handelnden Person, so muß sie in eine Situation gebracht werden, in der eine Handlung oder Geste sie im gewünschten Licht erscheinen läßt.« Wsewolod Pudowkin, *Filmtechnik* (erste deutsche Ausgabe 1928). Nachdruck Zürich 1961, S. 55 f.

122 Hans-Jörg Rother, *Über die Darstellbarkeit tragischer Konflikte im Film,* in: *Filmwissenschaftliche Beiträge,* Hrsg. Hochschule für Film und Fernsehen der DDR, 2/75, S. 22.

123 Friedrich Engels, *Die Lage der arbeitenden Klasse in England,* in: Marx/Engels, *Werke,* Bd. 2, Berlin 1974, S. 344.

124 Zwar ist in der Kopie des Films und im Filmprotokoll auf dem Insert zu lesen, Paul sei einer von 6½ Millionen Arbeitslosen, es gab jedoch 1929 nur ca. 2 Millionen Arbeitslose. Vgl. dazu Jürgen Kuczynski, *Die Geschichte der Lage der Arbeiter unter dem Kapitalismus,* Bd. 5, Berlin 1966, S. 197.

125 Engels, a. a. O., S. 343 f.

126 Vgl. dazu Otto Nagel, *Heinrich Zille,* a. a. O.

127 Karl Marx, *Thesen über Feuerbach,* in: Marx/Engels, *Werke,* Bd. 3, Berlin 1973, S. 533 f. 3. These über Feuerbach.

128 Friedrich Wolf, *Kunst ist Waffe!* (Berlin 1928), in: *Film und revolutionäre Arbeiterbewegung*... Bd. 1, a. a. O., S. 68.

129 Kagan, a. a. O., S. 284.

130 Kagan, a. a. O., S. 312.

131 Kuczynski, Bd. 5, a. a. O., S. 197. Um das ganze Ausmaß der Verelendung der Arbeiter auch in dieser Phase zu verstehen, muß man sich einmal die bestehende Ausgangslage ansehen: »Das Elend der Werktätigen im Oktober und November 1923 war unbeschreiblich. Das Lebensniveau der Massen, das sich im Laufe von nahezu zehn Jahren fast unaufhaltsam verschlechtert hatte, war auf einem absoluten Tiefpunkt angelangt. 70 % aller Arbeiter waren völlig oder teilweise arbeitslos, fast 95 % aller Betriebe blieben nicht ausgelastet. Riesige Werke und Fabriken lagen still. Die Industrieproduktion betrug nur etwa 20 % des Standes von 1913. Löhne, Gehälter, Erwerbslosenunterstützung reichten nicht einmal aus, um einen Bruchteil der dringendsten Bedürfnisse zu befriedigen. Tausende und Abertausende von Menschen suchten auf den abgeernteten Feldern nach Kartoffeln, Rüben und Korn.« Wolfgang Ruge, *Deutschland von 1917–1933,* Berlin 1974, S. 231.

132 Kuczynski, Bd. 5, a. a. O., S. 197 ff.

133 *Ebenda,* S. 218.

134 Recht drastisch werden insbesondere die damaligen Wohnverhältnisse

der Arbeiter von dem Zeitgenossen Rühle geschildert: »Von den 1922 und 1923 kontrollierten Kranken der Berliner Ortskrankenkasse schliefen in einem Raum zu Vieren rund fünf Prozent, zu Fünfen rund zwei Prozent, zu Sechsen rund ein Prozent, zu sieben und mehr rund 0,5 Prozent... Am 1. Mai 1928 fehlten nach offiziellen Berechnungen im deutschen Reich insgesamt 1168000 Wohnungen.« (S. 385ff.) »Erfahrungsgemäß sind von den Wohnungen der Mietskasernen die licht- und luftarmen Hofwohnungen am dichtesten belegt. Das sind Wohnungen, die längst verwohnt, nichts Freundliches mehr haben, worin die Luft von Koch- und Abfalldünsten feucht und schwer lastet, verbraucht von gar zu vielen Lungen. Wohnungen mit Fenstern, die wie matte Augen ins Graulicht eines Mauerschachtes blinzeln und, wenn sie aufgeschlagen werden, wie die Münder Asthmatischer nach Luft schnappen, die von der Sohle des Mauerschachtes aufsaugt, was gärenden Müllkästen entfleucht. Stuben wie Zellen, wie Kästen, eng und freudlos.« Rühle, a. a. O., S. 386.

135 Zum Abstieg des Proletariats in Kriminalität und Prostitution schreibt Rühle recht ausführlich: a. a. O., S. 444ff. und 556ff.

136 Vgl. dazu Barbara Heimel, *Mittelschichten – Brutstätten des Faschismus?*, in: Reinhard Kühnl/Gerd Hardach (Hrsg.), *Die Zerstörung der Weimarer Republik*, Köln 1977.

137 Kuczynski, Bd. 5, a. a. O., S. 243ff. und derselbe, *Klassen und Klassenkämpfe im imperialistischen Deutschland und in der BRD*, Frankfurt/M. 1972, S. 429ff. »Schließlich handelt es sich um eine Periode der relativen Stabilisierung des Kapitalismus, eine Periode relativ günstiger wirtschaftlicher Entwicklung, in der die kleinbürgerliche Ideologie wie Unkraut wuchert – selbstverständlich in der Mittelklasse, aber auch unter den gelernten Arbeitern und auch unter den unteren Funktionären in SPD, Gewerkschaften, Genossenschaften, Gemeinde- und anderen Parlamenten, der Sozialversicherung usw.« *Ebenda*, S. 451.

138 Zum »Blutmai 1929« vgl. Wolfgang Ruge, *Weimar – Republik auf Zeit*, Berlin 1969, S. 237ff.

139 Wolfgang Gersch/Werner Hecht, *Bertolt Brecht. Kuhle Wampe*, S. 163.

140 Die folgenden Drehbuchprotokolle sind teilweise wörtlich aus dem Protokoll von Freund/Hanisch übernommen. Allerdings wurde die Schreibweise etwas geändert. Die Nummern folgen der Numerierung bei Freund/Hanisch. Zur Erklärung der Abkürzungen siehe S. 8 dieses Buches.

141 Der Filmtheoretiker Rudolf Arnheim schreibt dazu in seinem 1932 erstmals erschienenen Werk *Film als Kunst:* »Der Vorführung des Seelischen, die auf der Sprechbühne ein Monopol des Menschen, des Schauspielers ist, dienen beim Film tote Requisiten ebenso wie der mimende Mensch, eine zerbrochene Fensterscheibe ebenso wie ein zuckender Mund, ein Häufchen zerdrückter Zigarettenstummel ebenso wie das Ge-

trommel nervöser Finger. So ergibt sich auch von hier aus die für die Filmkunst so bezeichnende Einordnung des Menschen in die Welt der Dinge. Nicht anders als der Menschenkörper des Darstellers zeigen andre Dinge der Welt die Spuren menschlichen Fühlens und menschlicher Entschlüsse.« *Film als Kunst,* Nachdruck München 1974.

142 Durus, 1. Jan. 1930, in: *Rote Fahne,* a. a. O., S. 113.

143 »Nehmen wir beispielsweise eine Demonstration, die auf der Straße vorbeizieht, und stellen wir uns vor, jemand wolle dieses Schauspiel genau beobachten. Um einen umfassenden Eindruck zu erhalten, muß der Beobachter einige Arbeit leisten. Zuerst muß er auf das Dach eines Hauses steigen, um von oben die Prozession als Ganzes zu überblicken, dann muß er hinuntersteigen, um aus einem Fenster des ersten Stocks die Inschriften auf den Bannern der Demonstration lesen zu können, und schließlich muß er sich unter die Leute mischen, um sich ein Bild über das Äußere der Vorbeiziehenden zu machen ...« Wsewolod Pudowkin, a. a. O., S. 86 f.

144 Freund/Hanisch, a. a. O., S. 183, Nachwort der Herausgeber.

145 Vgl. dazu die erwähnten Berichte der Arbeiterkorrespondenten in Freund/Hanisch, a. a. O., S. 163 ff.

146 Im Film »tritt das Milieu, die gegenständliche Umwelt als eine zum Menschen gehörende, ihn charakterisierende, von ihm mitgestaltete Wirklichkeit in Erscheinung«. Rother, a. a. O., S. 10.

147 Zitiert nach: W. Shdan u. a., *Der sowjetische Film,* Bd. 1, Berlin 1974, S. 157.

148 *Ebenda,* S. 159.

149 Vgl. dazu Pudowkin, a. a. O., S. 51 ff.

150 *Ebenda,* S. 65 ff. und 78.

151 *Ebenda,* S. 86 f., siehe Anmerkung 125.

152 Vgl. dazu Toeplitz, a. a. O., S. 432 ff. und Kracauer, a. a. O., S. 108 ff.

153 Vgl. dazu die Daten des Films in *Film und revolutionäre Arbeiterbewegung ...,* Bd. 2, a. a. O., S. 507.

154 Alice Lex, *Die Frau und der Film,* in: *Arbeiterbühne und Film,* 18. Jg., Nr. 5, Mai 1931, S. 12 f.; in: *Film und revolutionäre Arbeiterbewegung ...,* Bd. 1, a. a. O., S. 118.

155 Kuczynski, Bd. 5, a. a. O., S. 196.

156 *Ebenda,* Bd. 18, S. 211: »Dabei ergibt sich für den Beruf der Zeitungsausträger und Zeitungsfahrer ein Anteil von 77,8 % (Frauen) gegenüber den Männern.«

157 *Ebenda,* S. 234 ff., 251 ff.

158 *Ebenda,* S. 219.

159 Rühle, a. a. O., S. 449. Vgl. auch S. 458.

160 Artikel »Der Zille-Film ›Mutter Krausens Fahrt ins Glück‹«, in: *Die Welt*

am Abend, 31. Dez. 1929; in: *Film und revolutionäre Arbeiterbewegung...,* a. a. O., S. 108.

161 Rother, a. a. O., S. 5.

162 Nagel, in: *Film und Volk,* 1929; in: Freund/Hanisch, a. a. O., S. 115.

163 Wieland Herzfelde, *Gesellschaft, Künstler und Kommunismus,* 1921, in: Walter Fähnders/Martin Rector, *Literatur im Klassenkampf,* München 1971, S. 136.

164 Blatt, a. a. O., S. 240.

165 *Ebenda,* S. 139.

166 Balázs, a. a. O., S. 120.

167 Heartfield über die »Rote Gruppe« in Frommhold, a. a. O., S. 110, vgl. auch Anmerkung 61.
Vergleiche zu der hier vorgenommenen Wertung auch Wolfgang Gersch, der unter einem bestimmten Aspekt (sozialistisches Menschenbild) zu ganz ähnlichen Ergebnissen für den Film *Mutter Krause* kommt: Gersch, *Sozial. Menschenbild...,* a. a. O., S. 276 ff.

168 Näheres dazu oben Kapitel 3,1.

169 Wolfgang Gersch, *Film bei Brecht,* München 1975, S. 117 f.

170 Eberhard John, *Einführung in die Ästhetik,* Halle 1972, S. 22.

171 Moissej Kagan, *Vorlesungen zur marxistisch-leninistischen Ästhetik,* München 1974, S. 297.

172 Siehe dazu auch den Aufsatz von Happel/Michaelis.

173 Wolfgang Gersch, *Film bei Brecht,* a. a. O., S. 102.

174 *Ebenda,* S. 102.

175 *Ebenda.*

176 Siehe dazu: Werner Mittenzwei, *Die Brecht-Lukács-Debatte,* in: *Das Argument,* 46; 10. Jg. März 1968, H. 1/2, Berlin 1973; S. 12 ff.

177 Wolfgang Gersch, *Film bei Brecht,* a. a. O., S. 108.

178 Vgl. Bertolt Brecht, *Der Dreigroschenprozeß, in:* Dieter Prokop (Hrsg.), *Materialien zur Theorie des Films,* Frankfurt/M. 1971, S. 127.

179 Bertolt Brecht, *Volkstümlichkeit und Realismus,* in: Werner Hecht (Hrsg.), *Bertolt Brecht, Über Realismus,* Frankfurt/M. 1975, S. 70.

180 *Ebenda,* S. 70.

181 Bertolt Brecht, *Die Expressionismusdebatte,* in: *ebenda,* S. 39.

182 Vgl. Bertolt Brecht, *Kleiner Rat, Dokumente anzufertigen,* in: *ebenda,* a. a. O., S. 20.

183 Vgl. Moissej Kagan, *Vorlesungen zur marxistisch-leninistischen Ästhetik,* a. a. O., S. 284 u. 286.

184 Bertolt Brecht, *Politische Theorie der Verfremdung,* in: Werner Hecht (Hrsg.), *Bertolt Brecht, Über Politik auf dem Theater,* Frankfurt 1973, S. 37.

185 Bertolt Brecht, *Der Dreigroschenprozeß...;* a. a. O., S. 119.

[186] *Ebenda,* S. 121 f.

[187] Wolfgang Gersch, *Film bei Brecht,* a. a. O., S. 80.

[188] Wolfgang Gersch/Werner Hecht (Hrsg.), *Bertolt Brecht, »Kuhle Wampe«, Protokoll des Films und Materialien,* Frankfurt/M. 1973, S. 23.

[189] *Ebenda,* S. 76.

[190] Vgl. Jürgen Kuczynski, *Die Geschichte der Lage der Arbeiter unter dem Kapitalismus,* Bd. 15, Berlin 1963, S. 98.

[191] *Ebenda,* a. a. O., S. 117. Kuczynski errechnet sogar ca. 9 Mill. Arbeitslose.

[192] Vgl. Joachim Streisand, *Deutsche Geschichte von den Anfängen bis zur Gegenwart,* Köln 1972, S. 344.

[193] Wolfgang Abendroth, *Aufstieg und Krise der deutschen Sozialdemokratie,* o. J. o. O., S. 65.

[194] *Ebenda,* S. 65/66.

[195] *Ebenda,* S. 65.

[196] *Ebenda,* S. 66.

[197] *Ebenda,* S. 65/66.

[198] Karl Dietrich Bracher, *Die Auflösung der Weimarer Republik,* Stuttgart u. Düsseldorf 1957, S. 293.
Vgl. auch: Eberhard Czichon, *Wer verhalf Hitler zur Macht?,* Köln 1967; und: Reinhard Kühnl, *Der deutsche Faschismus in Quellen und Dokumenten,* Köln 1975.

[199] Vgl. Jürgen Kuczynski, *Geschichte der Lage ...,* Bd. 5, Berlin 1966, S. 244/45.
sowie: *Geschichte der deutschen Arbeiterbewegung, Chronik,* Teil II von 1917–1945, Berlin 1966, S. 273/74.

[200] Vgl. Bärbel Kunze, *Erich Matthias' Apologie der SPD-Entwicklung,* in: W. F. Haug und Chr. Müller-Wirth, *Das Argument,* Heft 63, Karlsruhe 1971, S. 65/66.

[201] Vgl. *Thesen und Resolutionen des XI. Parteitages der KPD,* Essen 1927, Berlin 1927, S. 16 ff.

[202] Vgl. Kuczynski, *Geschichte der Lage ...,* Bd. 15, S. 116. »Berechnet man den gesamten Lohnverlust in den fast vier Jahren vom Juli 1929 bis März 1933, so ergibt sich die horrende Summe von 27,5 Mrd. Mark.«

[203] Vgl. *ebenda,* Bd. 5, Berlin 1966, S. 222.

[204] Vgl. Jutta von Freyberg u. a., *Geschichte der deutschen Sozialdemokratie 1863–1975,* Köln 1975, S. 152.

[205] B. Brecht, *Tonfilm ›Kuhle Wampe‹ oder ›Wem gehört die Welt?‹,* in: *Kuhle Wampe. Protokoll und Materialien des Films.*

[206] Brecht, *Der Dreigroschenprozeß,* in: Prokop, *Materialien zur Theorie des Films,* a. a. O., S. 128.

[207] *Ebenda,* S. 128.

[208] Vgl. oben den Aufsatz von Happel/Michaelis.

[209] Vgl. Brecht, *Der Film Kuhle Wampe,* in: *Kuhle Wampe. Protokoll des Films und Materialien,* a. a. O., S. 92.

[210] »Als sich kurz nach Drehbeginn (August 1931) herausstellte, daß der Kameramann Weizenberg eine die Intentionen des Kollektivs einebnende Routinearbeit lieferte, trennte man sich von ihm. Die Aufnahmen wurden unterbrochen, bis Günther Krampf verpflichtet werden konnte...« Wolfgang Gersch, *Film bei Brecht,* a. a. O., S. 106.

[211] Brecht, *Der Film Kuhle Wampe,* a. a. O., S. 92.

[212] *Ebenda,* S. 92.

[213] Dies wurde mit wirtschaftlichen Erwägungen begründet. Es liegt allerdings der Verdacht nahe, daß die bürgerliche Filmindustrie auch oder gerade auch aus politischen Gründen an der Liquidierung der Prometheus interessiert war. Vgl. dazu: Brecht, *Kuhle Wampe oder Wem gehört die Welt?,* a. a. O., S. 89/90, sowie den Aufsatz von Happel/Michaelis.

[214] Vgl. Brecht, *Protokoll,* a. a. O., S. 89.

[215] Filmprüfstelle Berlin, 31. 1. 1932, *Anlage zur Niederschrift, betreffend den Bildstreifen: Kuhle Wampe,* in: *Kuhle Wampe. Protokoll...,* a. a. O., S. 117.

[216] Filmprüfstelle Berlin, 31. 3. 1932: Erstes Verbot des Films, *ebenda,* S. 110 u. 112.

[217] Filmoberprüfstelle Berlin: Zweites Verbot des Films, *ebenda,* S. 134.

[218] Vgl. Gersch/Hecht, *Der Fall Kuhle Wampe,* in: *Kuhle Wampe. Protokoll...,* a. a. O., S. 174.

[219] Vgl. oben den Aufsatz von Happel/Michaelis.

[220] Rudolf Olden, *Kuhle Wampe,* in: *Kuhle Wampe. Protokoll...,* a. a. O., S. 149.

[221] Rudolf Arnheim, *Zensur ohne Hemmung,* ebenda, S. 157.

[222] Folgende Einstellungen sind in dem Zusammenhang herausgeschnitten worden: *Schnitte der Präsens:* Einst. 205: Titel »Strafgesetzbuch § 218, Abs. 1« und Sprechertext (Off): »Eine Frau, die ihre Frucht im Mutterleib tötet oder durch andere töten läßt, wird mit Gefängnis bestraft«. *Schnitte der Zensur:* an der Stelle, wo es um den Schwangerschaftsabbruch geht: Einst. 207: Anni: »Ja, bei beiden Adressen, aber das wird nicht gehen.« Fritz: »Warum nicht?« Anni: »Neunzig Mark!« Fritz: »Und das Billigere?«

[223] Vgl. die Zusammenstellung in *Kuhle Wampe. Protokoll...,* a. a. O.

[224] *Deutsche Allgemeine Zeitung* vom 31. 5. 1932, in: *Kuhle Wampe. Protokoll...,* a. a. O., S. 166.

[225] Rudolf Olden, *Kuhle Wampe,* Berliner Tageblatt vom 2. 4. 1932, in: *Kuhle Wampe. Protokoll...,* a. a. O., S. 148.

[226] *Berliner Tageblatt* vom 31. 5. 1932, Rezension, in: *›Kuhle Wampe‹. Protokoll...,* a. a. O., S. 166.

227 *Kuhle Wampe oder: Gehört die Welt den Filmzensoren?*, Artikel zum Film in: *Der Film,* 2. 4. 1932, *ebenda,* S. 150.

228 Heinz Lüdecke, *Der Fall ›Weekend Kuhle Wampe‹*, in: *Rote Fahne* vom 3. 4. 1932, *ebenda,* S. 155.

229 *Ebenda,* S. 155.

230 Filmprüfstelle Berlin, 31. 3. 1932: Anlage zum ersten Verbot in: *Kuhle Wampe. Protokoll...,* a. a. O., S. 116 f.: »Man mag die Bemerkungen, die ich zu einzelnen Szenen gemacht habe, für übertrieben halten, das gebe ich zu. Man kommt auch bei einzelnen Szenen schwer heran.« (Der Sachverständige des Innenministeriums.)

231 Brecht, *Kleiner Beitrag zum Thema Realismus,* in: *Kuhle Wampe. Protokoll...,* a. a. O., S. 96.

232 Hanns Eisler, *Funktion und Dramaturgie* (der Filmmusik), *ebenda,* S. 99.

233 Arbeiter und Angestellte über *Kuhle Wampe,* Artikel in: *Illustrierte Rote Post,* 2. Jg. Juni 1932, Nr. 26, in: *Film und revolutionäre Arbeiterbewegung 1918–1932,* Bd. 2, S. 179 f.

234 *Kuhle Wampe. Protokoll...,* a. a. O., S. 9.

235 Die protokollierten Sequenzen sind im wesentlichen dem Filmprotokoll von Wolfgang Gersch und Werner Hecht entnommen, vgl. *Kuhle Wampe. Protokoll...,* a. a. O., S. 10 ff.

236 *Ebenda,* S. 12.

236a Brecht, *Episches Theater, Entfremdung,* in: ders., *Über Politik auf dem Theater,* a. a. O., S. 37.

237 Vgl. *Kuhle Wampe. Protokoll ...,* a. a. O., S. 20.

238 Brecht, *Kleiner Beitrag zum Thema Realismus, ebenda,* S. 95.

239 Vgl. oben Abschnitt 3.3.

240 Bernhard von Brentano, *Der verbotene Film »Kuhle Wampe«*, in: *Kuhle Wampe. Protokoll...,* a. a. O., S. 163.

241 *Ebenda,* S. 23/24.

242 Filmprüfstelle Berlin: Anlage zum ersten Verbot, *ebenda,* S. 115.

243 Filmoberprüfstelle: Zweites Verbot des Filmes, *ebenda,* S. 128 f.

244 Übernommen aus dem Filmprotokoll von Gersch/Hecht, *ebenda*, S. 15–17.

245 Filmprotokoll, *ebenda,* S. 28.

246 Filmprotokoll, *ebenda,* S. 29.

247 Mata Hari, holländische Tänzerin (1876–1917), der Spionage für Deutschland verdächtigt, 1917 bei Paris erschossen.

248 Protokoll des Films, in: *Kuhle Wampe. Protokoll...,* a. a. O., S. 34–37.

249 Vgl. *ebenda,* S. 67 f.

250 *Ebenda,* S. 71.

251 *Ebenda,* S. 71.

252 *Ebenda,* S. 74.

253 *Ebenda,* S. 73.

254 *Ebenda,* S. 69.

[255] *Ebenda,* S. 76.

[256] Bertolt Brecht, *Abneigung gegen das Lernen und Verachtung des Nützlichen* (Aus den Anmerkungen zur *Mutter),* in: Brecht, *Über Politik auf dem Theater,* a. a. O., S. 35.

[257] Protokoll des Films, *ebenda,* S. 70/71.

[258] Brecht, *Der Dreigroschenprozeß,* in: Prokop, *Materialien zur Theorie des Films,* a. a. O., S. 121.

[259] Brecht, *Bemerkungen zu einem Aufsatz,* in: Brecht, *Über Realismus,* a. a. O., S. 55 f.

[260] S. M. Eisenstein/W. I. Pudowkin/G. W. Alexandrow, *Manifest zum Tonfilm,* in: Prokop, *Materialien zur Theorie des Films,* a. a. O., S. 72.

[261] Wolfgang Gersch, *Film bei Brecht,* a. a. O., S. 133. – Hier sind deutliche Übereinstimmungen zu Eisensteins, Pudowkins und Alexandrows Forderung nach der »kontrapunktischen« Verwendung des Tones zu finden. »Der Ton wird, wenn er als neues Montageelement verstanden wird (als ein vom visuellen Bild getrennter Faktor), zwangsläufig gewaltige Möglichkeiten zum Ausdruck und zur Lösung der kompliziertesten Aufgaben mit sich bringen, die wir jetzt, mit den Mitteln einer mangelhaften Filmmethode, nämlich der ausschließlichen Arbeit mit visuellen Bildern, nicht lösen können.« (Eisenstein/Pudowkin/Alexandrow, *Manifest zum Ton,* a. a. O., S. 73.)

[262] Kurt London, *Neue Wege der Filmmusik*; zitiert nach Gersch, *Film bei Brecht,* a. a. O., S. 133.

[263] *Ebenda,* S. 134.

[264] Brecht, *Volkstümlichkeit und Realismus,* in: *Über Realismus,* a. a. O., S. 67/68.

[265] Gersch/Hecht, *Daten zum Film,* in: *Kuhle Wampe. Protokoll . . .,* a. a. O., S. 186.

Die Genehmigung zur Veröffentlichung der Fotos erteilte uns freundlicherweise:

Für *Mutter Krausens Fahrt ins Glück:* die Transit Film GmbH, Dachauer Straße 35, 8000 München 2.

Für *Kuhle Wampe:* die Unidoc GmbH, Dantestr. 29, 8000 München 19.

Die Fotos aus *Madame Dubarry* wurden uns vom Deutschen Institut für Filmkunde, Wiesbaden, zur Verfügung gestellt.

Im weiteren danken wir für hilfreiche Unterstützung, Hinweise etc.:

- der Stadtbibliothek Braunschweig,
- dem Bundesarchiv Koblenz,
- dem Deutschen Institut für Filmkunde, Wiesbaden,
- dem Westdeutschen Rundfunk (Köln), Fernsehen, Programmbereich Kultur.

Anhang

1. Literaturverzeichnis

Ein umfassendes Verzeichnis der Literatur zur Theorie und Geschichte des Films in der Weimarer Republik ist im Rahmen dieser Publikation nicht realisierbar. Die vorliegende Auswahl enthält daher lediglich das *Film*schrifttum, das in unsere Untersuchung eingegangen ist. Darüber hinaus verwendete Zeitschriften-Aufsätze konnten hier nur in Ausnahmefällen berücksichtigt werden. Auf eine Auflistung der allgemeinen Literatur zu den historisch-politischen und ästhetischen, kulturtheoretischen Dimensionen der Thematik mußte aus Platzgründen grundsätzlich verzichtet werden.

Ackerknecht, Erwin, *Die Lichtspielbühne im Dienste der Schul- und Volksbildung*, Stettin 1917

–, *Verzeichnis deutscher Fachschriften über Lichtspielwesen*, Bildwart-Flugschriften Nr. 2, Berlin 1925

–, *Lichtspielfragen*, Berlin 1928

Albrecht, Hartmut u. a. (Red.), *Sozialistisches Menschenbild und Filmkunst*, Berlin (DDR) 1970

Altenloh, Emilie, *Stellung des jugendlichen Arbeiters zum Kino*, in: Die Hochwacht, 4 Jg. 1913/14, Heft 8

–, *Zur Soziologie des Kino*, Jena 1914

Andersen, Curt I. J., *Über die deutsche Filmindustrie und ihre volkswirtschaftliche Bedeutung unter Berücksichtigung ihrer internationalen Beziehungen*, Diss. München 1929

Archiv der Lichtbildbühne (Hrsg.), *Jahrbuch der Filmindustrie 1922/23*, Berlin 1923

Arnheim, Rudolf, *Film als Kunst*, Frankfurt 1979 (Fischer Taschenbuch Bd. 3656)

–, *Kritiken und Aufsätze zum Film*, Frankfurt 1979 (Fischer Taschenbuch Bd. 3653)

Ausschußbericht und Verhandlungen der Bürgerschaft in Hamburg am 1., 15., 22. und 29. Dezember 1909, *Die Gefährdung der Jugend durch Schrift- und Bildwerke (»Schmutz und Schund«)*, Hamburg 1910

Avenarius, Ferdinand, *Das Bild als Verleumder*, Flugschriften des Dürer-Bundes Nr. 151, München 1915

Bächlin, Peter, *Der Film als Ware,* Basel 1945, als Reprint der Edition Kunst und Gesellschaft, Berlin o. J.

Balázs, Béla, *Der Film* (1949), erweiterte Fassung Wien 1972
–, *Der Geist des Films*, Frankfurt/M. 1972
Basse/Mohaupt/Patalas/Wolf, *Bilddokumente zur Geschichte des Films*, herausgegeben vom Institut für Film und Bild in Wissenschaft und Unterricht (FWU), München 1967
Bauer, Alfred, *Deutscher Spielfilmalmanach 1929–1950*, Berlin 1951
Bazin, André, *Was ist Kino?*, Köln 1975
Becker, Wolfgang, *Film und Herrschaft*, Berlin 1973
Behne, Adolf, *Der Film als Kunstwerk*, in: Sozialistische Monatshefte 27. Jg., 15. Dez. 1921
Bei der Ufa machte man das so ... Kino – das große Traumgeschäft, in: Der Spiegel, Hamburg – Serie vom 6. Sept. bis 17. Jan. 1950/51
Bergmann, Franz/Warstatt, Willi, *Kino und Gemeinde*, Mönchen Gladbach 1913
Bernhard, Ludwig, *Der Hugenberg-Konzern*, Berlin 1928
Brecht, Bertold, *Gesammelte Werke*, 20 Bde, Frankfurt/M. 1967, darin *Über Film*, Band 18, und *Über Realismus*, Band 19
Bredow, Wilfried von/Zurek, Rolf (Hrsg.), *Film und Gesellschaft in Deutschland – Dokumente und Materialien*, Hamburg 1975
Brunner , Karl, *Der Kinematograph von heute – Eine Volksgefahr*, Berlin 1913
–, *Das neue Lichtspielgesetz im Dienste der Film- und Jugendwohlfahrt*, Berlin 1920
Bub, Gertraude, *Der deutsche Film im Weltkrieg und sein publizistischer Einsatz*, Diss. Berlin 1938

Clair, René, *Vom Stummfilm zum Tonfilm*, München 1952
Conradt, Walter, *Kirche und Kinematograph*, Berlin 1910
Courtade, Francis/Cadars, Pierre, *Geschichte des Films im Dritten Reich*, München–Wien 1975
Cremer, Ernst, *Die Schule im Kampfe gegen den Schmutz in Wort und Bild*, Düsseldorf 1909

Dahlke, Günther/Kaufmann, Lilli (Hrsg.), *Lenin über den Film – Dokumente und Materialien*, München 1971
Dahms, Erich, *Film und Filmindustrie in ihrer volkswirtschaftlichen und kulturellen Bedeutung*, Diss. Greifswald 1924
Deutsche Lichtbild-Gesellschaft (Hrsg.), *Der Film im Dienste der nationalen und wirtschaftlichen Werbearbeit*, Berlin o. J.
–, *Die Deutsche Lichtbild-Gesellschaft im Dienste der nationalen, wirtschaftlichen und kulturellen Propaganda*, 2. Ausgabe, Berlin 1918
Diehle, H., *Kino und Jugend*, Warendorf 1913
Diekmann, Friederike, *Das Kino – Sein Werden und die Möglichkeiten seiner Gestaltung*, Wolfenbüttel 1921

Dost, Wilhelm, *Geschichte der Kinematographie*, Halle 1925

Dünner, Julia, *Neue Wege zur Bekämpfung der Gefahren des Lichtspieltheaters*, Köln 1920

Dymschitz, A., *Brecht, die Ästhetik und die Filmkunst*, in: Kunst und Literatur, 15. Jg., 1967, Heft 6, Berlin (DDR)

Eger, Lydia, *Der Kampf um das neue Kino*, Flugschriften des Dürer-Bundes Nr. 189, München 1922

–, *Kinoreform und Gemeinde*, Dresden 1920

Ehrenburg, Ilia, *Die Traumfabrik – Chronik des Films*, Berlin 1931

Eisenstein, S. M., *Der sowjetische Revolutionsfilm der zwanziger und dreißiger Jahre – eine Dokumentation*, Berlin (DDR) 1967

–, *Über mich und meine Filme*, Berlin (DDR) 1975

–, *Gesammelte Aufsätze I*, Zürich o. J.

Eisner, Lotte H., *Die Dämonische Leinwand*, Frankfurt/M. (Kommunales Kino 1975) (Fischer Taschenbuch Bd. 3660)

Finger, Willy, *Deutschkunde und Kinodrama*, Berlin-Britz 1921

Fischli, Hans/Rotzler, Willy (Hrsg.), *Der Film* – Katalog einer Ausstellung des Kunstgewerbemuseums Zürich 1960

Fraenkel, Heinrich, *Unsterblicher Film – Die große Chronik*, München 1956

Freund, Rudolf/Hanisch, Michael (Hrsg.), *Mutter Krausens Fahrt ins Glück – Filmprotokoll und Materialien*, Berlin (DDR) 1976

Furian, H. J., *Beitrag zur kritischen Darstellung der deutschen Filmgeschichte*, in: Deutsche Filmkunst, Berlin (DDR) 1957, Heft 1–4

–, *Der Russenfilm – Ein Fanal der Revolution*, in: Deutsche Filmkunst, Berlin (DDR) 1957, Heft 10

–, *Zwischen ›Caligarismus‹ und Realismus*, in: Deutsche Filmkunst, Berlin (DDR) 1957, Heft 1–4

Gad, Urban, *Der Film – Seine Mittel – Seine Ziele*, Berlin 1921

Gaupp, Robert, *Der Kinematograph vom medizinischen und psychologischen Standpunkt*, Flugschriften des Dürer-Bundes Nr. 100, München 1912

Gebauer/Wolf, *Bilddokumente zur Geschichte des Films – Der klassische deutsche Stummfilm 1919–1929*, herausgegeben vom Institut für Film und Bild in Wissenschaft und Unterricht (FWU), München o. J.

Gersch, Wolfgang, *Film bei Brecht*, München 1975

–, /Hecht, Werner (Hrsg.), *Bertolt Brecht, Kuhle Wampe – Protokolle des Films und Materialien*, Frankfurt/M. 1973

Gesellschaft für kulturelle Verbindungen der Sowjetunion mit dem Auslande (Hrsg.), *Film und Filmkunst in der UdSSR 1917–1928*, Berlin 1928

Gesellschaft für Verbreitung von Volksbildung (Hrsg.), *Volksbildungsfragen der Gegenwart – Vorträge*, Berlin 1912

Gessner, Alexander, *Film und Wirtschaft*, Diss. Köln 1927
Gregor, Joseph, *Das Zeitalter des Films*, Wien–Leipzig 1932
Gregor, Ulrich (Red.), *Künstlerische Avantgarde im sowjetischen Stummfilm*, herausgegeben von den Freunden der Kinemathek e. V., Berlin 1974
–, /Patalas, Enno, *Geschichte des Films*, München–Gütersloh–Wien 1973
Greve/Pehle/Westhoff (Hrsg.), *Hätte ich das Kino* – Katalog einer Ausstellung des Schiller-Nationalmuseums, Marbach 1976
Günther, Walther, *Der Film als politisches Führungsmittel – Die anderen gegen Deutschland*, Leipzig 1934
Guttmann, Irmalotte, *Über die Nachfrage auf dem Filmmarkt in Deutschland*, Berlin 1928

Häfker, Hermann, *Kino und Kunst*, Mönchen Gladbach 1913
–, *Die Aufgaben der Kinematographie in diesem Kriege*, Flugschriften des Dürer-Bundes Nr. 128, München 1914
–, *Der Kino und die Gebildeten*, Mönchen Gladbach 1915
Harms, Rudolf, *Philosophie des Films*, Leipzig 1926, als Reprint Zürich 1970
–, *Kulturbedeutung und Kulturgefahren des Films*, Karlsruhe 1927
Hauser, Arnold, *Sozialgeschichte der Kunst und Literatur*, München 1972
Hein, Birgit/Herzogenrath, Wulf (Hrsg.), *Film als Film 1910 bis heute*, Stuttgart o. J.
Hellwig, Albert, *Schundfilm, Ihr Wesen, ihre Gefahren und ihre Bekämpfung*, Halle/Saale 1911
–, *Die maßgebenden Grundsätze für Verbote von Schundfilms nach geltendem und künftigem Rechte*, in: Verwaltungsarchiv, Berlin, Band 21, Heft 5, vom Juni 1913
–, *Lichtspielgesetz*, Berlin 1921
Henke, Rolf/Weber, Richard (Hrsg.), *Arbeiterbühne und Film Juni 1930 bis Juni 1931*, Reprint Köln 1974
Herlinghaus, Hermann (Red.), *Dsiga Wertow. Publizist und Poet des Dokumentarfilms*, Berlin (DDR) 1961
–, *Slatan Dudow – sein Frühwerk*, in: Filmwissenschaftliche Mitteilungen Berlin (DDR), Heft 4, 1962
–, *Die Filmpolitik der Militärgewalten 1914–1917*, in: Deutsche Filmkunst, Berlin (DDR) 1957, Hefte 8, 9, 11
–, *Eisensteins Matrosen bedrohten Preußens Ordnung*, in: Deutsche Filmkunst, Berlin (DDR) 1956, Heft 11
–, *Eisensteins Matrosen siegten*, in: Deutsche Filmkunst, Berlin (DDR) 1956, Heft 12
–, (Hrsg.), *Sergej Eisenstein – Künstler der Revolution*, Berlin (DDR) 1960
–, *Reichsinnenministerium contra Kuhle Wampe*, in: Deutsche Filmkunst, Berlin (DDR) 1958, Heft 6

–, *Slatan Dudow*, Berlin 1965
–, *Dokumente zur Vorgeschichte der UFA*, in: Deutsche Filmkunst, Berlin (DDR) 1958, Heft 5
Hildebrandt, F./Lampe, F., *Die neuen Fortschritte der Kinematographie*, Leipzig 1922
Hinck, Walter, *Die Kamera als Soziologie*, in: Brecht heute, Jahrbuch der Internationalen Brecht-Gesellschaft, Frankfurt/M. 1971, Heft 1
Hippler, Fritz, *Betrachtungen zum Filmschaffen*, Berlin 1942
Hoffmann, Hilmar, *Marginalien zu einer Theorie der Filmmontage*, Bochum 1969
Hoppe-Stettin, Hans, *Die Zukunft des Kinos*, Stettin o. J. (1913)

Isaksson, Folke/Fuhrhammer, Leif, *Politik und Film*, Ravensburg 1974

Jaeger, Klaus/Kalbfleisch, H. D./Regel, Helmut (Red.), *Der Weg ins Dritte Reich. Deutscher Film und Weimars Ende*, Oberhausen 1974
Jarvie, J. C., *Film und Gesellschaft*, Stuttgart 1974

Kalbus, Oskar, *Vom Werden deutscher Filmkunst*, 2 Bde, Altona-Bahrenfeld 1935
Kleiye, H., *Film und Lichtbild im Dienste der Deutschen Arbeiterbewegung (1918–1933)*, in: Deutsche Filmkunst, Berlin (DDR) 1956, Heft 5
Klitzsch, Ludwig, *Bekenntnis zum deutschen Film*, o. O. (1941) (Festschrift zum 60. Geburtstag von L. Klitzsch)
Knietzsch, Horst, *Film – Gestern und heute*, Leipzig/Jena/Berlin 1967
Köpker, J. C./Brepohl, F. W., *Vorschläge zu einem Reformkino*, Bad Nassau 1919
Kracauer, Siegfried, *Von Caligari bis Hitler*, Reinbek b. Hamburg 1968
–, *Theorie des Films*, Frankfurt/M. 1973
–, *Kino*, Frankfurt/M. 1974
–, *Das Ornament der Masse*, Frankfurt/M. 1977
Kreimeier, Klaus, *Das Kino als Ideologiefabrik*, in: Kinemathek, Berlin, 9. Jg. November 1971
–, *Kino und Filmindustrie in der BRD*, Kronberg 1973
Krieger, Ernst, *Der staatlich geförderte Propaganda- und Lehrfilm im Ausland – Aufgaben unserer Regierung*, Berlin 1919
Kriegk, Otto, *Der deutsche Film im Spiegel der UFA*, Berlin 1943
Kühn/Tümmler/Wimmer (Red.), *Film und revolutionäre Arbeiterbewegung in Deutschland 1918–1932 – Dokumente und Materialien ...*, 2 Bde, Berlin (DDR) 1975
Kullmann, Max, *Die Entwicklung des deutschen Lichtspieltheaters*, Diss. Nürnberg 1935
Kunstamt Kreuzberg/Institut für Theaterwissenschaft der Universität Köln (Hrsg.), *Weimarer Republik* (Katalog), Berlin 1977

Kurowski, Ulrich, *Lexikon Film*, München 1972
–, /Römhild, Jürgen (Hrsg.), *Lexikon des internationalen Films*, 2 Bde, München 1975
Kurtz, Rudolf, *Expressionismus und Film*, Berlin 1926, Reprint Zürich 1965

Lange, Konrad, *Der Kinematograph vom ethischen und ästhetischen Standpunkt*, Flugschriften des Dürer-Bundes Nr. 100, München 1912
–, *Vorschläge zur Kinoreform*, Mönchen Gladbach 1918
–, *Nationale Kinoreform*, Mönchen Gladbach 1918
–, *Das Kino in Gegenwart und Zukunft*, Stuttgart 1920
Lehmann, H., *Die Kinematographie – Ihre Grundlagen und ihre Anwendungen-* Leipzig–Berlin 1919
Lemke, Hermann, *Die Kinematographie der Gegenwart, Vergangenheit und Zukunft*, Leipzig 1912
Lipschütz, Rahel, *Der Ufa-Konzern*, Diss. Berlin 1932
Ludwigs, Jürgen, *Theater- und Filmzensur unter der Weimarer Verfassung und heute*, Diss. Mannheim 1956
Lüdicke, Willi, *Der Film in Agitation und Propaganda der revolutionären deutschen Arbeiterbewegung* (1919–1933), Berlin 1973

Manz, H. P., *Die Ufa und der frühe deutsche Film*, Zürich 1963
Marjanov, Aleksandr M., *Pudowkin – Kampf und Vollendung*, Berlin (DDR) 1954
Meier, Gerd, *Materialien zur Geschichte der Prometheus Filmverleih- und Vertriebs-GmbH. 1926–1932*, in: Deutsche Filmkunst, Berlin (DDR) 1962, Heft 1–8
Merkel, W., *Die Filmzensur*, Diss. Erlangen 1925
Messter, Oskar, *Mein Weg mit dem Film*, Berlin 1936
Mierendorf, Carlo, *Hätte ich das Kino*, Berlin 1920
Muckermann u. a., *Lichtträger im Chaos – Film und Volk*, Essen 1925
Münzenberg, Willi, *Propaganda als Waffe*, Reprint Frankfurt/M. 1977
Mumm, Reinhard, *Die Lichtbühne*, Berlin 1920

Nationalsozialistische Monatshefte, Heft 21 *(Rundfunk und Film)*, Dezember 1931
Nestriepke, Siegfried, *Wege zu neuer Filmkultur*, Berlin 1926
Neue Gesellschaft für Bildende Kunst (Hrsg.), *Wem gehört die Welt – Kunst und Gesellschaft in der Weimarer Republik* (Katalog), Berlin 1977

Oertel, Rudolf, *Macht und Magie des Films – Weltgeschichte einer Massensuggestion*, Wien–Stuttgart–Zürich 1959
Olimski, Fritz, *Tendenzen der Filmwirtschaft und deren Auswirkungen auf die Filmwerte*, Diss. Berlin 1931

Pabst, Rudolf (Hrsg.), *Das deutsche Lichtspieltheater in Vergangenheit, Gegenwart und Zukunft*, Berlin 1926
Paech, Joachim, *Film- und Fernsehsprache 1*, Frankfurt/M.–Berlin–München 1975
Pahl, W., *Die psychologischen Wirkungen des Films*, Diss. Leipzig 1926
Panofsky, Walter, *Die Geburt des Films*, Würzburg 1944
Perlmann, Emil, *Der Kinematograph als modernes Volkstheater*, Berlin 1912
–, *Der Kulturwert des Kinematographen*, Düsseldorf 1919
Petzet, Wolfgang, *Verbotene Filme*, Frankfurt/M. 1931
Pfeiffer, Heinrich (Hrsg.), *Das Deutsche Lichtbildbuch*, Berlin 1924
Pordes, Viktor, *Das Lichtspiel, Wesen, Dramaturgie, Regie*, Wien 1919
Prokop, Dieter, *Soziologie des Films*, Neuwied 1970
–, (Hrsg.), *Materialien zur Theorie des Films*, München 1971
Pudowkin/Romm u. a., *Der sowjetische Film – eine Vortragsreihe*, Berlin (DDR) 1953
Pudowkin, Wsewolod, *Filmtechnik, Filmmanuskript und Filmregie*, Zürich 1961
–, *Der Schauspieler im Film*, Zürich 1963

Rabenalt, Arthur Maria, *Film im Zwielicht*, München 1958
Rath, Willy, *Kino und Bühne*, Mönchen Gladbach 1913
Rauthe, Friedrich, *Der Aufbau der deutschen Filmindustrie unter besonderer Berücksichtigung der Konzentrationsbewegungen der neuesten Zeit*, Diss. Berlin 1922
Richter, Hans, *Erinnerungen an Eisenstein und Pudowkin*, Zürich 1963
–, *Der Kampf um den Film*, Frankfurt 1979 (Fischer Taschenbuch Bd. 3651)
Richter, Rolf, *Zur Aufnahme sowjetischer Stummfilmkunst in Deutschland von 1923–1933*, Diss. Greifswald 1963
Rühlmann, Paul M., *Kulturpropaganda*, Charlottenburg 1919

Ŝklovskij, Viktor, *Ejzenŝtejn*, Reinbek b. Hamburg 1977
Sadoul, Georges, *Geschichte der Filmkunst*, Wien 1957
Scheffler, Klaus Norbert, *Die deutsche Filmgeschichtsschreibung und der Panzerkreuzer Potemkin*, in: Deutsche Filmkunst, Berlin (DDR) 1957, Heft 12
Scheugl, Hans/Schmidt, Ernst, *Eine Subgeschichte des Films*, 2 Bde, Frankfurt/M. 1974
Schippel, Max, *Kino und Sozialisierung*, in: Sozialistische Monatshefte, 26. Jg., 9 Febr. 1920
Schlegel, Hans Joachim (Hrsg.), *Sergej M. Eisenstein – Schriften 1/Streik*, München 1974
–, (Hrsg.), *Sergej M. Eisenstein – Schriften 2/Panzerkreuzer Potemkin*, München 1973
Schmidt, Walter, *Das Filmwesen und seine Wechselbeziehungen zur Gesellschaft. Versuch einer Soziologie des Filmwesens*, Diss. Heidelberg 1932

Schneller, Ernst, *Phoebus-Skandal*, Berlin 1929
Schobert, Walter (Red.), *Lotte Reiniger, David W. Griffith, Harry Langdon*, Frankfurt/M. 1972 (Kommunales Kino)
Schönhuber, Franz Xaver, *Keine Filmzensur*, München 1919
Schweins, Annemarie, *Die Entwicklung der deutschen Filmwirtschaft*, Diss. Nürnberg 1958
Seeger, E., *Regierung und Film*, in: Die Lichtbildbühne, Berlin 1923, Heft 14
Sellmann, Adolf, *Der Kinematograph als Volkserzieher*, in: Pädagogisches Magazin, Heft 470, Langensalza 1912
–, *Kino und Volksbildung*, Mönchen Gladbach 1914
Shdan, W. u. a. (Red.), *Der sowjetische Film*, 2 Bde, Berlin (DDR) 1974
Sozialistischer Kulturbund (Hrsg.), *Film und Funk, Sozialistischer Kulturtag in Frankfurt am Main 28.–29. September 1929*, Berlin 1929
Spiker, Jürgen, *Film und Kapital*, Berlin 1975
Stahlfeld, W., *Entwurf zur Sozialisierung der bayrischen Theater und Kinos*, München 1919
Stepun, Fedor, *Theater und Film*, München 1953
Stork, Kurt, *Die ethische Bedeutung des Kinos*, Innsbruck 1921
Straschek, Günter Peter, *Handbuch wider das Kino*, Frankfurt/M. 1975
Sudendorf, Werner, *Sergej M. Eisenstein – Materialien zu Leben und Werk*, München 1975

Terveen, Fritz (Hrsg.), *Dokumente zur Geschichte der Schulfilmbewegung in Deutschland*, Lechte–Emsdetten 1954
Toeplitz, Jerzy, *Geschichte des Films*, Band 1 Berlin (DDR) 1975, Band 2, Berlin (DDR) 1976
Traub, Hans, *Zeitung, Film, Rundfunk*, Berlin 1933
–, *Der Film als politisches Machtmittel*, München 1933
–, *Als man anfing zu filmen – Ein geschichtlicher Abriß über die Entstehung des Films*, München 1934 und erw. Fassung Berlin 1940
–, *Die Ufa – Ein Beitrag zur Geschichte des deutschen Filmschaffens*, Berlin 1943
–/ Lavies, Hans Wilhelm, *Das deutsche Filmschrifttum*, Leipzig 1940
Treitel, Richard, *Das neue Kinogesetz*, Düsseldorf 1918

Ury, Arthur, *Die Konzerbildung in der deutschen Filmindustrie*, Diss. Berlin 1921

Verein Deutsche Wacht (Hrsg.), *Die Bedeutung des Films und Lichtbildes – Sieben Vorträge*, München 1917
Vertov, Dsiga, *Schriften zum Film*, München 1973
Vetter, Adolf/Schumann, Wolfgang, *Kinofragen der Zeit*, Flugschriften des Dürer-Bundes Nr. 194, München 1924
Vogel, Walter, *Die Organisation der amtlichen Presse- und Propagandapolitik des Deutschen Reiches*, in: Zeitungswissenschaft, 16. Jg. 1941, Heft 8/9

Warstat, Willi/Bergmann, Franz, *Kino und Gemeinde*, Mönchen Gladbach 1913
Wasem, Erich, *Der Kriegsfilm*, Gütersloh 1963
Weber, Richard (Hrsg.), *Film und Volk 1928 bis 1930*, Reprint Köln 1975
Wesse, Curt, *Großmacht Film – Das Geschöpf von Kunst und Technik*, Berlin 1928
Wiehler, Rudolf, *Deutsche Wirtschaftspropaganda im Weltkrieg*, Berlin 1922
Wiesbadener Vereinigung zur Bekämpfung von Schund und Schmutz in Wort und Bild, *Die Besteuerung der Kinos – Denkschrift*, Wiesbaden 1913
Wildenhahn, Klaus, *Über synthetischen und dokumentarischen Film*, Frankfurt/M. 1973 (Kommunales Kino)
Wilkening, Albert/Baumert, Heinz/Lippert, Klaus, *Kleine Enzyklopädie Film*, Leipzig 1966
Wippermann, Klaus W., *Die deutschen Wochenschauen im ersten Weltkrieg*, in: Publizistik, 16. Jg. 1971, Heft 3
Wischnewski, Klaus, *Wer wird die Welt verändern (Kuhle Wampe)*, in: Deutsche Filmkunst, Berlin (DDR)1958, Heft 6
–, *Der Filmregisseur Slatan Dudow*, in: Deutsche Filmkunst, Berlin (DDR) 1958, Heft 7
Witte, Karsten (Hrsg.), *Theorie des Kinos*, Frankfurt/M. 1972
–, *Brecht und der Film*, in: Text und Kritik, Sonderband Bertolt Brecht 1, München 1972
Wolf-Czapek, *K. W., Die Kinematographie – Wesen, Entstehung und Ziele des lebenden Bildes*, 2. erw. Auflage Berlin 1911

Zglinicki, Friedrich von, *Der Weg des Films*, Berlin 1956
Zimmerschied, Karl, *Die deutsche Filmindustrie, ihre Entwicklung, Organisation und Stellung im deutschen Staats- und Wirtschaftsleben*, Diss. Stuttgart 1922

2. Filmtitel-/Personen-/Stichwortverzeichnis